Hafis

Der Diwan des grossen lyrischen Dichters Hafis

Hafis

Der Diwan des grossen lyrischen Dichters Hafis

ISBN/EAN: 9783741167102

Hergestellt in Europa, USA, Kanada, Australien, Japan

Cover: Foto ©Andreas Hilbeck / pixelio.de

Manufactured and distributed by brebook publishing software
(www.brebook.com)

Hafis

Der Diwan des grossen lyrischen Dichters Hafis

DER

DIWAN DES GROSSEN LYRISCHEN DICHTERS

HAFIS

IM PERSISCHEN ORIGINAL HERAUSGEGEBEN

INS DEUTSCHE METRISCH ÜBERSETZT

UND MIT ANMERKUNGEN VERSEHEN

VON

VINCENZ RITTER v. ROSENZWEIG-SCHWANNAU.

قدر مجموعه گل مرغ سحر داند و بس
که نه هر کو ورقی خواند معانی دانست

Nur dem Sprosser ist verständlich
Was das Buch der Rose spricht:
Mancher liest in einem Blatte
Und versteht den Inhalt nicht.

Hafis I. S. 169. 47. Ghasel aus dem Buchstaben Te Vers 8.

BAND II.

WIEN

DRUCK UND VERLAG DER K. K. HOF- UND STAATSDRUCKEREI.

1863.

دیوان خواجه
حافظ شیرازی

چاپ [illegible]

مجلد ثانی

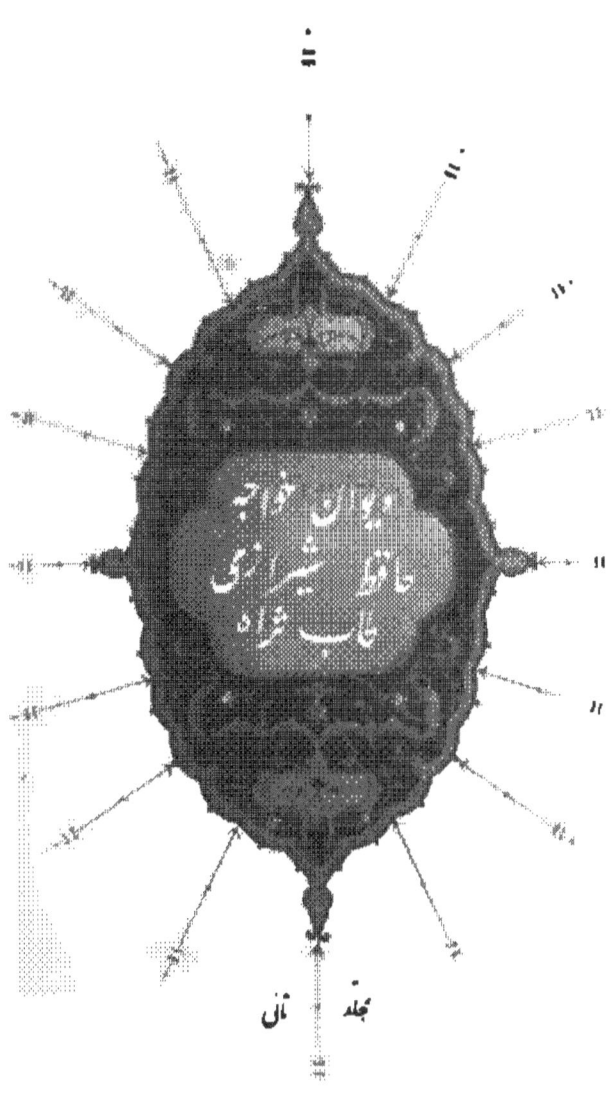

بسم الله الرحمن الرحیم

حرف الف

۱

الا ای طوطی گویای اسرار
مبادا خالیت شکر ز منقار

سرت سبز و دلت خوش باد جاوید
که خوش نقشی نمودی از خط یار

سخن سربسته گفتی با حریفان
خدارا زین معما پرده بردار

بروی ما زن از ساغر گلابی
که خواب آلوده ایم ای بخت بیدار

چه ره بود این که زد در پرده مطرب
که می رقصند باهم مست و هشیار

ازین افیون که ساقی در می افکند
حریفانرا نه سر ماند نه دستار

سکندررا نمی بخشند آبی
بزور و زر میسر نیست این کار

Der Buchstabe Re.

1.

O Psittich, der der Liebe
Geheimnisse bespricht,

An Zuckernahrung fehle
Es deinem Schnabel nicht!

Dein Haupt sei ewig grünend,
Dein Herz von Lust erfüllt,

Denn von des Freundes Flaume
Bist du ein schönes Bild!

Ein Wort, ein unverstand'nes,
Sprachst du zur Zecherschaar;

O mach' um Gotteswillen
Doch dieses Räthsel klar!

Begiess mit Rosenwasser
Aus deinem Glase mich,

Du Glück, das freundlich wachet,
Denn schlafbetäubt bin ich.

Was stimmte denn der Sänger
Für holde Weisen an,

Dass selbst der Fromme tanzet
Mit dem berauschten Mann?

Es schüttete der Schenke
Mohn in den Weinpocal,

Der alsbald allen Zechern
So Kopf als Turban stahl.

Kein Lebenswasser schenket
Man einem Iskĕndĕr:

Durch *Kraft* und *Gold* erreichet
Man dieses nimmermehr.'

خرد هر چند نقد کائنات است
چه سنجد پیش عشق کیمیاکار
بیا و حال اهل درد بشنو
به لفظ اندک و معنی بسیار
بت چینی عدوی دین ما شد
خداوندا دل و دینم نگه دار
به مستوران مگو اسرار مستی
حدیث جان مپرس از نقش دیوار
به یمن رایت منصور شاهی
علم شد حافظ اندر نظم اشعار
خداوندی بجای بندگان کرد
خداوندا ز آفاتش نگهدار

Der Menschen baare Münze
Ist Weisheit zwar; doch sie

Ist werthlos vor der Liebe
Erhab'ner Alchimie.

Komm und vernimm die Lage
Des Mann's, der schmerzlich litt:

Er theilt in wenig Worten
Viel Sinniges dir mit.

Zum Glaubensfeinde wurde
Ein Götze China's[5] mir:

Herr, Herz und Glauben geb' ich
In Schutz und Obhut dir.

Mach' nicht des Rausches Räthsel
Den Nüchternen bekannt:

Verlange keine Seele
Von Bildern an der Wand.

Durch eines hohen König's[6]
Siegreiche Fahne nur

Prangt hoch Hafis als Banner,
Auf des Gesanges Flur.

Er zeigt sich seinen Dienern
Als hulderfüllten Herrn,

O Herr, drum halte immer
Von ihm das Unglück fern!

۲

گر بود عمر به میخانه رسم بار دگر
بجز از خدمت رندان نکنم کار دگر
خرم آن روز که با دیدهٔ گریان بروم
تا زنم آب در میکده یکبار دگر
معرفت نیست درین قوم خدایا سببی
تا برم گوهر خودرا بخریدار دگر
یار اگر رفت و حق صحبت دیرین نشناخت
حاش لله که روم من ز پی یار دگر
گر مساعد شودم دایرهٔ چرخ کبود
هم بدست آورمش باز بپرگار دگر
عافیت میطلبد خاطرم ار بگذارند
غمزهٔ شوخش و آن طرهٔ طرار دگر
راز سربستهٔ ما بین که بدستان گفتند
هر زمان با دف و نی بر سر بازار دگر
هر دم از درد بنالم که فلک هر ساعت
کندم قصد دل ریشش بآزار دگر
باز گویم نه درین واقعه حافظ تنهاست
غرقه گشتند درین بادیه بسیار دگر

2.

Lebe ich und trete wieder
Einmal in die Schenke ein,

Will ich, alles And're meidend,
Nur der Zecher Dienst mich weih'n.

O des freudenvollen Tages,
Wenn ich nassen Aug's genaht,

Um die Schenke zu bewässern,
So wie früher ich es that!

Einsicht mangelt diesem Volke:
Gib, o Gott, ein Mittel an,

Wie ich einem ander'n Käufer
Meine Gemme bieten kann.

Schied der Freund auch und verkannte
Gegen mich die alte Pflicht,

Folg' ich dennoch — Gott bewahre! —
Einem ander'n Freunde nicht.

Wenn der Kreis des blauen Himmels
Seiner Gunst mich würdig fand,

Bring' ich ihn auf and're Weise
Abermals in meine Hand.

Mein Gemüth wünscht zu gesunden;
Doch es hindern's immerdar

Des Geliebten Schelmenblicke
Und sein räuberisches Haar.

Mein verschlossenes Geheimniss
Wurde, sieh, zum Mährchen schon,

Und mit Pauken und mit Flöten
Spricht auf Märkten man davon.

Alle Augenblicke klag' ich,
Weil der Himmel, bösgewillt,

Stündlich nach dem wunden Herzen
Mir mit ander'n Qualen zielt;

Doch in dieser Lage — sag' ich —
Ist Hafis ja nicht allein:

Denn in diesen Sand der Wüste
Sanken viele And're ein.

٣

یوسف گم گشته باز آید بکنعان غم مخور
کلبهٔ احزان شود روزی گلستان غم مخور
ای دل غمدیده حالت به شود دل بد مکن
وین سر شوریده باز آید بسامان غم مخور
گر بهار عمر باشد باز بر تخت چمن
چتر گل بر سر کشی ای مرغ شبخوان غم مخور
هان مشو نومید چون واقف نهٔ از سرّ غیب
باشد اندر پرده بازیهای پنهان غم مخور
دور گردون گر دو روزی بر مراد ما نگشت
دایما یکسان نباشد حال دوران غم مخور
در بیابان گر ز شوق کعبه خواهی زد قدم
سرزنشها گر کند خار مغیلان غم مخور
ای دل ار سیل فنا بنیاد هستی بر کند
چون ترا نوحست کشتیبان ز طوفان غم مخور
گرچه منزل بس خطرناکست و مقصد ناپدید
هیچ راهی نیست کانرا نیست پایان غم مخور

3.

Der verlorne Joseph kehret
— Traure nicht — nach Kanaan:

Bald füllt sich des Grames Zelle
— Traure nicht — mit Rosen an.

Tröste dich, bald wird es besser,
Herz, das stets nur Gram empfand,

Denn es kömmt dies Haupt, das wirre,
— Tröste dich — noch zu Verstand.

Wenn der Lenz des Lebens wieder
Thronet auf dem grünen Feld,

Spannst du über's Haupt, o Sprosser,
— Traure nicht — ein Rosenzelt.

Hoffe stets, wenn auch dein Scharfsinn
Das Verborg'ne nicht entdeckt:

Hinter'm Vorhang gibt es Spiele,
— Traure nicht — gar tief versteckt.

Hat des Himmels Dreh'n zwei Tage
Unserm Wunsche nicht willfahrt,

— Traure nicht — denn was sich drehet
Ist veränderlicher Art.

Wenn aus Sehnsucht nach der Kâba
Du der Wüste Sand betrittst,

— Traure nicht — wenn auch durch Dorne
Du Verletzungen erlittst.

Herz, scheint durch den Strom des Übels
Dir des Lebens Bau zerstört,

— Traure nicht — am Ruder sitzet
Noë, der die Fluth beschwört.

Ist der Weg auch sehr gefährlich
Und das Ziel nicht abzuseh'n,

— Traure nicht — denn jede Strasse
Muss denn doch zu Ende geh'n.

حال ما در فرقت جانان و ابرام رقیب
جمله میداند خدای حال گردان غم مخور
حافظا در کنج فقر و خلوت شبهای تار
تا بود وردت دعا و درس قرآن غم مخور

11

Wenn mich des Geliebten Trennung
Und der Nebenbuhler kränkt,
— Traure nicht — Gott weiss dies Alles,
Er, der alles fügt und lenkt.

Weilst, Hafis, im Armuthswinkel
Du allein bei finst'rer Nacht,
— Traure nicht — so lang du betest
Und der Koran bei dir wacht.

4

روی بنما و وجود خودم از یاد ببر
خرمن سوختگانرا همه گو باد ببر
ما چو دادیم دل و دیده بطوفان بلا
گو بیا سیل غم و خانه ز بنیاد ببر
دولت پیر مغان باد که باقی سهلست
دیگری گو برو و نام من از یاد ببر
زلف چون عنبر خامش که ببوید هیهات
ای دل خام طمع این سخن از یاد ببر
دوش میگفت بمژگان سیاهت بکشم
یا رب از خاطرش اندیشهٔ بیداد ببر
سینه گو شعلهٔ آتشکدهٔ پارس بکش
دیده گو آب رخ دجلهٔ بغداد ببر
سعی نابرده درین راه بجائی نرسی
مزد اگر میطلبی طاعت استاد ببر
روز مرگم نفسی وعدهٔ دیدار بده
وانگهم تا بلحد فارغ و آزاد ببر
حافظ اندیشه کن از نازکی خاطر یار
برو از درگهش این ناله و فریاد ببر

I.

Zeig' dein Angesicht und wiege
Mich in Selbstvergessen ein;

Lass die Garben der Verbrannten[1]
Aller Winde Beute sein!

Herz und Auge übergab ich
Lang den Unglücksfluthen schon;

Trage nun der Strom des Grames
Meines Hauses Grund davon!

Ist der alte Wirth nur glücklich,
Leicht nehm' ich den Rest dann hin;

Jeder And're geh' und tilge
Meinen Namen aus dem Sinn!

Wem, ach, duftet Seiner Locken
Roher Moschus? Nimmer dir;

Schlag' dies Wort dir aus dem Sinne
Du, o Herz, voll roher Gier!

Gestern sprach Er: „Ich erdolche
„Mit den schwarzen Wimpern dich."

Nimm Ihm, Herr, aus dem Gemüthe
Dieses Unrecht gegen mich!

Busen! Tödte du die Flamme
Dort in Persiens Feuerdom![2]

Auge! Schaff' das Wangenwasser
Fort aus Bagdad's Tigerstrom![3]

Du gelangest ohne Mühe
An kein Ziel auf dieser Bahn;

Sehnst du dich nach einem Lohne,
Sei dem Meister unterthan!

Gib dein Wort mich zu besuchen,
Wenn der Tod mich zu sich ruft,

Und dann trage kummerledig
Mich hinab in meine Gruft!

Doch, Hafis, bedenk' wie fühlend
Das Gemüth des Freundes sei:

Geh' und schaff' aus seiner Nähe
Dieses Angst- und Wehgeschrei!

٥

ای صبا نکهتی از خاک ره یار بیار
ببر اندوه دل و مژدهٔ دلدار بیار
نکتهٔ روح‌فزا از دهن یار بگو
نامهٔ خوش خبر از عالم اسرار بیار
گردی از رهگذر دوست بکوریٔ رقیب
بهر آسایش این دیدهٔ خونبار بیار
خامی و ساده‌دلی شیوهٔ جانبازان نیست
خبری از بر آن دلبر عیار بیار
تا معطر کنم از لطف نسیم تو مشام
شمهٔ از نفحات نفس یار بیار
بوفای تو که خاک ره آن یار عزیز
بی غباری که پدید آید از اغیار بیار
روزگاریست که دل چهرهٔ مقصود ندید
ساقیا آن قدح آینه‌کردار بیار
شکر آنرا که تو در عشرتی ای مرغ چمن
باسیران قفس مژدهٔ گلزار بیار

5.

Bring' vom Strassenstaub des Freundes
Einen Duft mir, holder Ost,

Und des Herzens Gram verscheuchend,
Bring' vom Liebling einen Trost!

Künde aus des Freundes Munde
Mir ein Wörtchen das beseelt,

Einen Brief der Frohen melde,
Bring' aus der Geheimnisswelt!

Bring', dem Nebenbuhler trotzend,
Staub vom Weg' des Freundes her,

Dass Beruhigung gewähre
Diesem blut'gen Auge er!

Rohheit oder Herzenseinfalt
Tauget Seelenopfrern nicht:

Bring' von Seite jenes schlauen
Herzensräubers mir Bericht!

Dass mir den Geruchssinn würze
Deine sanfte, milde Luft,

Bring' vom Odemhauch des Freundes
Nur ein wenig süssen Duft!

Bring' — bei deiner Treue bitt' ich —
Staub von jenem theuren Freund,

Ohne dass ein Kummerstäubchen
Drum bei Anderen erscheint!'

Lang schon zeigte sich dem Herzen
Seiner Wünsche Antlitz nicht:

Bring', o Schenke, jenen Becher,
Der da glänzet spiegellicht!

Bring' zum Dank, dass du, o Sprosser,
Lebst in steten Freuden nur,

Den Gefangenen im Käfich
Kunde von der Rosenflur!

کام جان تلخ شد از صبر که کردم بی دوست
عشوهٔ زان لب شیرین شکربار بیار
دلق حافظ بچه ارزد بمیش رنگین کن
وانگهش مست خراب از سر بازار بیار

17

Bitter ward mein Seelengaumen,
Fern vom Freunde, durch Geduld:

Bring' von jener Zuckerlippe
Nur Ein Zeichen mir der Huld!

Wozu taugt Hafisens Kutte?
Färbe röthlich sie mit Wein

Und dann bringe wüst und trunken
Von dem Markte ihn herein!

٦

ای صبا نکهتی از کوی فلانی بمن آر
زار و بیمار غمم راحت جانی بمن آر
قلب بی حاصل مارا بزن اکسیر مراد
یعنی از خاک در دوست نشانی بمن آر
در کمینگاه نظر با دل خویشم جنگست
ز ابرو و غمزهٔ او تیر و کمانی بمن آر
در غریبی و فراق و غم دل پیر شدم
ساغر می ز کف تازه جوانی بمن آر
منکرانرا هم ازین می دو سه ساغر بچشان
وگر ایشان نستانند روانی بمن آر
ساقیا عشرت امروز بفردا مفکن
یا ز دیوان قضا خط امانی بمن آر
دلم از پرده بشد دوش که حافظ میگفت
ای صبا نکهتی از کوی فلانی بمن آر

6.

Von dem Dorfe des Bewussten
Bring' mir Düfte, holder Ost!

Schwach und krank bin ich aus Kummer:
Bringe denn mir Seelentrost!

Leg' auf's Herz mir, das getäuschte,
Meiner Wünsche Elixir:

Bringe nämlich von des Freundes
Schwellenstaub ein Zeichen mir!

Im Versteck des Blickes führ' ich
Mit dem eig'nen Herzen Krieg: [1]

Bring' mir Seiner Brauen Bogen,
Seiner Wimper Pfeil zum Sieg!

Mich zum alten Manne machten
Fremde, Trennung, Herzenspein:

Bring' aus zarten Jünglingshänden
Mir ein Glas gefüllt mit Wein!

Zwei, drei Gläser lass auch kosten
Von dem Wein die Leugner [2] hier.

Und verschmäh'n sie das Getränke,
Nun, so bring' es eilends mir!

Lass, o Schenke, nicht auf morgen
Was das Heut an Freuden beut;

Oder bring' vom Schicksals-Diwan
Mir ein sicheres Geleit!

Gestern kam ich fast von Sinnen, [3]
Denn Hafis sprach ganz getrost:

„Von dem Dorfe des Bewussten
„Bring' mir Düfte, holder Ost!"

۷

ای خرم از فروغ رخت لاله‌زار عمر
باز آ که ریخت بی گل رویت بهار عمر
اندیشه از محیط فنا نیست هر کرا
بر نقطهٔ دهان تو باشد مدار عمر
از دیده گر سرشک چو باران چکد رواست
کاندر غمت چو برق بشد روزگار عمر
بی عمر زنده ام من و این بس عجب مدار
روز فراقرا که نهد در شمار عمر
از هر طرف ز خیل حوادث کمینگهیست
ز آن رو عنان کشیده دواند سوار عمر
این یکدو دم که دولت دیدار ممکنست
دریاب کار ما که نه پیداست کار عمر
تا کی می صبوح و شکر خواب بامداد
بیدار گرد هان که گذشت اختیار عمر
دی در گذار بود و نظری سوی ما نکرد
بیچاره دل که هیچ ندید از گذار عمر
حافظ سخن بگوی که در صفحهٔ جهان
این نقش ماند از قلمت یادگار عمر

7.

O du, durch dessen Wangenschimmer
Das Tulpenbeet des Lebens glüht!

Komm wieder, da der Lenz des Lebens
Nur durch dein Rosenantlitz blüht!

Es kümmert und es sorgt sich nimmer
Um der Vernichtung Ocean,

Wer für den Mittelpunct des Lebens
Als Pünctchen deinen Mund gewann.

Mit vollem Grunde träuft die Thräne
Als Regen mir vom Augenrand,

Da gleich dem Blitz die Zeit des Lebens
Im steten Gram um dich mir schwand.

Lebendig bin ich ohne Leben,
Doch darfst du drob erstaunt nicht sein:

Wer schaltet wohl die Trennungstage
Der Rechnung seines Lebens ein?

Auf allen Seiten gibt's Verstecke,
Aus denen Unglücksheere droh'n:

Drum eilet mit verhängtem Zügel
Des Lebens Reiter schnell davon.

Durch deinen Anblick mich beglücken
Kannst du vielleicht Momente blos:

Benütze sie mein Loos zu fördern,
Denn unklar ist des Lebens Loos.

Wie lang noch wirst du Frühwein trinken
Und schlummern süss beim Morgenstrahl?

Auf! Sei auf deiner Hut! Erwache!
Denn schon entschwand des Lebens Wahl.

An mir vorüber ging Er gestern,
Doch hat Er nicht nach mir geseh'n;

O armes Herz, das nicht genossen
Das Leben im Vorübergeh'n!

Hafis, lass deine Lieder tönen,
Weil auf dem Blatte dieser Welt

Ein Bild, von deinem Rohr gezeichnet,
Als Lebensdenkmal sich erhält.

٨

عیدست و آخر گل و یاران در انتظار
ساقی بروی شاه ببین ماه و می بیار
دل برگرفته بودم از ایام گل ولی
کاری بکرد همت رندان روزه‌دار
دل در جهان مبند و ز مستی سؤال کن
از فیض جام و قصهٔ جمشید کامکار
جز نقد جان بدست ندارم شراب کو
کان نیز بر کرشمهٔ ساقی کنم نثار
گر فوت شد سحور چه نقصان صبوح هست
از می شوند روزه‌گشا طالبان یار
ترسم که روز حشر عنان بر عنان روند
تسبیح شیخ و خرقهٔ رند شرابخوار
خوش دولتیست خرم و خوش خسروی کریم
یا رب ز چشم زخم زمانش نگاه دار
می خور بشعر بنده که زیبی دگر دهد
جام مرصع تو بدین در شاهوار

Festtag ist, die Rosen enden
Und die Freunde harren dein;
Schenke! Im Gesicht des Königs
Sieh den Mond [1] und bringe Wein!

Auf die Rosentage hatte
Ich bereits verzichtet; doch
Fastender Bezechter Streben
Änderte die Sache noch. [2]

Nie dein Herz an Ird'sches bindend,
Frage Trunk'ne um Bescheid
Über des Pocales Segen
Und Dschemschidens Herrlichkeit.

Nur der Seele Baarschaft halt' ich
Noch in Händen; wo ist Wein?
Einem holden Blick des Schenken
Mög' auch der geopfert sein!

Zwar das Frühmahl [3] ist vorüber,
Doch was thut's? der Frühwein nicht,
Da, wer nach dem Freund begehret,
Nur mit Wein die Faste bricht.

An dem Tage des Gerichtes
Wandelt — fürcht' ich — Hand in Hand
Mit dem Rosenkranz des Scheiches
Des Berauschten Mönchsgewand.

Dieses Reich ist herrlich blühend,
Und sein Herrscher mild und gut:
Vor des Schicksals bösem Auge
Nimm ihn, Herr, in sich're Hut!

Trinke, Fürst, bei meinem Liede.
Denn ein Schmuck ist's eig'ner Art,
Wenn sich deinem Gemmenglase
Diese Königsperle [4] paart.

21

ز آنجا که پرده‌پوشی خلق کریم تست
بر قلب ما ببخش که نقدیست کم‌عیار

حافظ چو رفت روزه و گل نیز میرود
ناچار می بنوش که از دست رفت کار

And'rer Fehler zu verhüllen
Hält dein edler Sinn für Pflicht:

Drum verzeihe meinem Herzen,
Dem es an Gehalt gebricht!

Schwand, H a f i s, die Zeit der Faste,
Schwindet auch die Rose nun:

Darum musst du Wein geniessen,
Bleibt nichts And'res doch zu thun.

۹

صبا ز منزل جانان گذر دریغ مدار
وزو بعاشق مسکین خبر دریغ مدار
بشکر آنکه شکفتی بکام دل ای گل
نسیم وصل ز مرغ سحر دریغ مدار
کنون که چشمهٔ قندست لعل نوشینت
سخن بگوی و ز طوطی شکر دریغ مدار
حریف عشق تو بودم چو ماه نو بودی
کنون که ماه تمامی نظر دریغ مدار
جهان و هرچه درو هست سهل و مختصرست
ز اهل معرفت این مختصر دریغ مدار
مکارم تو بآفاق میبرد شاعر
ازو وظیفهٔ زاد سفر دریغ مدار
چو ذکر خیر طلب میکنی سخن اینست
که در بهای سخن سیم و زر دریغ مدار
غبار غم برود حال به شود حافظ
تو آب دیده ازین رهگذر دریغ مدار

9.

Entzieh' des Seelenfreundes Hause
Nicht deinen Durchzug, holder Ost;

Entzieh' mir elendem Verliebten
Nicht seiner Kunde Herzenstrost!

Zum Dank dafür, dass du, o Rose,
Nach Wunsch nun blühest auf dem Strauch,

Entziehe du dem Morgenvogel
Nicht des Genusses süssen Hauch!

Jetzt ist dein Mund noch eine Quelle,
Aus der hervor der Kandel bricht:

Drum sprich ein Wörtchen und entziehe
Dem Papagei den Zucker nicht!

Als du ein Neumond noch gewesen,
Warb ich um deine Liebe schon:

Nun du ein voller Mond geworden,
Entzieh' mir nicht des Blickes Lohn!

Die Welt und Alles was sie fasset
Ist leicht nur und gering an Werth:

Entziehe dies Geringe nimmer
Dem, dessen Kenntnisse man ehrt!

Es trägt der Dichter deine Thaten
Nach jeder Gegend dieser Welt:

Entzieh', zur Nahrung auf der Strasse,
Ihm nicht das schuld'ge Reisegeld!

Willst du, dass deiner man gedenke
In Liebe, wenn du nicht mehr bist,

Entzieh' dein Gold und Silber nimmer
Dem Worte, dessen Preis es ist!

Der Staub des Grames wird sich legen,
Hafis, und alles wird noch gut.

Entziehe du nur diesem Pfade
Nicht deines Auges Wasserfluth!

روی بنما و مرا گو که ز جان دل برگیر
پیش شمع آتش پروانه بجان گو درگیر
در لب تشنهٔ ما بین و مدار آب دریغ
بر سر کشتهٔ خویش آی و ز خاکش برگیر
ترک درویش مکن گر نبود سیم و زرش
در غمت سیم شمار اشک و رخش را زر گیر
چنگ بنواز و بساز ار نبود عود چه باک
آتشم عشق و دلم عود و تنم مجمر گیر
در سماع آی و ز سر خرقه بینداز و برقص
ورنه در گوشه رو و خرقهٔ ما بر سر گیر
صوف برکش ز سر و بادهٔ صافی درکش
سیم در باز و بزر سیمبری در برگیر
دوست گو یار شو و هر دو جهان دشمن باش
بخت گو پشت شو و روی زمین لشکر گیر
میل رفتن مکن ای دوست دمی با ما باش
بر لب جوی طرب جوی و بکف ساغر گیر

10.

Sprich kühn zu mir, dein Antlitz zeigend:
„Nimm aus der Seele dir das Herz;"

Und vor dem Lichte sprich zum Falter:
„Entglüh' an meiner Seele Schmerz!"

Betrachte meine durst'ge Lippe
Und halt' ihr freundlich Wasser hin;

Tritt zu dem Mann, den du gemordet,
Und hebe aus dem Staube ihn!

Entferne dich vom Armen nimmer:
Hat er auch Gold und Silber nicht,

Ist doch sein Silber seine Thräne,
Ist doch sein Gold sein Angesicht.

Mag immerhin die *Laute* fehlen
Spielst auf der Harfe du vor mir:

Mein Herz, mein Leib und meine Liebe
Sei *Aloe*,[1] Rauchfass, Feuer dir!

Beginn den Reigen, wirf die Kutte
Weit weg von dir und tanze dann;

Wo nicht, so geh' in eine Ecke
Und zieh' dort meine Kutte an![2]

Zieh' aus das *woll'ne* Kleid und ziehe
Dafür in dich den *reinen* Wein;

Verspiel' dein Silber und dann handle
Um Gold dir Silberbusen ein!

Ist mir der Freund nur hold, so mögen
Mich beide Welten feindlich flieh'n;

Stützt mich das Glück nur, mögen Heere
Erobernd durch die Erde zieh'n!

Freund, wolle nicht von hinnen eilen,
Bleib' nur ein Weilchen noch bei mir;

Such' Freuden an des *Baches* Rande
Und nimm zur Hand den Becher hier!

رفته گیر از برم و ز آتش و آب دل و چشم
گونه ام زرد و لبم خشک و کنارم تر گیر
حافظا آراسته کن بزم و بگو واعظ را
که ببین مجلسم و ترک سر منبر گیر

Und gingst du wirklich fort, so machte
Das Augennass, der Herzensbrand

Mir Farb' und Lippe fahl und trocken,
Wohl aber feucht des Schoosses Rand.

Hafis, bereite ein Gelage
Und zu dem Kanzelredner sprich:

„Wirf einen Blick auf meine Gäste
„Und trolle von der Kanzel dich!“

١١

دیگر ز شاخ سرو سهی بلبل صبور
گلبانگ زد که چشم بد از روی گل بدور
ای گل بشکر آنکه توئی پادشاه حسن
با بلبلان عاشق شیدا مکن غرور
از دست غیبت تو شکایت نمیکنم
تا نیست غیبتی نبود لذت حضور
زاهد اگر بحور و قصورست امیدوار
مارا شرابخانه قصورست و یار حور
می خور ببانگ چنگ و مخور غصه ور کسی
گوید ترا که باده مخور گو هو الغفور
گر دیگران بعیش و طرب خرمند و شاد
مارا غم نگار بود مایهٔ سرور
حافظ شکایت از غم هجران چه میکنی
در هجر وصل باشد و در ظلمتست نور

11.

Vom Zipressenzweig ruft wieder
Der geduld'ge Sprosser nun:

„Auf dem Angesicht der Rose
„Soll kein böses Auge ruh'n!“

Doch zum Dank, dass du, o Rose,
Prangst als Schönheitskaiserin,

Blicke auf verliebte Sprosser
Nicht mit eitlem Stolze hin!

Nimmer will ich mich beklagen,
Trifft dein Fernsein mich auch hart;

Denn, wer nie entfernt gewesen,
Freut sich nicht der Gegenwart.

Nur auf Huris und auf Köschke
Macht der Frömmler Hoffnung sich;

Doch die Köschke seh' in Schenken
Und im Freund die Huri ich.

Trinke Wein beim Harfenklange,
Und verscheuche Gram und Leid;

Sagt man dir, du sollst nicht trinken,
So entgegne: „Gott verzeiht.“

Während And're sich ergötzen
Bei Gesang und frohem Mahl,

Ist der Kummer meiner Liebe
Mir ein Wonnecapital.

Warum willst du dich beklagen
Über Trennungsgram, Hafis?

Wiederseh'n enthält die Trennung,
Licht enthält die Finsterniss.

۱۲

شب قدرست و طی شد نامهٔ هجر
سلام فیه حتی مطلع الفجر
دلا در عاشقی ثابت‌قدم باش
که درین ره نباشد کار بی اجر
من از رندی نخواهم کرد توبه
و لو آذیتنی بالهجر و الحجر
دلم رفت و ندیدم روی دلدار
فغان از این تطاول آه ازین زجر
برآ ای صبح روشن دل خدارا
که بس تاریک میبینم شب هجر
وفا خواهی جفاکش باش حافظ
فان الربح و الخسران فی التجر

12.

Die Nacht der Kraft ist heut erschienen,[1]
An Trennung wird nicht mehr gedacht;

Heil bis zum Strahl der Morgenröthe
Hat diese heil'ge Nacht gebracht.

O Herz, behaupte in der Liebe
Nur immer einen *festen* Stand:

Gibt's doch kein Werk auf diesem Pfade,
Das endlich seinen Lohn nicht fand.

Dass ich dem Trunke mich ergeben;
Nein, das bereu' ich nimmermehr,

Magst du mit Trennung und mit Steinen
Mich stets verfolgen noch so sehr.

Mein Herz entfloh, doch nimmer sah ich
Den Holden, der das Herz mir stahl.

Weh über diese Grausamkeiten,
Weh über diese herbe Qual!

Erschein', o Morgen, Gott zu Liebe
In deines Herzens lichter Pracht,

Denn gar zu dunkel und zu finster
Erscheinet mir der Trennung Nacht!

Hafis, nimm, wenn du Treue wünschest,
Die Leiden mit Ergebung hin:

Es wechselt ja im Handel immer
Mit dem Verluste der Gewinn.

۱۳

نصیحتی کنمت بشنو و بهانه مگیر
هر انچه ناصح مشفق بگویدت بپذیر
ز وصل روی جوانان تمتعی برگیر
که در کمینگه عمرست مکر عالم پیر
نعیم هر دو جهان پیش عاشقان بجوی
که آن متاع قلیلست و این بهای کثیر
معاشری خوش و رودی بساز میخواهم
که درد خویش بگویم بنالهٔ بم و زیر
بر آن سرم که ننوشم می و گنه نکنم
اگر موافق تدبیر من شود تقدیر
بعزم توبه نهادم قدح ز کف صد بار
ولی کرشمهٔ ساقی نمیکند تقصیر
می دوساله و محبوب چارده ساله
همین بسست مرا صحبت صغیر و کبیر
چو قسمت ازلی بیحضور ما کردند
گر اندکی نه بوفق رضاست خورده مگیر

13.

Einen Rath will ich dir geben,
Hör' ihn an und rechte nicht,

Treu befolgend was in Liebe
Der Ermahner zu dir spricht:

„Drücke Küsse auf die Wange,
„Die im Jugendreize strahlt;

„Lauert doch die Welt, die alte,
„In des Lebens Hinterhalt."

Um ein Korn verkauft die Liebe
Was das Weltenpaar bescheert:

Dieses ist gar schlechte Waare,
Jene hat gar hohen Werth.

Einen traulichen Genossen
Und Gesänge [1] wünscht mein Herz,

Um im Basse und Soprane
Auszudrücken meinen Schmerz.

Keinen Wein will ich mehr trinken,
Keine Sünde mehr begeh'n,

Wenn das Schicksal meinem Vorsatz
Günstig will zur Seite steh'n.

Hundert Male hab' ich reuig
Aus der Hand gesetzt das Glas,

Doch das Augenspiel des Schenken
Währt ja ohne Unterlass.

Wenn der Liebling vierzehn Jahre
Und zwei Jahre zählt der Wein,

Genügt ihr Umgang mir statt Allem,
Was mir böte Gross und Klein.

Als das ew'ge Loos geworden,
Ist es ohne mich gescheh'n:

Nun, so schmäle nicht, wenn Manches
Nicht nach Wunsche sollte geh'n.

چو لاله در قدحم ریز ساقیا می مشک
که نقش خال نگارم نمیرود ز ضمیر
بگفتمت که حذر کن ز زلف او ای دل
که میکشند درین حلقه باد در زنجیر
بیار ساغر یاقوت فیض و در خوشاب
حسود گو کرم آصفی ببین و بمیر
دل رمیدهٔ ما را که پیش میگیرد
خبر دهید ز مجنون جسته از زنجیر
چه جای گفتهٔ خواجو و شعر سلمانست
که شعر حافظ ما به ز نظم خوب ظهیر
حدیث توبه درین بزمگه مگو حافظ
که ساقیان کان ابرویت زنند بتیر

Schenke! Moschuswein gleich Tulpen
Giess mir nun in den Pocal,

Dass mir nimmer aus dem Sinne
Schwinde des Geliebten Maal!

Sagt' ich dir, o Herz, nicht immer:
Hüte dich vor Seinem Haar?

Kettet man an diese Ringe
Doch den flücht'gen Wind sogar.

Bring' den Becher voll von hellen
Perlen und Rubinen mir,

Und der Neider mag erbleichen,
Weil mir hold ist der Wesir.

Wer vermag mein Herz zu halten,
Das so ängstlich ist und bang?

Sagt den Leuten, dass ein Toller
Seiner Kettenhaft entsprang.

Lieder, die Chodscha [1] gesungen
Und Selmân, [2] wer preist sie hier?

Klingt Hafisens Lied doch besser,
Als die Verse des Sâhir. [3]

Sprich, Hafis, bei diesem Feste
Nimmer von der Reue Heil,

Schenken mit den Bogenbrauen
Treffen sonst dich mit dem Pfeil!

۱٤

دلا چندم بریزی خون ز دیده شرم دار آخر
تو نیز ای دیده خوابی کن مراد دل بر آر آخر
منم یا رب که جانان را ز ساعد بوسه میچینم
دعای صبحدم دیدی که چون آمد بکار آخر
مراد دنیی و عقبی بمن بخشید روزی بخش
بگوشم قول چنگ اول بدستم زلف یار آخر
چو باد از خرمن دونان ربودن خوشهٔ تا چند
ز همت توشهٔ بردار و خود تخمی بکار آخر
نگارستان چین دانم نخواهد شد سرایت لیک
بنوک کلک مشک آمیز نقشی می نگار آخر
دلا در ملک شبخیزی گر از اندوه نگریزی
دم صبحت بشارتها بیآرد ز آن دیار آخر
بتی چون ماه زانو زد می چون لعل پیش آورد
تو گویی تائبم حافظا ز ساقی شرم دار آخر

14.

Wie lange noch wirst du, o Herz, vergiessen
Mein Augenblut? Erröthe endlich doch!

Du Aug', entschlumm're und erfülle endlich
Auf diese Art den Herzenswunsch mir noch!

Bin ich's denn wirklich, Herr, der Küsse pflücket
Von meines Seelenfreundes holdem Arm?

Nun sahst du selbst, wie endlich sich erfüllte
Warum ich Morgens betete so warm.

Was ich gewünscht für jenseits und hienieden,
Der Nahrungsschenker schenkte mir's, und zwar:

Erst für mein Ohr der Harfe Ton und endlich
Für meine Hand des Freundes Lockenhaar.

Raubst du die Garbenähren armer Leute,
Dem rauhen Winde ähnlich, länger noch?

Mach' dir aus Hochsinn eine Vorrathskammer
Und säe endlich eig'nen Samen doch!

Wohl weiss ich es, zum Bildersaale China's
Wird dein Pallast wohl nimmermehr; allein

Mit deines duft'gen Moschuspinsels Spitze
Mal' endlich ein Gemälde zart und fein.

Wenn du, o Herz, im Reich durchwachter Nächte
Nicht feig entfliehst den Leiden, die dir dräu'n,

So bringt der Morgenhauch aus jenem Lande
Dir endlich Kunden, die dich hoch erfreu'n.

Ein Götze, reizend wie der Mond, kredenzte
Gebeugten Knie's Wein, der Rubinen glich;

Du aber sprichst, Hafis: „Ich fühle Reue."
So schäm' doch endlich vor dem Schenken dich!

۱۵

ساقیا مایهٔ شباب بیار
یکدو ساغر شراب ناب بیار
داروی درد عشق یعنی می
کوست درمان شیخ و شاب بیار
آفتابست و ماه باده و جام
در میان مه آفتاب بیار
میکند عقل سرکشیٔ تمام
کردنش را ز می طناب بیار
بزن این آتش مرا آبی
یعنی آن آتش چو آب بیار
کل اکر رفت کو بشادی رو
بادهٔ ناب چون کلاب بیار
غلغل بلبل ار نماند چه غم
قلقل شیشهٔ شراب بیار
غم دوران مخور که رفت بباد
نغمهٔ بربط و رباب بیار

15.

Schenke, bring' die Summe
Aller Jugendkraft.

Bring' mir ein paar Gläser
Reinen Rebensaft!

Bring' ein sich'res Mittel
Gegen Liebespein,

Was den Greis und Jüngling
Heilen kann: den Wein!

Ist der Wein die Sonne,
Ist das Glas der Mond:

Bringe denn die Sonne,
Die im Monde thront!

Nur als Starrkopf handelt
Wer da klug will sein:

Bring' für seinen Nacken
Einen Strick aus Wein!

Übergiess mit Wasser
Dies mein Feuer hier;

Feuer, das dem Wasser
Gleiche,[1] bringe mir!

Glück der flücht'gen Rose
Auf die Wanderschaft!

Bring' wie Rosenwasser
Reinen Rebensaft!

Lass es dich nicht grämen,
Schwieg des Sprossers Sang;

Bring' der vollen Flasche
Lieblicheren Klang.

Trau're nicht, wenn Tage
Mit dem Wind entfloh'n;

Bring' das Lied der Zither
Und des Barbiton!

وصل او جز بخواب نتوان دید
داروئی کوست اصل خواب بیار
گرچه مستم سه چار جام دگر
تا بکلی شوم خراب بیار
یکدو رطل گران بحافظ ده
گر گناهست وگر ثواب بیار

Da mir nur im Schlafe
Seine Liebe lacht.

Bringe denn ein Mittel,
Das mich schlafen macht!

Bin ich gleich schon trunken,
Drei, vier Gläser doch
Bringe, bis ich völlig
Wüst geworden, noch!

Bring' Hafisen Becher,
Einen oder zwei,
Ob's nun fromm gehandelt,
Oder Sünde sei!

١٦

سرو بالا بلند خوش رفتار
دلبر نازنین کل رخسار
دل ما برده بعیاری
از برای خدا نکاهش دار
تا بدیدم دو چشم جادویت
در دل من نماند صبر و قرار
سنبل زلف اکر بر افشانی
نبود مشک را دکر مقدار
بی وفایی مکن دکر پیشه
بوفا کوش ای بت عیار
کاه کاهم ببوسه بنواز
تا که کردی ز عمر بر خوردار
حافظا مستمند که حیرانست
بنده تست بی زر و دینار

16.

Hochaufstrebende Zipresse
Mit dem schönen Gange,

Zartgeformter Herzensräuber
Mit der Rosenwange,

Hast mit deinen schlauen Ränken
Mir das Herz gestohlen:

Darum sei's um Gotteswillen
Dir auch anempfohlen!

Seit ich deiner beiden Augen
Zauberkunst ersehen,

Ist's um meines Herzens Ruhe
Und Geduld geschehen.

Schüttelst du die Hyacinthen
Deiner Lockenhaare,

Wird fortan der Moschus selber
Zur gemeinen Waare.

Mache dir den Bruch der Treue
Nimmer zum Gesetze:

Nur nach Treue magst du streben,
O mein schlauer Götze!

Und von Zeit zu Zeit beglücke
Mich mit einem Kusse,

Dass der Lebensbaum dir trage
Früchte zum Genusse!

Staunen überkömmt Hafisen,
Der zu dir nur flehet,

Und auch ohne Gold und Silber
Dir zu Diensten stehet.

حرف الزاء

1

منم که دیده بدیدار دوست کردم باز
چه شکر گویمت ای کارساز بنده نواز
نیازمند بلا گو رخ از غبار مشوی
که کیمیای مراد است خاک کوی نیاز
بیکدو قطره که ایثار کردی ای دیده
بسا که بر رخ دولت کنی کرشمه و ناز
طهارت ار نه بخون جگر کند عاشق
بقول مفتیء عشقش درست نیست نماز
ز مشکلات طریقت عنان متاب ای دل
که مرد راه نیندیشد از نشیب و فراز
من از نسیم سخن چین چه طرف بربندم
چو سرو راست درین باغ نیست محرم راز
درین مقام مجازی بجز پیاله مگیر
درین سراچهء بازیچه غیر عشق مباز

Der Buchstabe Se.

I.

Bin ich's wirklich, der sein Auge
Um den Freund zu schau'n erschliesst?

O wie dank' ich dir, Vermittler,
Der so hold dem Diener ist!

Wen das Unglück zwingt zu bitten,
Rein'ge sich vom Staube nie:

Erdenstaub im Gau der Bitte
Ist der Wünsche Alchimie.

Weil, o Aug', ein Paar der Thränen
Einst im Schmerze dir entfiel,

Treibst du mit des Glückes Wange
Nun ein stetes Liebesspiel.

Wenn mit Herzblut der Verliebte
Sich zu reinigen verschmäht,

Hält der Mufti wahrer Liebe
Nicht für giltig sein Gebet.

Lenke von des Weges Mühen
Nicht den Zügel ab, o Herz:

Denn der wahre Mann des Pfades
Kennt kein Auf- und Niederwärts.

Lässt der West, der Zwischenträger,
Einen Vortheil mich erschau'n?

Der Zipresse, der geraden,
Ist ja selbst hier nicht zu trau'n.

Greif' in diesem Ort des Scheines
Nach dem Becher nur mit Wein.

Spiel' in diesem Spielerhause
Nur der Liebe Spiel allein!

اگرچه حسن تو از عشق غیر مستغنیست
من آن نیم که ازین عشقبازی آیم باز
چه گویمت که ز سوز درون چه میبینم
ز اشک پرس بحکایت که من نیم غماز
غرض کرشمهٔ حسنست ورنه حاجت نیست
جمال دولت محمود را بزلف ایاز
غزل سرائی ناهید صرفهٔ نبرد
در آن مقام که حافظ بر آورد آواز

51

Zwar bedürfen deine Reize
Fremder Liebe nicht zum Glück.

Doch von diesem Liebesspiele
Kehr' ich sicher nicht zurück.

Mach' ich dir, was ich erdulde
Durch den Brand des Innern, kund?

Frag' die Thrän' um die Geschichte,
Denn ich bin kein Schwätzermund.

Mit der Schönheit wollte kosen
Fürst Mâhmûd; denn er besass

Glückesschönheit und bedurfte
Nicht der Locke des Âjâs.[1]

Wenn Nâhîd[2] Ghasele singet,
Erntet sie wohl nimmer Lob

An der Stätte, wo Hafisens
Laute Stimme sich erhob.

۲

هزار شکر که دیدم بکام خویشت باز
ز روی صدق و صفا گشته با دلم دمساز
روندگان طریقت ره بلا سپرند
حریف راه نیندیشد از نشیب و فراز
غم حبیب نهان به ز جست‌وجوی رقیب
که نیست سینهٔ ارباب کینه محرم راز
بدین سپاس که مجلس منورست بدوست
گرت چو شمع جفایی رسد بسوز و بساز
به نیم بوسه دعایی بخر ز اهل دلی
که کید دشمنت از جان و جسم دارد باز
ملالتی که بروی من آمد از غم تو
توان که شرح دهم آصفا بسال دراز
فکند زمزمهٔ عشق در عراق و حجاز
نوای بانگ غزلهای حافظ شیراز

2.

Tausend Dank, dass ich dich wieder
Ganz nach eig'nem Wunsch geschaut,
Dass in Reinheit und in Treue
Du mein Herz dir angetraut!

Unglückspfade nicht zu meiden
Halten Wanderer [1] für Pflicht:
Wer ein Mann des Pfades heisset
Denkt an Berg' und Thäler nicht.

Vor des Neiders Forscherblicken
Birgst du deinen Gram mit Recht:
Denn die Brust des Grollerfüllten
Nähret das Vertrauen schlecht.

Sei zum Dank, dass der Geliebte
Den Gesellschaftssaal erhellt,
Gleich der Kerze, die, misshandelt,
Brennt und doch sich heiter stellt.

Tausche um ein halbes Küsschen
Des Beberaten [2] Segen ein:
Denn dies wird dir Leib und Seele
Von des Feindes List befrei'n.

Was ich schon um dich gelitten,
— Mein Gesicht beweist es klar —
Könnt' ich, o Âssâf, [3] dir schildern
Nur in einem langen Jahr.

Es erschallen Liebestöne
In Irâk und in Hêdschâs. [4]
Singt Hafis mit lauter Stimme
Seine Lieder in Schîrâs.

٣

خوش آن شبی که در آیی بصد کرشمه و ناز
کنی تو ناز بشوخی و من کشم بنیاز
چو غنچه سر درونش کجا نهان ماند
دل مرا که نسیم صباست محرم راز
امید قد تو میداشتم ز بخت بلند
نسیم زلف تو میخواستم ز عمر دراز
چه فتنه بود که مشاطهٔ قضا انگیخت
که کرد نرگس شوخش سیه بسرمهٔ ناز
چه حلقها که زدم بر در دل از سر سوز
ببوی روز وصال تو در شبان دراز
مرا چه فکر ز جور تو و جفای رقیب
اسیر عشق ندارد غم از بلای دراز
صبا بمقدم گل روح روح میبخشد
هزار رحمت حق باد بر چنین غماز
غبار خاطر ما چشم خصم کور کند
تو رخ بخاک نه ای حافظ و بسوز و بساز

3.

Sel'ge Nacht, in der du nahest,
Hundertfältig schmeichelnd mir.

Dann mit Schalkheit spröde thuest.
Und ich flehend steh' vor dir!

Bleibt wohl Knospen gleich verschlossen
Was mein armes Herz verhehlt,

Wenn es zum Geheimnisshüter
Sich den Morgenwind erwählt?

Was vom hohen Glück ich hoffte
Stellt' in deinem Wuchs sich dar,

Und mein Wunsch vom langen Leben
Lag in deinem Lockenhaar.

Wie die Künstlerin des Schicksals
Doch so listig ist und fein!

Reibt sie deinem Schelmenauge
Noch das Schwarz der Anmuth ein!

An wievielen Herzenspforten
Pocht' ich nicht in heisser Qual,

Hoffend in den langen Nächten
Auf der Liebe Morgenstrahl!

Magst du mich auch hart behandeln,
Quält mich auch der Neider sehr,

Dem Gefangenen der Liebe
Fällt kein langes Unglück schwer.

Ruhe schenkt der Ost dem Geiste,
Wenn die Rose wiederkehrt;

Gottes tausendfachen Segen
Ist ein solcher Schwätzer werth.

Staub, der mein Gemüth belastet,
Macht des Feindes Auge blind;

Wirf, Hafis, dich auf die Erde,
Brenn', doch scheine frohgesinnt!

٤

براه میکده عشاق راست در تک و تاز
همان نیاز که حجاج را براه حجاز
تنم ز هجر تو چشم از جهان فرو میدوخت
امید دولت وصل تو داد جانم باز
چه در روم بعد ازین ز حضرت دوست
چو کعبه یافته آیم ز بت پرستی باز
شبی چنین بسحر که ز بخت میخواهم
که با تو شرح سرانجام خود کنم آغاز
ز شوق مجلس آن ماه خرگهی حافظ
گرت چو شمع بسوزند پای دار و بساز

4.

Nach dem Wege zu der Schenke
Sieht man die Verliebten zieh'n,

Betend was die Pilger beten,
Ziehen nach Hedschâs sie hin.

Fern von dir, war wie erstorben
Für die ganze Welt mein Blick:

Doch die Hoffnung deiner Nähe
Gab das Leben mir zurück.

Nimmer nah' ich andern Pforten,
Komm' vom hohen Freund ich her:

Nun die Ka'ba ich gefunden,
Dien' ich keinem Götzen mehr.

Eine solche Nacht begehr' ich
Morgens vom Geschicke nur.

Die mir gönne dir zu sagen
Was mir Alles widerfuhr.

Wenn, Hafis, du gleich der Kerze
Glühst für jenen Mond im Zelt,

Steh', wie sie auch, *festen* Fusses
Und blick' ruhig in die Welt!

٥

عروس گل دگر آمد ببزم گلشن باز
کجاست بلبل خوش گو بر آورد آواز
دلا ز هجر مکن ناله زانکه در عالم
غمست و شادی و خار و گل و نشیب و فراز
دوتا شدم چو کمان از غم و نمیگویم
هنوز ترک کمان ابروان تیرانداز
ز طرهٔ تو پریشانی دلم شد فاش
غریب نیست ز مشک آری ار بود غماز
نه این زمان من شوریده دل نهادم روی
بر آستان تو کاندر ازل بسوز و نیاز
یکیست صعب و سهل در طریق حافظرا
که مرغ را چه تفاوت بود نشیب و فراز

5.

Zum Gelag' im Rosenhaine
Kam die Rose, eine Braut;

Doch wo weilt der holde Sprosser?
Sein Gesang ertöne laut!

Herz, du solltest nimmer klagen
Über Trennung, weil die Welt

Gram und Freude, Dorn und Rose,
Thäler und Gebirg' enthält.

Krumm aus Gram, gleich einem Bogen,
Halt' ich doch an Jenem fest,

Der den Bogen seiner Brauen
Wimpernpfeile schleudern lässt.

Deine krausen Locke machte
Meines Herzens Wirren kund:

Doch, was Wunder? Ist der Moschus
Doch bekannt als Schwätzermund.

Mein Gesicht auf deine Schwelle
Legt' ich, Tollherz, nicht erst heut.

That's in Gluth und im Gebete
Schon von aller Ewigkeit.

Eb'ne Wege oder steile
Nimmt Hafis in gleichen Kauf,

Denn gleich flink schwingt sich der Vogel
Über Berg' und Thäler auf.

٦

در آ که در دل خسته توان در آید باز
بیا که در تن مرده روان در آید باز

بیا که فرقت تو چشم من چنان دربست
که فتح باب وصالت مگر گشاید باز

غمی که چون سپه زنگ دل بخون بگرفت
ز خیل شادی روم رخت زداید باز

به پیش آینهٔ دل هر آنچه میدارم
بجز خیال جمالت نمی نماید باز

بدان مثل که شب آبستنست دور از تو
ستاره می شمرم تا که شب چه زاید باز

بیا که بلبل مطبوع خاطر حافظ
ببوی گلشن وصل تو میسراید باز

6.

Komm, dass in das Herz, das wunde,
Wiederkehre Kraft und Muth:

Komm, dass in den todten Körper
Wiederkehre Lebensgluth!

Komm, denn deine herbe Trennung
Schloss so fest das Auge mir,

Dass nur wieder deine Nähe
Siegreich es eröffnet mir!

Bluten macht mein Herz ein Kummer,
Der dem Negerheere gleicht,

Doch den heitern Griechenschaaren
Deiner Wangen wieder weicht.

Was ich immer zur Beschauung
Vor des Herzens Spiegel hielt,

Zeigte mir nur immer wieder
Deiner holden Reize Bild.

Nach dem Spruch: „die Nacht ist schwanger,"
Zählte ich, entfernt von dir,

Jeden Stern, ihn wieder fragend
Was die Nacht gebäre mir?

Komm, auf dass der holde Sprosser,
Wohnend in Hafise ns Brust,

Wieder singe, freudig ahnend
Deines Rosenhaines Lust!

۷

ای سرو ناز حسن که خوش میروی بناز
عشاق را بناز تو هر لحظه صد نیاز
فرخنده باد خلعت حسنت که در ازل
ببریده اند بر قد سروت قبای ناز
آنرا که بوی عنبر زلف تو آرزوست
چون عود گو بر آتش سوزان بسوز و ساز
از طعنهٔ رقیب نگردد عیار من
چون زر اگر برند مرا در دهان گاز
پروانه را ز شمع بود سوز دل ولی
بی شمع عارض تو دلرا بود گداز
دل کز طواف کعبهٔ کویت وقوف یافت
از شوق آن حریم ندارد سر حجاز
هر دم بخون دیده چه حاصل وضو چو نیست
بی طاق ابروی تو نماز مرا جواز
صوفی که بی تو توبه ز می کرده بود دوش
بشکست عهد چون در میخانه دید باز
چون باده مست بر سر خم رفت کف زنان
حافظ که دوش از لب ساغر شنید راز

7.

O Zipresse *spröder* Schönheit,
Deren Gang so *reizend* ist!

Liebende mit hundert Bitten
Nahen dir zu jeder Frist.

Dich beglücke deiner Schönheit
Ehrenkleid; — seit ew'ger Zeit

Wurde dir, Zipressenschlanker,
Angepasst der Reize Kleid.

Wen die Sehnsucht nach dem Dufte
Deines Ambrahaar's beschlich,

Brenne wie die Aloe brennet,
Aber stelle heiter sich.

Durch des Nebenbuhlers Lästern
Nimmt mein inn'rer Werth nicht ab,[1]

Wenn man auch dem Mund der Scheere
Gleich dem Gold mich übergab.

Es verbrennt das Herz des Falters,
Nahet er dem Kerzenlicht,

Und das meine schmilzt, erblick' ich
Deine lichte Wange nicht.

Dieses Herz, das kreisen lernte
Um die Ka'ba deines Gau's,[2]

Will nicht nach Hidschas und sehnet
Sich nach deinem heil'gen Haus.

Frommt es mir, wasch' ich beständig
Mich mit Herzensblute rein?

Nur in *deiner* Brauen Nische
Kann mein Beten giltig sein.

Jener Ssofi, der da gestern
Fern von dir den Wein verschwor,

Brach sein Wort, sobald er wieder
Offen sah der Schenke Thor.

Fröhlich naht *Hafis* dem Kruge,
Händeklatschend und berauscht,

Weil dem Bechermund er Abends
Ein Geheimniss abgelauscht.

۸

بر نیامد از تمنای لبت کامم هنوز
بر امید جام لعلت دردی آشامم هنوز
روز اول رفت دینم در سر زلفین تو
تا چه خواهد شد درین سودا سرانجامم هنوز
ساقیا یکجرعه ده آن آب آتش‌گون که من
در میان پختگان عشق او خامم هنوز
از خطا گفتم شبی موی ترا مشک ختن
میزند هر لحظه تیغی مو بر اندامم هنوز
نام من رفتست روزی بر لب جانان بسهو
اهل دلرا بوی جان می آید از نامم هنوز
پرتو روی ترا در خلوتم دید آفتاب
میرود چون سایه هر دم بر در و بامم هنوز
در ازل دادست مارا ساقی، لعل لبت
جرعهٔ جامی که من مدهوش آن جامم هنوز
ای که گفتی جان بده تا باشدت آرام دل
جان بغمهایش سپردم نیست آرامم هنوز
در قلم آورد حافظ قصهٔ لعل لبت
آب حیوان میرود هر دم ز اقلامم هنوز

8.

Was von deiner Lippe ich begehrte
Hat sich noch zur Stunde nicht erfüllt;
Was mir dein Rubinenglas liess hoffen
Hat den Durst mir immer noch gestillt.

Ich verlor aus Lust nach deinen Locken
Meinen Glauben schon am ersten Tag;
Wie's bei solchen schwarzen Nachtgedanken
Mir zuletzt wohl noch ergehen mag?

Gib von jenem feuerfarb'nen Wasser
Mir ein Schlückchen, Schenke! Bin ich doch
Unter Jenen, die durch deine Liebe
Gar geworden, stets ein Roher noch.[1]

Weil ich Nachts einst irrig deine Haare
Mit dem Moschus aus Chōtēn verglich,[2]
Hält ein jedes Haar auf meinem Leibe
Immer noch das Schwert gezückt auf mich.

Auf des Seelenfreundes Lippe schwebte
Eines Tag's mein Name aus Verseh'n,
Wesshalb noch bei meines Namens Nennung
Seelendüfte Liebende umweh'n.

Deinen Wangenschimmer sah die Sonne
Einst in meinem einsamen Gemach;
Darum wandelt sie, gleich einem Schatten,
Immer noch auf meinem Thor und Dach.

Dein Rubinenmund, der holde Schenke,
Reichte mir vor allem Urbeginn
Hefe aus so wirkungsvollem Glase,
Dass davon ich ganz betäubt noch bin.[3]

Der du sprachst: „Entäuss're dich der Seele
„Und zur Ruhe kömmt dann wohl dein Herz!“
Nimmer noch ist Ruhe mir geworden,
Weiht' ich auch die Seele Seinem Schmerz.

Die Geschichte deines Mundrubines
Schrieb dereinst Hafisens Schreibe-Rohr:
Darum quillt mir aus dem Schreibe-Rohren
Immer noch ein Lebensquell hervor.

٩

حال خونین دلان که کوید باز
و ز فلک خون خم که جوید باز
شرمش از چشم می‌پرستان باد
نرکس مست اکر بروید باز
جز فلاطون خم نشین شراب
سر حکمت بما که کوید باز
هر که چون لاله کاسه کردان بود
زین جفا رخ بخون بشوید باز
بس که در پرده چنک کفت سخن
بیرش موی تا نموید باز
بکشاید دلم چو غنچه اکر
ساغر لاله کون ببوید باز
کرد بیت الحرام خم حافظ
کر تواند بسر بپوید باز

Wer erzählt die Leiden wieder,
Die ein blutend' Herz empfand?
Wer begehrt das Blut des Fasses
Wieder von des Himmels Hand?

Vor dem Aug' der Weinverehrer
Fühlt sich von Schaam durchglüht
Die betrunkene Narzisse,
Wenn im Lenz sie wieder blüht.

Nur der Wein, der gleich dem Plato
Immerdar im Fasse lebt,
Sagt mir das Geheimniss wieder,
Das die Weisheit tief vergräbt.

Jedermann, der gleich der Tulpe
Kreisen liess den Weinpocal,
Wasche nur mit Blute wieder
Das Gesicht ob dieser Qual!

Heimlich stimmte schon die Harfe
Manches Lied der Klage an:
Drum beraube sie der Haare,
Und nicht wieder lacht sie dann.

Wie die Knospe sich erschliesset,
So erschliesst mein Herz sich auch,
Wenn der tulpengleiche Becher
Wieder spendet süssen Hauch.

Um das heil'ge Haus des Fasses
Wenn die Kraft es ihm erlaubt —
Hält Hafis den Umgang wieder:
Wär' es selbst auf seinem Haupt.

۱۰

خیز و در کاسهٔ زر آب طربناک انداز
پیشتر ز انکه شود کاسهٔ سر خاک انداز
عاقبت منزل ما وادیٔ خاموشانست
حالیا غلغله در گنبد افلاک انداز
چشم آلوده نظر از رخ جانان دورست
بر رخ او نظر از آینهٔ پاک انداز
بسر سبز تو ای سرو که چون خاک شوم
ناز از سر بنه و سایه برین خاک انداز
دل ما را که ز مار سر زلف تو بخست
از لب خود بشفاخانهٔ تریاک انداز
ملک این مزرعه دانی که ثباتی نکند
آتشی از جگر جام در املاک انداز
غسل در اشک زدم کاهل طریقت گویند
پاک شو اول و پس دیده بر آن پاک انداز
یا رب آن زاهد خودبین که بجز عیب ندید
دود آهیش در آینهٔ ادراک انداز
چون گل از نکهت او جامه قبا کن حافظ
و آن قبا در ره آن قامت چالاک انداز

10.

Auf, und giess der Freude Wasser[1]
In der Schale helles Gold,

Noch bevor uns Modererde
Aus des Hauptes Schale rollt!

In dem Thale der Verstummten
Wohnen alle wir zuletzt:

Drum zum Himmelsdom erhebe
Laute Jubeltöne jetzt!

Eines Seelenfreundes Wangen
Naht ein trübes Auge nicht:

Nur aus einem reinen Spiegel
Blicke auf sein Angesicht!

Grünbewipfelte Zipresse!
Werd' ich einst des Staubes Raub,

Nimm den Trotz aus deinem Haupte
Und beschatte meinen Staub![2]

Meinem Herzen, wund gebissen
Von der Schlange: deinem Haar,

Reiche hold in deiner Lippe
Terjak, der es heile, dar!

Das Besitzthum dieses Feldes[3]
Hat — du weisst es — nicht Bestand:

Setze durch das Herz des Glases
Jeglichen Besitz in Brand!

Thränen dienen mir zur Waschung:
Sagt doch jeder Ordensmann:

„Erst wenn du dich selbst gereinigt,
„Blicke jenen Reinen an!

Herr! dem dünkelvollen Frömmler,
Der nur sieht der Fehler Schmach,

Trübe du der Einsicht Spiegel
Mit dem Hauche eines Ach!

Reiss' dein Kleid entzwei, gleich Rosen,
Weht, Hafis, Sein Duft dich an.

Und dann wirf es, so zerrissen,
Jenem Flinken auf die Bahn!

١١

دلم ربودهٔ لولی وشیست شورانگیز
دروغ وعده و قتال وضع و رنگ آمیز
فدای پیرهن چاک ماه رویان باد
هزار جامهٔ تقوی و خرقهٔ پرهیز
بشکر آن که بحسن از ملک ببردی گوی
بخواه جام و گلابی بخاک آدم ریز
فقیر و خسته بدرگاهت آمدم رحمی
که جز ولای توام نیست هیچ دستاویز
غلام آن کلماتم که آتش افروزد
نه آب سرد زند در سخن بر آتش تیز
بیا که هاتف میخانه دوش با من گفت
که در مقام رضا باش و ز قضا مگریز
مباش غره ببازوی خود که در خبرست
هزار تعبیه در حکم پادشاه انگیز
پیاله بر کفنم بند تا سحرگه حشر
بمی ز دل ببرم هول روز رستاخیز
میان عاشق و معشوق هیچ حائل نیست
تو خود حجاب خودی حافظ از میان برخیز

11.

Jener, der das Herz mir raubte,
Ist ein Wühler Lulis gleich,
Hält sein Wort nicht, ist ein Mörder
Und an Ränken überreich.

Dem zerriss'nen Hemd der Schönen
Sei'n zu Tausenden geweiht
Falscher Gottesfurcht Gewänder,
Kutten der Enthaltsamkeit!

Dankbar für den Ball der Schönheit,
Den man dir vor Engeln gab,
Fordere ein Glas und schütte
Rosennass auf Adam's Grab!

Krank kam ich zu dir und dürftig:
Habe Mitleid denn mit mir;
Kein Geschenk kann ich dir bieten,
Als die Liebe nur zu dir.

Mich erkauft nur jene Rede,
Die zur Flamme bringt die Gluth
Und des Wortes helle Gluthen
Nicht begiesst mit kalter Fluth.

Komm, denn gestern in der Schenke
Rief mir eine Stimme zu:
„Halte fest an der Ergebung;
„Nicht entfliehst dem Schicksal du!"

Sei nicht stolz auf eig'ne Kräfte:
Lehrt uns doch die früh're Zeit,
Tausend Schicksalsmittel stünden
Zu der Kaiser Sturz bereit.

Knüpf' an's Grabtuch mir den Becher,
Und am Morgen des Gericht's
Naht der Tag der Auferstehung
Schreckt mich Weingestärkten Nichts.

Zwischen Liebchen und Verliebten
Hat kein Hinderniss Bestand:
Auf, Hafis, geh' aus dem Wege,
Bist ja selbst dir eine Wand!

۱۲

بیا و کشتی ما در شط شراب انداز
خروش و ولوله در جان شیخ و شاب انداز
مرا بکشتی باده در افکن ای ساقی
که گفته اند نکوئی کن و در آب انداز
ز کوی میکده برگشته ام ز راه خطا
مرا دگر ز کرم با ره صواب انداز
بیار از آن می گلرنگ مشکبو جامی
شرار رشک و حسد در دل گلاب انداز
اگرچه مست و خرابم تو نیز لطفی کن
نظر برین دل سرگشته خراب انداز
به نیم شب اگرت آفتاب می باید
ز روی دختر گلچهره رز نقاب انداز
مهل که روز وفاتم بخاک بسپارند
مرا بمیکده بر در خم شراب انداز
ز جور چرخ چو حافظ بجان رسید دلت
بسوی دیو محن ناوک شهاب انداز

12.

Komm, und auf des Weines Strom
Lass mein Schiff von Stapel geh'n

Und in alt- und jungen Seelen
Lauten Jubelruf ersteh'n!

Wirf mich in ein Schiff, o Schenke,
Das mit Wein beladen man,

Denn es heisst ja: „Thue Gutes
„Und in's Wasser wirf es dann.“ [1]

Da ich von dem Gau der Schenke
Einen falschen Pfad betrat,

O so leite du mich wieder
Gnädig auf den wahren Pfad!

Bring' von jenem rosenfarb'nen
Moschuswein ein Gläschen voll,

Und in's Herz des Rosenwassers
Wirf die Funken: „Neid und Groll!“

Bin ich auch gar wüst und trunken,
Könntest du doch gnädig sein

Und mit einem Blick mein wüstes,
Mein verwirrtes Herz erfreu'n.

Wenn um Mitternacht dich lüstet
Nach der Sonne hellem Licht,

Zieh' der ros'gen Rebentochter
Ihren Schleier vom Gesicht! [2]

Übergib mich nicht der Erde,
Wenn ich einst gestorben bin,

Sondern trag' mich in die Schenke
Und zum Weinfass wirf mich hin!

Wenn, Hafis, des Himmels Härte
Dir zu viel zu dulden gab,

Sende auf den Diw der Leiden
Flammenhelle Pfeile ab! [3]

حرف السین

۱

ای صبا گر بگذری بر ساحل رود ارس
بوسه زن بر خاک آن وادی و مشکین کن نفس
منزل سلمی که بادش هر دم از ما صد سلام
پر صدای ساربانان بینی و بانگ جرس
محمل جانان ببوس آنگه بزاری عرضه دار
کز فراقت سوختم ای مهربان فریادرس
من که قول ناصحانرا خواندمی بانگ رباب
گوشمالی دیدم از هجران که اینم پند بس
عشرت شبگیر کن بی ترس کاندر شهر عشق
شبروانرا آشناییهاست با میر عسس
عشقبازی کاربازی نیست ای دل سر بباز
ورنه گوی عشق نتوان زد بچوگان هوس
دل برغبت می سپارد جان بچشم مست یار
گرچه هشیاران ندادند اختیار خود بکس

Der Buchstabe Sin.

I.

An das Ufer des Araxes,
Ostwind, deine Flügel lenkend

Küsse jenes Thales Erde,
Deinen Hauch mit Moschus tränkend:

Dort erscheint Sélmâ's[1] Behausung,
Der ich hundert Grüsse schicke

Laut durchlärmt von Maulthiertreibern
Und Geläute,[2] deinem Blicke;

Küss' der Seelenfreundin Sänfte
Und dann sprich mit bangem Flehen:

„Es verbrennt mich deine Trennung:
„Theure, komm mir beizustehen!

„Mich, der der Ermahner Rede
„Einen Klang der Zither nannte,[3]

„Nahm die Trennung bei den Ohren,
„Was zur Gnüge mich ermannte.[4]"

Schwärme Nachts, von Furcht geborgen;
Sind doch in der Stadt der Liebe

Alle, die die Nacht durchschwärmen,
Wohlbekannt dem Vogt der Liebe.

Liebe ist kein Spiel zu nennen:
Herz, da ist der Kopf zu wagen:

Denn nicht mit der Gierde Schlägel
Lässt der Liebe Ball sich schlagen.

Gern wird trunk'nem Freundesauge
Jedes Herz die Seele spenden.

Gibt auch sonst, wer nüchtern heisst,
Seine Wahl nicht aus den Händen.

طوطیان در شکرستان کامرانی میکنند
وز تحسر دست بر سر میزند مسکین مگس
نام حافظ گر برآید بر زبان کلک دوست
از جناب حضرت شاهم بس است این ملتمس

Während fröhlich Papageie
Auf dem Zuckerrohr sich wiegen,

Schlagen sehnsuchtsvoll die Pfötchen
Über's Haupt die armen Fliegen.

Wenn dem Freund Hafisens Name
Von des Rohres Zunge glitte.

Hätt' ich an den hohen König
Wahrlich keine and're Bitte.

٢

جانا ترا که گفت که احوال ما مپرس
بیگانه گرد و قصهٔ هیچ آشنا مپرس
ز آنجا که لطف شامل و خلق کریم تست
جرم گذشته عفو کن و ماجرا مپرس
خواهی که روشنت شود احوال سوز عشق
از شمع پرس قصه ز باد صبا مپرس
هیچ آگهی ز عالم درویشیش نبود
آن کس که با تو گفت که درویشرا مپرس
از دلق پوش صومعه نقد طلب مجوی
یعنی ز مفلسان سخن کیمیا مپرس
ما قصهٔ سکندر و دارا نخوانده ایم
از ما بجز حکایت مهر و وفا مپرس
در دفتر طبیب خرد باب عشق نیست
ای دل بدرد خو کن و نام دوا مپرس
حافظ رسید موسم گل معرفت مگوی
دریاب نقد وقت و ز چون و چرا مپرس

2.

Seele, sprich, wer dir gerathen
Nicht zu fragen wie's mir geht,

Fremd zu thun und nicht zu fragen,
Wie's um die Bekannten steht?

Weil begabt mit edlen Sitten
Du dich mild erweisest Allen,

So vergib was ich verbrochen,
Frag' auch nicht was vorgefallen.

Willst du, dass die Gluth der Liebe,
Dir erschein' im hellsten Schimmer,

Frag' das Licht um die Geschichte,
Doch den Ostwind frage nimmer.

Von dem Leben der Derwische
Wird wohl Jener nichts verstehen,

Der dir sagte: „Frage nimmer,
„Wie es dem Derwisch mag gehen?“

Ford're von dem Kuttenträger
Nie das baare Geld der Lüste:

Frage den Verarmten nimmer,
Ob er Geld zu machen wüsste?

Von Dârâ[1] und Alexander
Las ich nichts, weiss nichts zu sagen;

Nur um's Mährchen: „Lieb' und Treue“
Sonst um nichts, sollst du mich fragen.

In dem Buch des Weisheitsarztes
Spricht von Liebe kein Kapitel:

Herz, gewöhne dich an Leiden,
Frage nicht um Heilungsmittel!

Jetzt, Hafis, wo Rosen blühen,
Sollst du nichts vom Wissen sagen

Und das Geld der Zeit benützend
Um's Warum und Wie nicht fragen.

۳

دارم از زلف سیاهش گله چندان که مپرس
که چنان زو شده ام بی سر و سامان که مپرس
کس بامید وفا ترک دل و جان مکناد
که چنانم من ازین کرده پشیمان که مپرس
بیکی جرعه که آزار کسش در پی نیست
زحمتی میکشم از مردم نادان که مپرس
زاهد از ما بسلامت بگذر کین می لعل
دل و دین میبرد از دست بدانسان که مپرس
گوشه گیری و سلامت هوسم بود ولی
شیوه ای میکند آن نرگس فتان که مپرس
گفت و گوهاست درین راه که جان بگدازد
هر کسی عربده ای این که مبین آن که مپرس
گفتم از گوی فلک صورت حالی پرسم
گفت آن میکشم اندر خم چوگان که مپرس
گفتمش زلف بچین که شکستی گفتا
حافظ این قصه درازست بقرآن که مپرس

3.

Ach, mein schwarzes Haar heisst so mich klagen,
Dass du besser thätest nicht zu fragen;

Hat mir's doch so die Vernunft verschlagen,
Dass du besser thätest nicht zu fragen.

Niemand soll dem Herzen und der Seele,
Hoffend auf der Treue Lohn, entsagen,

Denn so oft hab' ich's schon selbst bereuet,
Dass du besser thätest nicht zu fragen.

Für ein Bischen Hefe, dass ein Jeder
Ohne Nachtheil kann zu schlürfen wagen,

Muss von Thoren ich so viel erdulden,
Dass du besser thätest nicht zu fragen.

Frömmler, zieh' vorbei an mir in Frieden:
Ward mir doch so grausam fortgetragen

Herz und Glaube von des Wein's Rubine,
Dass du besser thätest nicht zu fragen.

Nur in stiller Ruhe eines Winkels
Fand ich mein ersehntestes Behagen;

Doch so freundlich winkt dort die Narzisse,
Dass du besser thätest nicht zu fragen.

Manche Sage gibt's auf diesem Pfade,
Die die Seele schmelzen macht und zagen,

Und so heftig streitet dort ein Jeder,
Dass du besser thätest nicht zu fragen.

Als ich sprach: „Mir soll der Ball des Himmels
„Wie die Sache sich verhalte sagen,"

Sprach Er: „Schnellt ihn doch so leicht der Schlägel,"
Dass du besser thätest nicht zu fragen.

Als zu ihm ich sagte: „Wem zum Trotze
„Willst du nun gelockte Haare tragen?"

Sprach Er: „Lang, Hafis, ist die Geschichte,
„Thät'st, beim Koran! besser nicht zu fragen."

درد عشقی کشیده ام که مپرس
زهر هجری چشیده ام که مپرس
گشته ام در جهان و آخر کار
دلبری برگزیده ام که مپرس
آنچنان در هوای خاک درش
میرود آب دیده ام که مپرس
من بگوش خود از دهانش دوش
سخنانی شنیده ام که مپرس
سوی من لب چه میگزی که مگوی
لب لعلی گزیده ام که مپرس
بی تو در کلبهٔ گدایی خویش
رنجهایی کشیده ام که مپرس
چو حافظ غریب در ره عشق
بمقامی رسیده ام که مپرس

4.

Solchen Liebesschmerz musst' ich ertragen,
Dass du besser thätest nicht zu fragen.

Kosten solches Gift in Trennungstagen,
Dass du besser thätest nicht zu fragen.

Durch die ganze Welt bin ich gewandert
Und am Ende aller meiner Plagen

Hab' ein solches Liebchen ich erkoren,
Dass du besser thätest nicht zu fragen.

Sehnsucht nach dem Staube deines Thores
Fühle ich an meiner Seele nagen,

Und so reichlich fliesst mein Augenwasser,
Dass du besser thätest nicht zu fragen.

Mit dem eig'nen Ohre musst' ich hören,
Wie sein Mund es gestern konnte wagen,

Mich mit solchen Worten zu verletzen,
Dass du besser thätest nicht zu fragen.

In die Lippe beisst du dich und winkest,
Gleich als wolltest du mir: „Schweige!" sagen?

Und ich biss so stark in eine Lippe,
Dass du besser thätest nicht zu fragen.

Fern von dir in meiner stillen Kammer,
Musst' ich in der peinlichsten der Lagen

Durch die Armuth solche Qual erdulden,
Dass du besser thätest nicht zu fragen.

Wie Hafis, ward auf dem Weg der Liebe
Ich in fremde Gegenden verschlagen

Und gerieth an eine solche Stelle,
Dass du besser thätest nicht zu fragen.

٥

دلا رفیق سفر بخت نیکخواهت بس
نسیم روضهٔ شیراز پیک راهت بس
دگر ز منزل جانان سفر مکن درویش
که سیر معنوی و کنج خانقاهت بس
هوای مسکن مألوف و عهد یار قدیم
ز رهروان سفرکرده عذرخواهت بس
بصدر مصطبه بنشین و ساغر می نوش
که این قدر ز جهان کسب مال و جاهت بس
وگر کمین بگشاید غمی ز گوشهٔ دل
حریم درگه پیر مغان پناهت بس
زیادتی مطلب کار بر خود آسان کن
که شیشهٔ می لعل و بتی چو ماهت بس
فلک بمردم نادان دهد زمام مراد
تو اهل فضلی و دانش همین گناهت بس
بهیچ ورد دگر نیست حاجت حافظ
دعای نیمشب و درس صبحگاهت بس
بمنت دگران خو مکن که در دو جهان
رضای ایزد و انعام پادشاهت بس

5.

Herz, es genüge dir als Weggefährte
Ein Schicksal, das sich günstig dir erweise,

Und von dem Garten von Schirâs genüge
Der West als Bote dir auf deiner Reise.

Entferne dich, Derwisch, in Zukunft nimmer
Von des geliebten Seelenfreundes Stelle,

Denn dir genüge eine geist'ge Reise
Und eine Ecke in der stillen Zelle.

Die Sehnsucht nach der Heimath, der gewohnten,
Und eines langbewährten Freundes Bande

Genügen, dich bei Wand'rern zu entschuld'gen,
Die viel gereist sind durch entfernte Lande.

Setz' auf die Bank dich, auf die Ehrenstelle,
Um den Pocal, gefüllt mit Wein, zu leeren.

Denn dies genügt statt Gelderwerb's und Würden,
Die dir die Welt vermöchte zu gewähren;

Und wenn ein Kummer in des Herzens Winkel
Wie im Versteck auf dich gelauert hätte,

Genüge dir des Wirthes heil'ge Pforte
Als eine oftbewährte Zufluchtsstätte.

Begehre nichts was überflüssig schiene,
So hast du leicht was du gewünscht erreichet,

Denn dir genüge des Rubinwein's Flasche,
So wie ein Götze, der dem Monde gleichet.

Es lässt der Himmel nur die dummen Leute
Frei mit dem Zügel ihrer Wünsche schalten;

Dir aber ist Verdienst und Wissen eigen,
Und dies genügt für ständig dich zu halten.

An die Verpflichtung anderer Gebete
Bist du, Hafis, nun nimmermehr gebunden,

Denn dir genügt die mitternächt'ge Bitte,
So wie die Andacht in den Morgenstunden.

Verlass dich nimmer auf der Ander'n Gnade,
Denn so wie jenseits also auch hienieden

Genüge dir des Schöpfers Wohlgefallen
Und was an Huld der Kaiser dir beschieden.

٦

گلعذاری ز گلستان جهان ما را بس
زین چمن سایهٔ آن سرو روان ما را بس
من و همصحبتی اهل ریا دورم باد
از گرانان جهان رطل گران ما را بس
قصر فردوس بپاداش عمل می بخشند
ما که رندیم و گدا دیر مغان ما را بس
بنشین بر لب جوی و گذر عمر ببین
کین اشارت ز جهان گذران ما را بس
نقد بازار جهان بنگر و آزار جهان
گر شمارا نه بس این سود و زیان ما را بس
یار با ماست چه حاجت که زیادت طلبیم
دولت صحبت آن مونس جان ما را بس
از در خویش خدارا ببهشتم مفرست
که سر کوی تو از کون و مکان ما را بس
حافظ از مشرب قسمت گله بی انصافیست
طبع چون آب و غزلهای روان ما را بس

6.

Mir genügt vom Rosenhain der Erde
Der Besitzer einer Rosenwange,

Mir genügt von dieser Au der Schatten
Der Zipresse mit dem holden Gange.

Ich und Umgang mit der Heuchlerseele?
Fern von mir was so verächtlich wäre,

Denn von dem was schwer ist auf der Erde
Gnügt der Becher mir allein, der schwere!

Mit Palästen wird im Paradiese
Jedes Werk der Frömmigkeit man lohnen;

Mir, dem Zecher und dem Bettelmanne,
Gnügt's im Kloster eines Wirth's zu wohnen.

Willst du seh'n, wie schnell das Leben fliehe,
Musst du dich an's Stromesufer setzen:

Uns genüge dieses Warnungszeichen,
Um der Welt Vergänglichkeit zu schätzen.

Sieh des Weltmarkts Baarschaften und halte
Was die Welt an Qualen hegt dagegen:

Und wenn dieser Vor- und Nachtheil nimmer
Dir genügt, mir gnügt er allerwegen.

Da der Freund, der theure, bei mir weilet,
Brauch' ich nicht nach Mehrerem zu zielen:

Mir genügt die Wonne eines Umgang's
Mit der Seele freundlichem Gespielen.

Sende mich um Gotteswillen nimmer
Fort von dir nach jenen Himmelsauen:

Mir genügt's vom ganzen Weltenalle,
Darf ich nur dein theures Dörfchen schauen.

Klagt'st, Hafis, du über Schicksalslaunen,
Mag es wohl an Billigkeit dir fehlen:

Mir genügt ein Inn'res, rein wie Wasser,
Und die Sammlung fliessender Ghaselen.

حرف الشین

۱

اگر رفیق شفیقی درست پیمان باش
حریف حجره و گرمابه و گلستان باش
شکنج زلف پریشان بدست باد مده
مگو که خاطر عشاق گو پریشان باش
گرت هواست که با خضر همنشین باشی
نهان ز چشم سکندر چو آب حیوان باش
زبور عشق نوازی نه کار هر مرغیست
بیا و نو گل این بلبل غزلخوان باش
طریق خدمت و آیین بندگی کردن
خدایرا که رها کن بما و سلطان باش
دگر بصید حرم تیغ بر مکش زنهار
و ز آنچه با دل ما کردهٔ پشیمان باش
تو شمع انجمنی یک‌زبان و یک‌دل شو
خیال کوشش پروانه بین و خندان باش

Der Buchstabe Schin.

1.

Bist du mir ein liebender Gefährte,
Musst du Wort mir halten treu und wahr

Und im Stübchen, Bad und Rosenhaine
Mir Gesellschaft leisten immerdar.

Gib die Krause der verwirrten Locke
Nimmermehr dem Winde in die Hand;

Sage nicht: „Verwirrung möge herrschen
„Im Gemüth, das Liebe nur empfand!"

Wenn an Chiser's Seite dich zu setzen
Ein Gefühl der Sehnsucht dich beschlich,

Nun, so sei dem Lebenswasser ähnlich
Und verbirg vor Alexandern dich![1]

Schmeichlerische Liebespsalmen singen
Kann nicht jeder Vogel unbedingt:

Komm denn du und sei die junge Rose
Dieses Sprossers, der Ghasele singt!

Fortzuwandeln auf des Dienstes Pfade,
Und der Pflicht der Knechtschaft mich zu weih'n,

O gestatt' es mir um Gotteswillen
Und du selber sollst mein Sultan sein!

Hüte dich und falle ja nicht wieder
Mit dem Schwert die heil'ge Beute[2] an.

Und empfinde Reue über Alles,
Was du meinem Herzen angethan!

Bist des Kreises Kerzenlicht; drum habe
Eine Zunge nur und nur Ein Herz.

Und im Geist des Falters Streben sehnend,
Lächle freundlich auch im grössten Schmerz!

کمال دلبری و حسن در نظربازیست
بشیوهٔ نظر از نادران دوران باش
خموش حافظا و از جور یار ناله مکن
ترا که گفت که در روی خوب حیران باش

91

Nur im Augenspiele zeigt vollendet
Schönheit sich und Liebenswürdigkeit;

Sei daher durch Zärtlichkeit der Blicke
Einer von den Selt'nen deiner Zeit!

Schweig', Hafis, und ist der Freund auch grausam,
So beklage dich darüber nicht:

Denn wer hätte staunen dich geheissen,
Schautest du ein schönes Angesicht?

ای همه شکل تو مطبوع و همه جای تو خوش
دلم از عشوهٔ یاقوت شکرخای تو خوش
همچو گلبرگ طری هست وجود تو لطیف
همچو سرو چمن خلد سراپای تو خوش
شیوه و ناز تو شیرین خط و خال تو ملیح
چشم و ابروی تو زیبا قد و بالای تو خوش .
هم گلستان خیالم ز تو پر نقش و نگار
هم مشام دلم از زلف سمنسای تو خوش
پیش چشم تو بمیرم که بدان بیماری
میکند درد مرا از رخ زیبای تو خوش
در ره عشق که از سیل بلا نیست گذار
میکنم خاطر خودرا بتماشای تو خوش
در بیابان طلب گرچه ز هر سو خطریست
میرود حافظ بیدل بتولای تو خوش

2.

Du an Gestalt so voll von Anmuth
Und Wonne gebend jedem Ort!

Es füllt sich mir das Herz mit Wonne,
Spricht dein Rubin ein Zuckerwort.

An Zartheit gleichet deinem Leibe
Das frische Blatt der Rose nur:

Vom Haupt zum Fusse bist du Wonne,
Zipressen gleich auf Eden's Flur.

Süss ist dein Kosen und dein Trotzen,
Voll Wohlgeschmack dein Maal und Flaum;

Schön ist dein Aug' und deine Braue,
Voll Wonne deines Wuchses Baum.

Nicht nur mein Phantasiegefilde
Füllst du mit Bildern hell und klar,

Auch dem Geruchsinn meines Herzens
Beut Wonne dein Jasminenhaar.

Vor deinem Auge lass mich sterben: —
Wenn gleich Gesundheit ihm gebricht,'

Verwandelt's doch den Schmerz in Wonne,
Schaut es dein schönes Angesicht.

Wenn auf dem Liebespfad ich nimmer
Den Unglücksstrom durchwaten kann,

Erfüll' ich mein Gemüth mit Wonne,
Denn deine Reize blick' ich an.

Droh'n in der Wüste des Verlangens
Gefahren auch an jedem Ort,

Dich liebend, schreitet doch voll Wonne
Hafis, der Herzberaubte, fort.

٣

فکر بلبل همه آنست که گل شد یارش
گل در اندیشه که چون عشوه کند در کارش
دلربایی همه آن نیست که عاشق بکشد
خواجه آنست که باشد غم خدمتکارش
جای آنست که خون موج زند در دل لعل
زین تغابن که خزف میشکند بازارش
بلبل از فیض گل آموخت سخن ورنه نبود
این همه قول و غزل تعبیه در منقارش
آن سفرکرده که صد قافلهٔ دل همره اوست
هر کجا هست خدایا بسلامت دارش
ای که در کوچهٔ معشوقهٔ ما میگذری
بر حذر باش که سر میشکند دیوارش
صحبت عافیتت گرچه خوش افتاد ای دل
جانب عشق عزیزست فرو مگذارش
اگر از وسوسهٔ نفس و هوا دور شوی
بی شکی راه بری در حرم دیدارش

3.

Stets denkt der Sprosser an ein Mittel,
Das ihm der Rose Gunst gewinnt,

So wie im Gegentheil die Rose
Auf Kränkung nur der Liebe sinnt.

Wohl kann nicht Herzensräuber heissen,
Wer Liebende dem Tode weiht;

Doch Herr und Meister ist zu nennen,
Wer mitfühlt eines Dieners Leid.

Mit vollem Recht schlägt blut'ge Wellen
In seinem Herzen der Rubin:

Denn thöricht schätzt man auf dem Markte
Die Glaskoralle mehr als ihn.

Der Sprosser dankt die Kunst des Sanges
Der Rose gnäd'gem Unterricht:

Es tönte sonst aus seinem Schnabel
Ein solcher Schwall von Liedern nicht.

Wohl hundert Herzenskarawanen
Zieh'n jenem Vielgereisten nach;

Bewahre ihn, wo er auch weile,
O Herr, vor jedem Ungemach!

Du, der am Dorfe meines Liebchens
Vorbei zu wandeln sich erlaubt,

Sei auf der Hut, denn seine Mauern
Zerschmettern dir gewiss das Haupt!

Wenn von des Heiles Glück zu sprechen,
O Herz, dir Freude auch gemacht,

So ist doch auch die Liebe heilig:
Drum lass sie nimmer ausser Acht!

Es führt — wenn du dich fern gehalten
Von der Begierden eitlem Wahn —

Zum Heiligthume ihres Anblick's
Dich ohne Zweifel deine Bahn.

صوفی سرخوش ازین دست که کج کرد کلاه
به دو جام دگر آشفته شود دستارش
دل حافظ که به دیدار تو خوگر شده بود
نازپرورد وصالست مجو آزارش

Der trunk'ne *Ssofi*, der die Mütze
Schief auf den Kopf sich hat gesetzt,

Zerwühlt den Turban sich erst völlig,
Trinkt er noch ein paar Gläser jetzt.

Das Herz *Hafisens*, dem dein Anblick
Zur freundlichen Gewohnheit ward,

Verzärtelt ist's durch Gunst der Liebe:
Drum schmähe es nicht allzu hart!

٤

باز آی و دل تنگ مرا مونس جان باش
وین سوخته را محرم اسرار نهان باش
ز آن باده که در میکدهٔ عشق فروشند
ما را دو سه ساغر بده و گو رمضان باش
در خرقه چو آتش زد ای عارف سالک
جهدی کن و سر حلقهٔ رندان جهان باش
آن یار که گفتا بتو ام دل نگرانست
گو میرسم اینک بسلامت نگران باش
خون شد دلم از حسرت آن لعل روانبخش
ای درج محبت بهمان مهر و نشان باش
تا بر دلش از غصه غباری ننشیند
ای سیل سرشک از عقب نامه روان باش
حافظ که هوس میکندش جام جهان‌بین
گو در نظر آصف جمشید مکان باش

4.

Komm zurück, um des beklomm'nen Herzens
Seelischer Genoss zu sein,

Und in sein verborgenstes Geheimniss
Weiht dich der Verbrannte ein!

Von dem Wein, den in der Liebe Schenke
Feil man bietet Jedermann,

Gib mir noch zwei oder drei Pocale,
Sei es auch im Ramasân!

Weil, o weiser Wanderer, du Feuer
Auf die Kutte hast geschnellt,

Sollst du trachten Oberhaupt zu werden
In dem Zecherkreis der Welt!

Jenem Freunde, der zu dir einst sagte:
„Harrt mein Herz doch immer dein"

Sage du: „Sieh da, ich komme eben:
„Harre wohlbehalten mein!"

Lust nach dem Rubin, der Leben spendet,
Füllte ach, das Herz mit Blute mir;

Trage du, Juwelenschrein der Liebe,
Dieses Siegel immerdar an dir!

Dass sich nicht auf's Herz ihm möge setzen
Nur ein Stäubchen von Verdruss,

Folge du dem Briefe auf der Ferse,
Du, o meiner Thränen Fluss!

Da Hafis sich nach dem Glase sehnet,
Das die ganze Welt uns zeigt,

Mach' er den Âsaf sich eines Fürsten,
Der Dschemschiden gleicht, geneigt!

به دور لاله قدح گیر و بی ریا می باش
به بوی گل نفسی همدم صبا می باش
گرت هواست که چون جم بسر غیب رسی
بیا و همدم جام جهان نما می باش
نگویمت که همه ساله می پرستی کن
سه ماه می خور و نه ماه پارسا می باش
چو پیر سالک عشقت بمی حواله کند
بنوش و منتظر رحمت خدا می باش
چو غنچه گرچه فرو بستگیست کار جهان
تو همچو باد بهاری گره گشا می باش
وفا مجوی ز کس ور سخن نمی شنوی
بهرزه طالب سیمرغ و کیمیا می باش
مرید طاعت بیگانگان مشو حافظ
ولی معاشر رندان پارسا می باش

5.

Greif' zur Tulpenzeit nach Bechern,
Hüte dich vor Heuchelei'n

Und geselle dich dem Oste,
Wenn dich Rosendüfte freu'n!

Trägst du, wie einst Dschem, Verlangen
Das Geheimste zu erspäh'n,

So geselle dich dem Glase,
Das dich lässt das Weltall seh'n!

Nimmer sag' ich dir: „Dein Götze
„Sei durch's ganze Jahr der Wein!"

Durch drei Monde[1] magst du trinken
Und durch neun enthaltsam sein.

Da die alte Pilg'rin: „Liebe"
An den Rebensaft dich weist,

Nun so trinke Gott vertrauend,
Der Erbarmen dir verheisst!

Wenn auch alle ird'schen Dinge,
Knospen gleich, verschlossen sind,

Magst du deine Knoten[2] lösen,
Ähnlich einem Frühlingswind.

Suche ja bei Niemand Treue:
Hörst du aber nicht auf mich,

Mühe fruchtlos um Simurghen[3]
Und den Stein der Weisen dich!

Sei, Hafis, kein Andachtsjünger
Jener, die du nimmer kennst

Und verkehre nur mit Zechern,
Die du deine Priester nennst.

٦

باغبان گر پنج روزی صحبت گل بایدش
بر جفای خار هجران صبر بلبل بایدش

ای دل اندر بند زلفش از پریشانی منال
مرغ زیرک چون بدام افتد تحمل بایدش

با چنین زلف و رخش بادا نظربازی حرام
هر که روی یاسمین و جعد سنبل بایدش

رند عالم‌سوز را با مصلحت‌بینی چه کار
کار ملکست آنکه تدبیر و تأمل بایدش

تکیه بر تدبیر و دانش در طریقت کافریست
راهرو گر صد هنر دارد توکل بایدش

نازها ز آن نرگس مستانه اش باید کشید
این دل شوریده گر آن جعد کاکل بایدش

ساقیا در گردش ساغر تعلل تا بکی
دور چون با عاشقان افتد تسلسل بایدش

کیست حافظ تا ننوشد باده بی آواز رود
عاشق مسکین چرا چندین تجمل بایدش

6.

Will der Gärtner mit der Rose
Durch fünf Tage[1] Umgang pflegen,

Muss er bei der Trennung Dornen
Die Geduld des Sprossers hegen.

Sollst, o Herz, nicht über Wirren,
Wenn Sein Haar dich fesselt, klagen:

Fällt in's Netz ein kluger Vogel,
Muss er's mit Ergebung tragen.

Diese Wange, diese Locke
Diene nie dem Blick zum Spiele,

Dem das Antlitz des Jasmines
Und der Sünbül Haar gefiele!

Zecher, die die Welt entzünden,
Taugen nicht für die Geschäfte,

Denn die Staatsgeschäfte fordern
Klugen Rath und Urtheilskräfte.

Gottlos ist, wer auf dem Pfade[2]
Sich auf Rath und Wissen stützet,

Weil ja doch bei hundert Gaben
Nur Vertrau'n dem Wand'rer nützet.

Jener trunkenen Narzisse
Steten Trotz muss es ertragen

Dieses wirre Herz, verlangt es
Jener Locke nah' zu schlagen.

Schenke! Zögerst du noch länger
Uns das Glas herum zu reichen?

Kömmt die Reihe an Verliebte,
Muss sie Kettenringen gleichen.

Doch wer ist Hafis, um immer
Nur beim Saitenklang zu zechen?

Kann ein elender Verliebter
Solchen Prunk's sich nicht entbrechen?

٧

خوشا شیراز و وضع بی مثالش
خداوندا نگهدار از زوالش
ز رکناباد ما صد لوحش الله
که عمر خضر می بخشد زلالش
میان جعفرآباد و مصلی
عبیرآمیز می آید شمالش
بشیراز آی و فیض روح قدسی
بجوی از مردم صاحب کمالش
که نام قند مصری برد اینجا
که شیرینان ندادند انفعالش
صبا ز آن لولی شنگول سرمست
چه داری آگهی چونست حالش
مکن بیدار ازین خوابم خدارا
که دارم خلوتی خوش با خیالش
گر آن شیرین پسر خونم بریزد
دلا چون شیر مادر کن حلالش
چرا حافظ چو می ترسیدی از هجر
نکردی شکر ایام وصالش

7.

Heil Schirâs! Nein, keine Lage
Lässt mit seiner sich vergleichen;

Lass, o Gott, von dir beschirmet,
Nie ein Unglück es erreichen!

Unser Röknâbâd[1] vernehme
Hundertmal ein: „Gott bewahre!“

Denn sein süsses Wasser schenket
Chiser's lange Lebensjahre.

Wo Dscha'ferâbâd[2] sich scheidet
Von Mossella's[3] Blumentriften,

Kömmt sein Nordwind hergezogen,
Reich durchwürzt mit Ambradüften.

Komm denn nach Schirâs und bitte
Um des heil'gen Geistes[4] Segen

Jene, die in seinen Mauern
Jeden Zweig des Wissens pflegen!

Selbst Ägyptens Kandelzucker
Waget Niemand hier zu nennen,

Ohne dass die süssen Schönen
Wider ihn in Zorn entbrennen.

Hast du irgend eine Kunde,
Morgenwind, mir zuzuwehen

Von dem schönen, trunk'nen Luli
Und von seinem Wohlergehen?

Wecke doch aus diesem Schlummer
Nimmer mich um Gotteswillen,

Denn sein Traumgebild entzückt mich
In der Einsamkeit, der stillen!

Wenn nun jener süsse Knabe
Auch mein eig'nes Blut vergösse,

Herz, so lass es ruhig fliessen,
Als ob Muttermilch nur flösse!

Wenn, Hafis, vor seiner Trennung
Du dich fürchtetest, so sage,

Weshalb du ihm nimmer danktest
Für der Liebe frohe Tage?

٨

برد از من قرار و طاقت و هوش
بت سنکین دل سیمین بناکوش
نکاری چابکی شنکی پری وش
ظریفی مهوشی ترکی قباپوش
ز تاب آتش سودای عشقش
بسان دیک دایم میزنم جوش
چو پیراهن شوم آسوده خاطر
کرش همچون قبا کیرم در آغوش
نمیرنجم ز جور او که بی خار
نیابد کل کسی بی نیشش هم نوش
اکر پوسیده کردد استخوانم
نکردد مهرش از جانم فراموش
دل و دینم دل و دینم ببردست
بر و دوشش بر و دوشش بر و دوش
دوای تو دوای تست حافظ
لب نوشش لب نوشش لب نوش

8.

Ruhe, Kraft und Einsicht gingen
An dem Götzen mir verloren

Mit dem marmorharten Herzen
Und dem Silber in den Ohren;

Flink und zart ist dieser Holde,
Schafft, wie Peris, Lust und Freude,

Ist ein vollmondgleicher Türke
Und stolzirt in off'nem Kleide;

Durch die heisse Gluth der Liebe,
Die bei ihm mich überfallen,

Muss ich, einem Topfe ähnlich,
Immer siedend überwallen;

Mein Gemüth wird, gleich dem Hemde,
Ruhe wohl erst dann geniessen,

Wenn gleich seinem eig'nen Kleide
Meine Arme ihn umschliessen.

Seine Härte kränkt mich nimmer:
Rosen, die nicht auch verwunden

So wie Honig ohne Stachel,
Hat ja noch kein Mensch gefunden.

Selbst auch dann, wenn in Verwesung
Mein Gebein schon übergangen,

Wird noch immer meine Seele
Liebevoll nach Ihm verlangen.

Was ich glaube, was ich fühle,
Was ich fühle, was ich glaube

Wurde Seiner Brust und Schulter,
Schulter ach, und Brust zum Raube.

Gibt's ein Mittel, gibt's ein Mittel,
Das, Hafis, dich hoffen liesse,

Liegt's in Seiner Lippen Süsse,
Lippen Süsse, Lippen Süsse.

۹

دلم رمیده شد و غافلم من درویش
که آن شکاریِ سرگشته را چه آمد پیش
چو بید بر سر ایمان خویش میلرزم
که دل بدست کمان ابروئیست کافرکیش
خیال حوصلهٔ بحر میپزم هیهات
چهاست در سر این قطرهٔ محال اندیش
بنازم آن مژهٔ شوخ عافیت‌کشرا
که موج میزندش آب نوش بر سر نیش
ز آستین طبیبان هزار خون بچکد
گرم بتجربه دستی نهند بر دل ریش
بکوی میکده گریان و سرفکنده روم
چرا که شرم همی آیدم ز حاصل خویش
نه عمر خضر بماند نه ملک اسکندر
نزاع بر سر دنیای دون مکن درویش
تو بندهٔ گله از دوستان مکن یارا
که شرط عشق نباشد شکایت از کم و بیش
بآن کمر نرسد دست هر گدا حافظا
خزانهٔ بکف آور ز گنج قارون بیش

9.

Mein Herz erschrack und mir, dem Armen,
Ward bis zur Stunde nicht bekannt

Was jenem widerspänst'gen Wilde
So plötzlich in den Weg gerannt?

Besorgt für meinen eig'nen Glauben,
Erbeb' ich, gleich dem Weidenblatt:

Ein Ketzer hält mein Herz gefangen,
Der bogengleiche Brauen hat.

Ich nähre immer den Gedanken,
Ich sei ein Meer; doch weit gefehlt!

Was spukt im Kopfe dieses Tropfens,
Der nur Unmögliches sich wählt?

Ich preise jene kühne Wimper,
Die alles Heil zu Grabe trägt

Und der auf ihres Dolches Spitze
Das Lebenswasser Wellen schlägt.

Blut träufelt wohl an tausend Stellen
Den Ärzten von des Ärmels Rand,

Wenn, um mein wundes Herz zu prüfen,
Sie es befühlen mit der Hand.

Nur weinend geh' ich in die Schenke,
Und stets mit tief gesenktem Haupt,

Weil ich mich vor den Thaten schäme,
Die ich zu üben mir erlaubt.

Das Leben Chiser's ist entschwunden
Sammt Alexander's Herrlichkeit:

Drum reize nied're Weltlust nimmer
Dich armen Mann zu eitlem Streit!

Ein Diener bist du, Freund; beklage
Dich über deine Freunde nicht:

Das Jammern über Viel und Wenig
Verletzt der Liebe heil'ge Pflicht.

Hafis! An jenen Gürtel reichet
Nicht eines jeden Bettlers Hand:

Drum greife du nach einem Schatze,
Viel reicher als Kârûn ihn fand.

۱۰

دوش با من گفت پنهان کاردانی تیزهوش
کز شما پوشیده نتوان داشت راز میفروش
گفت آسان گیر بر خود کارها کز روی طبع
سخت میگیرد جهان بر مردمان سختکوش
وانگهم در داد جامی کز فروغش بر فلک
زهره در رقص آمد و بربط زنان میگفت نوش
گوش کن پند ای پسر و ز بهر دنیا غم مخور
گفتمت چون در حدیثی گر توانی دار گوش
با دل خونین لب خندان بر آور همچو جام
نی گرت زخمی رسد آیی چو چنگ اندر خروش
تا نگردی آشنا زین پرده رمزی نشنوی
گوش نامحرم نباشد جای پیغام سروش
در حریم عشق نتوان زد دم از گفت و شنید
زانکه آنجا جمله اعضا چشم باید بود و گوش
بر بساط نکته‌دانان خودفروشی شرط نیست
یا سخن دانسته گو ای مرد عاقل یا خموش
ساقیا می ده که رندیهای حافظ فهم کرد
آصف صاحب قران جرم‌بخش عیب‌پوش

10.

Ein erfahr'ner Mann voll Scharfsinn
Sagte gestern heimlich mir:

„Nimmer kann des Wirth's Geheimniss
„Länger man verbergen dir."

Sprach: „Erleicht're dir die Sachen,
„Denn, wie sich's von selbst versteht,

„Macht die Welt nur dem Beschwerde,
„Der das Schwere suchen geht."

Gab mir dann ein Glas, so funkelnd,
Dass Söhrê im Himmelshaus

Sich zum Tanz erhob. Dann sprach er,
Zither spielend: „Trinke d'raus!"

Horch, o Sohn, auf meine Lehre:
„Gräme dich um Ird'sches nie;

„Diese Worte gleichen Perlen:
„Kannst du es, so fasse sie!

„Selbst mit einem blut'gen Herzen
„Lächle, gleich dem Glas, dein Mund;

„Stöhne nicht, gleich einer Harfe,
„Schlägt man dich auch noch so wund!

„Bis du nicht bekannt geworden,
„Hörst du nichts von diesem Klang:

„Denn das Ohr des Ungeweihten
„Ist kein Ort für Engelssang.

„In dem Heiligthum der Liebe
„Trägt man nur die Wahrheit vor:

„Denn dort müssen alle Glieder
„Nichts als Auge sein und Ohr.

„Auf dem Teppich weiser Männer
„Steht dir Selbstlob übel an:

„Sprich entweder als ein Kenner,
„Oder schweige, kluger Mann!"

Schenke, gib mir Wein! Erfahren
Hat Hafisens Trunkenheit

Der Āsaf des mächt'gen Helden,
Der voll Nachsicht gern verzeiht.

١١

در عهد پادشاه خطابخش جرم‌پوش
حافظ قرابه‌کش شد و مفتی پیاله‌نوش
صوفی ز کنج صومعه در پای خم نشست
تا دید محتسب که سبو میکشد بدوش
احوال شیخ و قاضی و شرب الیهود شان
کردم سؤال صبحدم از پیر میفروش
گفتا نه گفتنیست سخن گرچه محرمی
درکش زبان و پرده نگهدار و می بنوش
ساقی بهار میرسد و وجه می نماند
فکری بکن که خون دل آمد ز غم بجوش
عشقست و مفلسی و جوانی و نوبهار
عذرم پذیر و جرم بذیل کرم بپوش
تا چند همچو شمع زبان‌آوری کنی
پروانهٔ مراد رسید ای محب خموش
ای پادشاه صورت و معنی که مثل تو
نادیده هیچ دیده و نشنیده هیچ گوش
چندان بمان که خرقهٔ ازرق کند قبول
بخت جوانت از فلک پیر ژنده‌پوش

11.

Zu des Kaisers[1] Zeit, der Nachsicht
Übt an Sündern allzumal,

Trinkt der Mufti aus dem Becher
Und Hafis aus dem Pocal.

Von der Zelle Winkel setzte
Sich der Ssofi zu dem Fass,

Seit er sah, dass auf der Achsel
Selbst dem Vogt die Kanne sass.

Um des Scheiches und des Richters
Judentrunk[2] hab' ich befragt

Den bejahrten Weinverkäufer,
Als es eben kaum getagt.

Und er sprach: „Ich darf nicht sprechen,
„Magst du eingeweiht auch sein;

„Halte nur die Zung' im Zaume,
„Birg' dich und dann trinke Wein!“

Schenke! Schon erscheint der Frühling
Und kein Weingeld blieb mir mehr:

Denke wie mein Herzblut brause,
Denn dies grämt mich gar zu sehr.

Liebe, gänzliche Verarmung,
Jugendzeit und Lenz sind da;

Halte mich damit entschuldigt
Und verzeih' was ich versah!

Wirst du wohl noch länger züngeln,[3]
Ähnlich einem Kerzenlicht?

Kam ja doch der Wünsche Falter;[4]
Drum, Geliebter, plaudre nicht!

Kaiser du des Bild's und Sinnes,[5]
Dessen Gleichen nie zuvor

Hat geschaut ein Menschenauge,
Noch gehört ein Menschenohr!

Lebe, bis dein Glück, das junge,
Einst die blaue Kutt' empfängt

Aus der Hand des alten Himmels,
Der mit Lappen sich behängt.[6]

۱۲

سحر ز هاتف غیبم رسید مژده بگوش
که دور شاه شجاعست می دلیر بنوش
شد آنکه اهل نظر در کنار می رفتند
هزار گونه سخن در دهان و لب خاموش
ببانگ چنگ بگوئیم آن حکایتها
که از نهفتن آن دیگ سینه می زد جوش
شراب خانگی ترس محتسب خورده
بروی یار بنوشیم و بانگ نوشانوش
ز کوی میکده دوشش بدوش میبردند
امام خواجه که سجاده میکشید بدوش
دلا دلالت خیرت کنم براه نجات
مکن بفسق مباهات و زهد هم مفروش
محل نور تجلیست رای انور شاه
چو قرب او طلبی در صفای نیت کوش
بجز ثنای جلالش مساز ورد ضمیر
که هست گوش دلش محرم پیام سروش
رموز مصلحت ملک خسروان دانند
گدای گوشه نشینی تو حافظا مخروش

12.

Eine Stimme rief des Morgens
In mein Ohr dies Freudenwort:

„Schah Schedschâ' sitzt auf dem Throne,
„Darum trinke tapfer fort!"

Nimmer birgt in einer Ecke
Sich der Augenspieler Schaar,

Tausend Worte in dem Munde,
Aber stumm das Lippenpaar.

Nun will ich beim Harfenklange
Alles sagen was gescheh'n,

Denn, verschwieg' ich's, fühlt' ich wallend
Mir den Brusttopf übergeh'n.

Lasst uns Hauswein, der da furchtsam
Vor dem Vogte ist und bang,

Vor des Freundes Antlitz trinken
Und bei lautem: „Lebelang!"

G e s t e r n trug man aus der Schenke
Auf der A c h s e l den Imâm,

Der den Teppich des Gebetes
Mit auf seiner Achsel nahm.

Herz, ich leite dich zum Guten
Auf der Bahn die Heil verspricht:

Aber prahle nicht mit Sünden,
Sei auch stolz auf Tugend nicht!

Des Verklärungslichtes Quelle
Ist des König's heller Geist:

Doch du darfst nur dann ihm nahen
Wenn dein Zweck sich rein erweist;

Nur mit seines Ruhmes Lobe
Soll man dich beschäftigt schau'n,

Da selbst Engel ihre Botschaft
Seinem Herzensohr vertrau'n.

Die geheimen Reichsgeschäfte
Kennen Fürsten nur allein:

Doch du bist ein Winkelbettler,
Musst, H a f i s, fein ruhig sein.

۱۲

شراب تلخ میخواهم که مردافکن بود زورش
مگر یکدم برآسایم ز دنیا و شر و شورش
بیاور می که نتوان شد ز مکر آسمان ایمن
بلعب زهره چنگی و مریخ سلحشورش
سماط دهر دون پرور ندارد شهد آسایش
مذاق حرص و آز ای دل بشوی از تلخ و از شورش
کمند صید بهرامی بیفکن جام جم بردار
که من پیمودم این صحرا نه بهرامست و نه گورش
نظر کردن بدرویشان منافی بزرگی نیست
سلیمان با چنان حشمت نظرها بود با مورش
بیا تا در می صافیت راز دهر بنمایم
بشرط آنکه ننمایی بکج طبعان دل کورش
شراب لعل می نوشم من از جام زمردگون
که زاهد افعی وقتست میسازم بدین کورش
کمان ابروی جانان نمی پیچد سر از حافظ
ولیکن خنده می آید بدین بازوی بی زورش

13.

Ich verlange nach dem bitt'ren Weine,
Der den Mann zu Boden wirft mit Kraft,

Denn ein Weilchen möcht' ich Ruhe finden
Vor der Welt, die nichts als Böses schafft.

Bringe Wein, denn vor des Himmels Tücke
Fühlt wohl Niemand völlig sicher sich

Durch Söhrē, des Harfenmädchens, Spiele
Und durch seinen Waffenknecht Mërrîh.[1]

Auf dem Tisch der nied'ren Erde gibt es
Keinen Honig der Zufriedenheit:

Wasche, Herz, den Gaum der Lust und Gierde
Rein von Herbe und von Bitterkeit!

Wirf das Jägernetz Bĕhrâm's[2] bei Seite,
Halte hoch den Becher Dschem's empor!

Denn es fand, als ich dies Feld durchmessen,
Nicht Bĕhrâm und nicht sein Grab sich vor.[3]

Auf Derwische seine Blicke heften
Kann der Grösse keinen Eintrag thun:

Salomon, trotz seiner hohen Würde,
Liess die Blicke auf der Ämse ruh'n.[4]

Komm, ich lasse dich im reinen Weine
Das Geheimniss des Geschickes schau'n;

Doch versprich mir es nicht schiefen Seelen
Oder blinden Herzen zu vertrau'n.

Aus smaragd'nem Glase will ich trinken
Einen Wein, so funkelnd wie Rubin,

Denn der Frömmler ist des Lebens Schlange,
Und dadurch mach' ich erblinden ihn.[5]

Zwar des Seelenfreundes Brauenbogen
Wendet nimmer von Hafis sich ab;

Doch es macht ihn unwillkürlich lachen
Dieser Arm, so kraftlos und so schlapp.

۱۴

صوفی گلی بچین و مرقع بخار بخش
وین زهد تلخ را بمی خوشگوار بخش
طامات و شطح در ره آهنگ چنگ نه
تسبیح و طیلسان بمی و میگسار بخش
زهد گران که شاهد و ساقی نمی خرند
در حلقهٔ چمن بنسیم بهار بخش
راهم شراب لعل زد ای میر عاشقان
خون مرا بچاه زنخدان یار بخش
یا رب بوقت گل گنه بنده عفو کن
وین ماجرا بسرو لب جویبار بخش
ای آنکه ره بمشرب مقصود برده‌ای
زین بحر قطره‌ای بمن خاکسار بخش
شکرانه را که چشم تو روی بتان ندید
ما را بعفو و لطف خداوندگار بخش
ساقی چو خواجه نوش کند بادهٔ صبوح
گو جام زر بحافظ شب زنده دار بخش

14.

Pflücke Rosen, Ssofi, und den Dornen
Schenke dann das abgeflickte Kleid,

Und dem Weine der so lieblich mundet,
Schenke diese bitt're Frömmigkeit![1]

Lege Mönchsgebrauch und Klostersitte
Auf der klangerfüllten Harfe Bahn,

Und dem Weine und dem Trunkenbolde
Schenke Rosenkranz und Thailessân![2]

Jene schwere Tugend, die der Schöne
Und der Schenke schnöde von sich weist,

Schenke du dem Abendwind des Lenzes
Der den Ring des Wiesengrund's umkreist!

Auf dem Weg, o Herrscher der Verliebten,
Überfiel mich kühn des Wein's Rubin:

Schenke denn das Blut das ich verwirkte
Jenem Brunnen in des Freundes Kinn![3]

Herr, verzeihe wenn zur Zeit der Rosen
Sich der Knecht zu sünd'gen unterstand;

Schenke Alles was da vorgefallen
Der Zipresse an des Baches Rand![4]

Du der auf dem eingeschlag'nen Pfade
Deines Wunsches Tränke hast erreicht,

Schenke mir ein Tröpfchen dieses Meeres,
Mir, dem Armen, der dem Staube gleicht!

Und, zum Danke dass sich deinem Auge
Nie ein Götzenantlitz noch gezeigt,

Schenke mich dem mächtigem Gebieter
Der zur Huld und Nachsicht ist geneigt![5]

Weil, o Schenke, sich der hohe Meister[6]
Morgenwein zu trinken hat erlaubt,

Schenke er das gold'ne Glas Hafisen
Der bei Nacht des Schlummers ist beraubt!

۱۵

کنار آب و پای بید و طبع شعر و یاری خوش
معاشر دلبری شیرین و ساقی گلعذاری خوش
الا ای دولت طالع که قدر وقت میدانی
گوارا بادت این عشرت که داری روزگاری خوش
هر آن کسرا که بر خاطر ز عشق دلبری باریست
سپندی گو بر آتش نه که دارد کاروباری خوش
عروس طبع را زیور ز فکر بکر می بندم
بود کز نقش ایامم بدست افتد نگاری خوش
شب صحبت غنیمت دان و داد خوشدلی بستان
که مهتابی دلفروزست و طرف جویباری خوش
می در کاسهٔ چشمست ساقی را بنامیزد
که مستی میدهد با عقل و می آرد خماری خوش
بغفلت عمر شد حافظ بیا با ما بمیخانه
که شنگولان خوش باشت بیاموزند کاری خوش

15.

Ein Bachesrand, ein Stamm des Weidenbaumes,
Ein holder Freund, ein dichtendes Gemüth,

Ein süsser Herzensräuber als Genosse,
Ein holder Schenke, der wie Rosen blüht,

O du Begünstigter von den Gestirnen,
Der du erkennst der flücht'gen Tage Werth,

Wohl möge diese Wonne dir bekommen!
Ein holdes Leben wurde dir beschert,

Wer Liebe fühlt für einen Herzensräuber,
Und diese Bürde trägt auf seiner Brust,

Der werfe Rautenkraut in's helle Feuer, [1]
Denn er erfreut sich hoher Lebenslust.

Mit reichem Schmuck jungfräulicher Gedanken
Ward des Gemüthes Braut geschmückt von mir,

Und ich erhalte von der Zeit Gemälden
Vielleicht dereinst ein holdes Bild dafür. [2]

Benütze klug die nächtlichen Gespräche,
Und nimm den Zoll der Herzenswonne ein:

Denn herzerleuchtend ist des Mondes Schimmer,
Und hold auch ist der bachdurchströmte Hain.

Wein perlet in des Schenken Augenschale,
Und Gottes Name leiste Zeugenschaft

Dass den Verstand er eben so berausche
Wie er dem Haupte holde Schmerzen schafft!

Schön ist das Leben sorglos hingeschwunden;
Hafis, begleit' uns in das Weinhaus nun,

Denn holde Räuber sind daselbst zu finden,
Und holde Dinge lehren sie dich thun.

جمع خوبی و لطافت عذار چو مهش
لیکنش مهر و وفا نیست خدایا بدهش

دلبرم شاهد طفلست و ببازی روزی
بکشد زارم و در شرع نباشد گنهش

من همان به که از و نیک نگه دارم دل
که بد و نیک ندیدست و نه دارد نگهش

چارده ساله بتی چابک و شیرین دارم
که بجان حلقه بگوشست مه چاردهش

بوی شیر از لب همچون شکرش می آید
گرچه خون میچکد از شیوهٔ چشم سیهش

در پی آن گل نورسته دل ما یا رب
خود کجا شد که ندیدیم درین چند گهش

یار دلدار من ار قلب بدینسان شکند
ببرد زود بجانداری خود پادشهش

جان بشکرانه کنم صرف گر آن دانهٔ دُر
صدف دیدهٔ حافظ بود آرامگهش

16.

Seine Mondeswange ist der Schönheit
Und der Anmuth lieblichster Verein:

Doch die Liebe fehlet und die Treue:
Wolle sie, Allmächt'ger, ihm verleih'n?

Nur ein Kind noch ist mein Herzensräuber
Der, zum Spiele blos, mich armen Mann

Grausam tödtet, ohne dass ein Urtheil
Des Gesetzes ihn bestrafen kann;

Darum ist das *Beste* was ich thue,
Mir vor ihm das Herz zu wahren *gut*:

Noch erfuhr er *Gutes* nie und Böses,
Schätzt mein Herz nicht, weiss nicht was er thut.

Ja, ein Götze ist's von vierzehn Jahren,
Flink und süss, den ich mir auserkohr,

Und für den der Mond von vierzehn Tagen
Freudig trägt den Sclavenring im Ohr;

Milchgeruch entströmet seiner Lippe,
Die so süss wie reiner Zucker ist,

Wenn auch Blut aus seinem schwarzen Auge,
Das so schelmisch blicket, niederfliesst.

Jener neuentblühten Rose Spuren
Folgt mein Herz beständig nach, o Herr!

Doch, wo ist es endlich hingerathen?
Läng're Zeit schon seh' ich es nicht mehr.

Bricht der Freund der mir das Herz entwendet,
Sich so kühn durch's Mitteltreffen' Bahn,

So vertraut der Kaiser ihm in Eile
Eines Waffenträgers Würde an.

Dankbar will ich meine Seele opfern
Wenn sich jene selt'ne Perle nun

In der Muschel von *Hafisens* Auge
Einen Platz erwählt um auszuruh'n.

۱۷

ما آزموده ایم درین شهر بخت خویش
بیرون کشید باید ازین ورطه رخت خویش
از بس که دست میگزم و آه میکشم
آتش زدم چو گل بتن لخت لخت خویش
دوشم ز بلبلی چه خوش آمد که میسرود
گل پهن کرده گوش ز شاخ درخت خویش
کای دل تو شاد باش که آن یار تند خو
بسیار تند خوی نشیند ز بخت خویش
خواهی که سخت و سست جهان بر تو بگذرد
بگذر ز عهد سست و سخنهای سخت خویش
گر موج خیز حادثه سر بر فلک زند
عارف بآب تر نکند رخت و بخت خویش
ای حافظا ار وصال میسر شدی مدام
جمشید نیز دور نماندی ز تخت خویش

17.

Erprobt hab' ich mein Schicksal
In dieser Stadt, mithin

Muss fort ich aus dem Wirbel
Mit meinem Bündel zieh'n.

Weil ich so häufig seufze
Und nage an der Hand,

Setzt' ich den Leib, wie Rosen,
Mir Stück für Stück in Brand.

Wie schön hat nicht der Sprosser
Gesungen gestern Nacht,

Als auf dem Zweig die Rose
Ihr Ohr weit aufgemacht:

„O Herz, sei frohen Muthes!
„Den Freund mit rauhem Sinn

„Setzt das Geschick, zur Strafe,
„Auch nur auf Rauhes hin.

„Willst du, die Welt behandle
„Dich weder weich noch hart,

„So meide weiche Rede,
„Und Worte harter Art.

„Stieg auch die Unglückswoge
„Empor zum Himmel schon,

„Des Weisen Glück und Bündel
„Wird doch nicht nass davon;

„Und wären die Genüsse
„Von Dauer, o Hafis,

„Auf seinem Throne sässe
„Dschemschid noch ganz gewiss."

١٨

هاتفی از گوشهٔ میخانه دوش
گفت ببخشند گنه می بنوش
عفو الهی بکند کار خویش
مژدهٔ رحمت برساند سروش
لطف خدا بیشتر از جرم ماست
نکتهٔ سربسته چه گویی خموش
این خرد خام بمیخانه بر
تا می لعل آوردش خون بجوش
گرچه وصالش نه بکوشش دهند
آن قدر ای دل که توانی بکوش
گوش من و حلقهٔ گیسوی یار
روی من و خاک در میفروش
رندی حافظ نه گناهیست صعب
با کرم پادشه عیب پوش
داور دین شاه شجاع آنکه کرد
روح قدس حلقهٔ امرش بگوش
ای ملک العرش مرادش بده
وز خطر چشم بدش دار گوش

18.

Eine Stimme rief mir gestern
Aus der Schenke Winkel zu:

„Was du sündigend verbrochen
„Wird verzieh'n: d'rum trinke du!

„Und die göttliche Vergebung
„Waltet gnädig fort und fort,

„Und ein Engel überbringet
„Der Erbarmung Freudenwort.

„Grösser ist die Gnade Gottes
„Als die Fülle uns'rer Schuld;

„Schweige! Kennst du denn die Gründe,
„Die verborgenen, der Huld?"

Trage diese rohe Weisheit
In das Haus des Weines hin,

Dass ihr Blut in Wallung komme
Durch den Wein, roth wie Rubin!

Wenn man auch durch keine Mühe
Sich mit ihm vereinen kann,

Dennoch wend', o Herz, nach Kräften,
Alle deine Mühe d'ran!

Meines Freundes Ringellocke
Schlinge stets sich um mein Ohr,

Und mein Antlitz lieg' im Staube
An des Weinverkäufers Thor!

Nicht für eine schwere Sünde
Gilt Hafisens Trunkenheit

Bei des Kaisers Huld, der Fehler
Stets zu decken ist bereit;

Schah Schedschâ's, des Herrn des Glaubens,
Dessen mächt'gen Herrscherring

Selbst der heiligste der Geister
Sclaven gleich in's Ohr sich hing.

Fürst des Himmelsthron's, erfülle
Seine Wünsche immerdar,

Und, wenn böse Blicke drohen,
Schütze ihn vor der Gefahr!

۱۹

یا رب آن نو گل خندان که سپردی بمنش
می سپارم بتو از چشم حسود چمنش
گرچه از کوی وفا گشت بصد مرحله دور
دور باد آفت دور فلک از جان و تنش
گر بسر منزل سلمی رسی ای باد صبا
چشم دارم که سلامی برسانی ز منش
بادب نافه گشائی کن از آن زلف سیاه
جای دلهای عزیزست بهم بر مزنش
گو دلم حق وفا بر خط و خالت دارد
محترم دار در آن طرهٔ عنبر شکنش
در مقامی که بیاد لب او می نوشند
سفله آن مست که باشد خبر از خویشتنش
عرض و مال از در میخانه نشاید اندوخت
هر که این آب خورد رخت بدریا فکنش
هر که ترسد ز ملال انده عشقش نه حلال
سر ما و قدمش یا لب ما و دهنش
شعر حافظ همه بیت الغزل معرفت است
آفرین بر نفس دلکش و لطف سخنش

19.

Jene Rose, jung und lächelnd,
Die du, Herr, empfohlen mir,

Jedem Neideraug' der Wiese
Zu entzieh'n, empfehl' ich dir;

Hält sie sich auch hundert Meilen
Fern vom Dorf der Treue auf,

Bleib' ihr doch von Leib und Seele
Fern des Mondes Unglückslauf.

Morgenwind, kömmst du vorüber
An Sëlmâ's geliebtem Haus,

Hoffe ich, du richtest freundlich
Einen Gruss ihr von mir aus.

Löse jener schwarzen Haare
Moschus unbehutsam nie:

Tausend Herzen wohnen drinnen:
D'rum durchwühle nimmer sie.

Sprich: „Es hat auf Flaum und Maale
„Mein getreues Herz ein Recht:

„D'rum behandle es mit Achtung
„Dort im Ambra-Haargeflecht!“

Wo auf's Wohl man ihrer Lippe
Wein geniesst in froher Lust,

Ist der Trunk'ne zu verachten
Der sich seiner bleibt bewusst.

Man erwirbt am Thor der Schenke
Ehr' und Reichthum nimmermehr:

Wer von diesem Wasser trinket
Wirft ja sein Gepäck in's Meer!

Dem, der sich vor Trauer fürchtet,
Ist kein Liebesgram erlaubt:

Liebchens Mund an meiner Lippe,
Liebchens Fuss auf meinem Haupt!

Als des Wissens Grundvers pranget
Was Hafis sang im Gedicht:

Wie entzückend ist sein Odem
Und wie lieblich was er spricht!

۲۰

چو بر شکست صبا زلف عنبر افشانش
بهر شکسته که پیوست تازه شد جانش
کجاست همنفسی تا که شرح قصه دهم
که دل چه میکشد از روزگار هجرانش
برید صبح وفا نامه که برد بدوست
ز خون دیده ما بود مهر عنوانش
زمانه از ورق گل مثال روی تو ساخت
ولی ز شرم تو در غنچه کرد پنهانش
تو خفته‌ای و نشد عشق را کرانه پدید
تبارک الله ازین ره که نیست پایانش
جمال کعبه مگر عذر رهروان خواهد
که جان زنده دلان سوخت در بیابانش .
بدین شکسته بیت الحزن که می آرد
نشان یوسف دل از چه زنخدانش
بگیرم آن سر زلف و بدست خواجه دهم
که داد من بستاند ز مکر و دستانش
سحر بطرف چمن میشنیدم از بلبل
نوای حافظ خوش لهجه خوش الحانش

20.

Als Seine Ambralocke
Vom Oste ward *durchwühlt*,
Hat Jeder der *Gebroch'nen* [1]
Sich frisch beseelt gefühlt.

Wo weilt ein Gleichgestimmter?
Gern theilte ich ihm mit
Das was durch Seine Trennung
Mein armes Herz schon litt.

Dem Briefe, den zum Freunde
Der Morgenbote trägt,
Hab' ich das Blut des Auges
Als Siegel aufgelegt.

Aus Rosenblättern formte
Natur dein Antlitz; doch,
Sie birgt, vor dir sich schämend,
Sie in der Knospe noch.

Stets schläfst du, und die Liebe
Kennt Grenzen nimmermehr:
Darum sei Gott gepriesen,
Denn endlos ist auch er.

Der Ca'ba Reiz belacht Nachsicht
Vom Pilger der, verbrannt
Und aufgeregten Herzens,
Die Wüste durchgerannt.

Wer bringt vom Herzens-Josef
In's Haus der Trauer hier
Aus seines Kinnes Brunnen
Erwünschte Nachricht mir? [2]

Ich lege jene Locke
Dem Meister [3] in die *Hand*:
Er wird das Recht mir schaffen
Das mir Sein *Trug* entwand.

Ich hörte was der Sprosser
Früh auf der Wiese sang:
Es war ein Lied *Hafisens*
Von holdem Sinn und Klang.

۲۱

من خرابم ز غم یار خراباتی خویش
میزند غمزهٔ او ناوک غم بر دل ریش
گر چلیپای سر زلف ز هم بگشاید
بس مسلمان که شود خستهٔ آن کافرکیش
با تو پیوستم و از غیر تو ببریدم دل
آشنای تو ندارد سر بیگانه و خویش
بعنایت نظری کن که من دلشده را
نرود بی مدد لطف تو کاری از پیش
آخر ای پادشه ملک ملاحت چه شود
گر لب لعل تو ریزد نمکی بر دل ریش
خرمن صبر من سوخته دل داد بباد
چشم مست تو که بگشاد کمین از پس و پیش
مرهمی بر دل حافظ نه از آن حقهٔ نوش
که جگر خون شد از آن غمزهٔ چون نشتر و نیش

21.

Verwüstet durch den wüsten Freund
Erliege ich dem Schmerz:

Den Schmerzenspfeil der Wimper drückt
Er mir in's wunde Herz;

Fängt er das Kreuz des Lockenhaar's
Huld zu zerlegen an,[1]

Bethöret jener Glaubensfeind
Gar manchen Musulman.

An dich gebunden ist mein Herz,
Von And'ren bleibt's getrennt:

Nicht Fremde noch Verwandte wünscht
Wer dich, Geliebter, kennt.

O blicke mit der Gnade Blick
Mich Herzberaubten an,

Weil, fehlt der Beistand deiner Huld,
Nichts vorwärts schreiten kann.

Des Anmuthreiches Kaiser du!
Bestreue immerhin

Das wunde Herz mir mit dem Salz
Aus deines Mund's Rubin.

Es hat die Garben meiner Ruh'
Dem Winde anvertraut

Dein trunk'nes Aug' das, lauernd stets,
So vor- als rückwärts schaut.

Aus jener Honigbüchse[2] leg'
Ein Pflaster dem Hafis

Auf's Herz das, wie mit Pfeil' und Dolch,
Die Wimper wund ihm riss.

۲۲

چو جام لعل تو نوشم کجا بماند هوش
چو چشم مست تو بینم مرا که دارد گوش
منم غلام تو در زانکه از من آزادی
مرا بکوزه‌فروش شرابخانه فروش
بسوی آنکه بمیخانه کوزهٔ یابم
روم سبوی خراباتیان کشم بر دوش
ز شوق لعل تو سقای کوی میخواران
بدیده آب زند آستان باده فروش
مرا مگوی که خاموش باش و دم در کش
که در چمن نتوان گفت مرغرا خاموش
اگر نشان تو جویم کجاست صبر و قرار
وگر حدیث تو گویم کجاست طاقت و هوش
شراب پخته بجانهای دل فسرده دهند
که باده آتشش تیزست و پختگان در جوش
مرا چو خلعت سلطان عشق میدادند
ندا زدند که حافظا بپوش و باش خموش

22.

Leer' ich deiner Lippe Becher,
Wo verweilt die Klugheit dann?

Schau' ich dein berauschtes Auge,
Wer dann wohl mich halten kann?

Bin dein S c l a v e; wolltest aber
Du von mir b e f r e i e n dich,

So verkaufe in der Schenke
An den Krugverkäufer mich.

Hoffend in der Schenke fänd' ich
Einen Krug gefüllt mit Wein.

Geh' ich, eine Zecherkanne
Auf der Achsel, nun hinein.

Lust nach deiner Lippe zwinget
Den Säkä des Trinkergau's

Augenwasser aufzugiessen
Vor des Weinverkäufers Haus. ¹

Sage mir doch nimmer: „Schweige,
„Oder zieh' den Athem ein!“

Kann man doch nicht: „Schweige!“ sagen,
Zu dem Vogel in dem Hain.

Forsche ich nach deinen Spuren,
Die Geduld, wo bleibt sie dann?

Spreche ich von deinen Thaten,
Wer dann masst Verstand sich an?

Seelen mit erstarrtem Herzen
Gibt man Wein, gekocht und gahr;

Wein ist helle Gluth; es sieden
Die Gekochten ² immerdar.

Als man mit des Liebesultan's
Ehrenkleid mich angethan,

Rief man laut: „Du mög'st es tragen,
„O H a f i s, doch schweigen dann!“

حرف الصاد

١

نیست کس را ز کمند سر زلف تو خلاص
میکشی عاشق مسکین و نترسی ز قصاص
عاشق سوخته دل تا به بیابان فنا
نرود در حرم جان نشود خاص الخاص
ناوک غمزهٔ تو دست ببرد از رستم
حاجب ابروی تو برده گرو از وقاص
جان نهادم بمیان شمع صفت از سر صدق
کردم ایثار تن خویش ز روی اخلاص
بهواداری و اخلاص چو پروانه ز شوق
تا نسوزی تو نیابی ز غم عشق خلاص
آتشی در دل پروانهٔ ما افگندی
گرچه بودیم همیشه بهوایت رقاص
کیمیای غم عشق تو تن خاکی ما
زر خالص کند ار چند بود همچو رصاص
قیمت در گرانمایه چه دانند عوام
حافظا گوهر یکدانه مده جز بخواص

Der Buchstabe Ssad.

I.

Aus den Banden deiner Locken
Rettet sich kein Menschensohn,

Und du tödtest die Verliebten,
Dem Vergeltungsrecht zum Hohn.

Tritt nicht erst der Herzverbrannte
In des Nichtseins Wüstenei'n,

Wird im Heiligthum der Seele
Er kein Auserwählter sein.

Deiner Wimper scharfem Pfeile
Hielte ein Bûstêm [1] nicht Stand,

Und dem Pförtner deiner Braue [2]
Reichte ein Wäkkâs das Pfand. [3]

In die Mitte, gleich der Kerze,
Stellt' ich treu die Seele hin,

Opferte den eig'nen Körper
Dir mit wahrhaft reinem Sinn.

Hat dich nicht, dem Falter ähnlich,
Erst verbrannt die Leidenschaft,

Wirst du nicht Befreiung finden
Von dem Gram den Liebe schafft.

Einen Brand hast du geschleudert
In des Herzens Falter mir,

Der ich ohnehin schon schwirre,
Aufgeregt von Lust nach dir.

Gleich der Alchymie verwandelt
Mir in Gold der Liebesschmerz

Den aus Staub geformten Körper,
Ist es gleich nur schlechtes Erz.

Fasst den Werth der selt'nen Perle
Jemals wohl des Pöbels Sinn?

Gib, H a f i s, dein Prachtgeschmeide
Nur an edle Männer hin.

۲

از رقیبت دلم نیافت خلاص
زانکه القاص لا یحب القاص
محتسب خم شکست و بنده سرش
سن بالسن و الجروح قصاص
چو عیسی است جام می که مدام
مرده را زنده میکند بخواص
مطرب من رهی بزن که بچرخ
مشتری زهره وش شود رقاص
حافظ از دل ز مصحف رخ دوست
خوان الحمد و سورهٔ اخلاص

2

Vom Nebenbuhler vermochte
Sich nimmer mein Herz zu befrei'n;

Der Spruch, es hasse ein Fabler
Den anderen Fabler, traf ein.

Der Vogt zerschlug mir die Humpe,
Ich aber zerschlug ihm das Haupt,

Da Zahn für Zahn und für Wunde
Das Recht der Vergeltung erlaubt.

Dem Jesu ist zu vergleichen
Ein Glas, das gefüllt ist mit Wein,

Denn Leben flösst es den Todten
Durch innere Gaben stets ein.[1]

Mein Sänger! Spiel' eine Weise
Dass oben im himmlischen Glanz,

Wie Venus, sich Jupiter[2] selber
Erhebe zu fröhlichem Tanz.

Es liest im Antlitz des Freundes,
Worin er den Koran gewahrt,

Hafis das Lob seines Schöpfers,
Der Sure der Treue gepaart.[3]

حرف الضاد

١

حسن و جمال تو جهان جمله گرفت طول و عرض
شمس فلک خجل شده از رخ خوب ماه ارض
دیدن حسن و خوبیت بر همه خلق واجبست
رؤیت روت بلکه بر جمله ملائکست فرض
از رخ تست مقتبس خور ز چهارم آسمان
همچو زمین هفتمین مانده بزیر بار قرض
جان که فدای او نشد مرده جاودان بماند
تن که اسیر او نشد لایق اوست قطع و برض
بوسه بخاک پای او دست کجا دهد ترا
قصهٔ شوق حافظا باد رساندش بعرض

Der Buchstabe Sad.

1.

Es hat dein holder Reiz die Welt,
So lang und breit sie ist, umfangen;
Die Himmelssonne schaut beschämt
Des Erdenmondes schöne Wangen.

Das Anschau'n deiner Reize ist
Der Völker nöthigste Verrichtung,
Der Anblick deines Angesicht's
Der Engel heiligste Verpflichtung.

Des vierten Himmels Sonne [1] borgt
Ihr Licht von deiner Wangen Schimmer;
Der siebenten der Erden gleich,
Drückt eine Schuldenlast sie immer. [2]

Die Seele, die sich Ihm nicht weiht,
Bleibt ew'gem Tode Preis gegeben:
Der Leib der nicht Sein Sclave wird,
Verdient verstümmelt nur zu leben.

Zu küssen Seines Fusses Staub,
Wird es wohl jemals dir gelingen? [3]
Der Wind nur mag Ihm, o Hafis,
Der Sehnsucht Kunde überbringen!

۲

بیا که میشنوم بوی جان از آن عارض
که یافتم دل خود را نشان از آن عارض
معانی، که ز حوری بشرح میگویند
ز حسن و لطف پریسی بیان از آن عارض
بگل بمانده قد سرو ناز از آن قامت
خجل بمانده گل گلستان از آن عارض
بشرم مانده تن یاسمین از آن اندام
بخون نشسته دل ارغوان از آن عارض
گرفته نافهٔ چین بوی مشک از آن گیسو
گلاب یافته بوی جنان از آن عارض
ز مهر روی تو خورشید گشته غرق عرق
نزار مانده مه آسمان از آن عارض
ز نظم دلکش حافظ چکیده آب حیات
چنانکه خوی شده جانها چکان از آن عارض

2.

O komm, auf dass ein Duft der Seele
Aus jener Wange mich erquicke.

Da ich des eig'nen Herzens Zeichen
An jener Wange froh erblicke.

Was Commentare von den Reisen
Und von der Huld der Huris sagen,

Darüber magst, zu näh'rer Deutung,
Du jene Wange selbst befragen.

Es liegt die stattliche Zipresse
Vor jenem hohen Wuchs im Staube;

Erröthend welkt vor jener Wange
Die Rose in der Rosenlaube;

Beschämt muss des Jasmines Körper
Zurück vor jenem Leibe treten;

Im Blute muss, ob jener Wange,
Das Herz des Ërgăwân's sich betten;

Den Moschusduft hat China's Nabel[1]
Nur jenem Lockenhaar entnommen,

Den Himmelsduft das Rosenwasser
Von jener Wange nur bekommen.

Dein liebes Antlitz hat der Sonne
Des Thaues Schweiss herausgetrieben,[2]

Und schmächtig ist ob jener Wange
Der Mond[3] am Firmament geblieben.

Ein wahres Lebenswasser träufet
Stets aus Hafisens holdem Sange:

So träufen Seelen, hold verwandelt
In zarten Schweiss, von jener Wange.

حرف الطاء

گرد عذار یار ما تا بنوشت دور خط
ماه فلک ز روی او راست نهاد در غلط
از هوس لبش که آن ز آب حیات خوشترست
گشته روان ز دیده ام چشمه آب همچو شط
گه بهواش میدهم گرد مثال جان و دل
گاه بآب میکشم آتش عشق او چو بط
گر بغلامی خودم شاه قبول میکند
تا بمبارکی دهم بنده به بندگیش خط
آب حیات حافظا گشته خجل ز نظم تو
کس بهوای عشق او شعر نگفت ازین نمط

Der Buchstabe Thi.

Seitdem mit Flaum beschrieben sind
Des Freundes schöne Wangen,

Hält sein Gesicht den Himmelsmond
Im Irrthum stets befangen;

Aus Lust nach seiner Lippe, der
Das Lebenswasser weichet,

Vergiess' ich einen Thränenquell,
Der einem Euphrat gleichet.

Bald geb' ich Herz und Seele Preis,
Wie *Staub*, dem *Sinnentriebe*,

Und bald mit *Wasser*, wie der Krug,
Lösch' ich den *Brand* der Liebe.

Nähm' mich der König gütig auf
Als einen seiner Knechte;

Ihn segnend gäb' ich schriftlich ihm
Die vollsten Herrenrechte.

Beschämt fühlt sich der Lebensquell
Wenn du, *Hafis*, gesungen:

Nie ist aus Leidenschaft für ihn
Ein gleiches Lied erklungen.

حرف الظاء

ز چشم بد رخ خوب ترا خدا حافظ
که کرد جمله نکوئی بجای ما حافظ
بیا که نوبت صلحست و دوستی و وفا
که با تو نیست مرا جنگ و ماجرا حافظ
اگرچه خون دلت خورد لعل من بستان
بجای او ز لبم بوسه خون‌بها حافظ
تو از کجا و امید وصال او ز کجا
بدامنش نرسد دست هر گدا حافظ
بزلف و خال جانان دل مبند دیگر بار
اگر بجستی ازین بند و این بلا حافظ
بیا بخوان غزلی خوب و تازه و تر و نو
که شعر تست فرحبخش و غمزدا حافظ
تو واقف شعبده پوشیده برو زاهد
تو درد درد بنوشیده بیا حافظ
بوقت صبح چو رندان بنال از دل و جان
بکار من بکن آدم یکی دعا حافظ

Der Buchstabe Si.

Vor bösem Blicke möge dir
Die schöne Wange Gott bewahren,

Denn ihm nur danke ich, Hafis,
Was jemals Gutes ich erfahren.

Komm, weil nunmehr die Zeit erschien
Wo Friede, Treu' und Freundschaft walten,

Da ich des Krieg's mit dir, Hafis,
Und jeden Streit's mich will enthalten.

Wenn jemals deines Herzens Blut
Getrunken mein Rubin, der kühne,

So nimm dafür von ihm, Hafis,
Ein Küsschen, als der Blutschuld Sühne.

Du und die Hoffnung auf Genuss,
Ihr wandelt zwei verschiedene Strassen:

Nicht jeder Bettlerhand, Hafis,
Gelingt es Ihn beim Saum zu fassen.

Sollst an der Götzen Haar und Maal
Das Herz zum zweiten Mal nicht knüpfen,

Wenn's einmal dir gelang, Hafis,
Den Unglücksbanden zu entschlüpfen.

Komm, sing' ein schönes Lied uns vor,
Zart, frisch und neu auch müss' es klingen,

Denn Freude schafft dein Vers, Hafis,
Und weiss den Kummer zu bezwingen.

Du trägst das Kleid der Gaukelei,
D'rum, Frömmler, ziehe hin in Frieden!

Du trank'st die Hefe „Schmerz" Hafis.
D'rum sei nun freundlich her beschieden!

Zur Morgenzeit, den Zechern gleich,
Sollst du aus Herz und Seele klagen,

Und zu derselben Zeit, Hafis,
Für mich ein Stossgebetlein sagen.

حرف العین

۱

قسم بحشمت جاه و جلال شاه شجاع
که نیست باکسم از بهر مال و جاه نزاع
بعاشقان نظری کن بشکر این نعمت
که من غلام مطیعم تو پادشاه مطاع
بفیض جرعهٔ جام تو تشنه ایم ولی
نمیکنیم دلیری نمیدهیم صداع
شراب خانگیم بس می مغانه میار
حریف باده رسید ای رفیق توبه وداع
خدایرا بمیم شست و شوی خرقه کنید
که من نمیشنوم بوی خیر ازین اوضاع
ببین که رقص کنان میرود بنالهٔ چنگ
کسی که رخصه نفرمودی استماع سماع
جبین و چهرهٔ حافظ خدا جدا مکناد
ز خاک بارگه کبریای شاه شجاع

Der Buchstabe **A i n.**

1.

Bei Schědschā', des König's, Ruhme
Und bei seiner Herrlichkeit
Schwör' ich es: Um Gold und Ehren
Bin mit Niemand ich in Streit.

Blick' nur einmal die Verliebten
Dankbar für die Gnade an,
Dass du Kaiser sei'st und Herrscher,
Ich nur Sclav' und Unterthan.

Deines Glases Segenshefe
Weckt zwar meinen Durst; allein
Nicht zu kühn will ich erscheinen,
Und nicht überlästig sein.

Mir genügt der Wein des Hauses:
Hol' vom Wirthe keinen mir;
Nun der Trinkgenoss erschienen,
Freundin Rose, scheiden wir.

Wascht, um Gotteswillen bitt' ich,
Mir die Kutte rein mit Wein,
Denn ich sauge von der Tugend
Keine guten Düfte ein!

Sieh wie bei der Harfe Klagen
Tanzend sich der Mann bewegt,
Der das H ö r e n selbst des R e i g e n s
Zu verbieten sonst gepflegt.

Stirn und Angesicht H a f i s e n s
Trenne der Allmächt'ge nie
Von dem Staub des hohen Thrones
Den er dem Schědschā' verlieh!

۲

بفر دولت گیتی‌فروز شاه شجاع
که با کسم نبود بهر مال و جاه نزاع
بیار می که چو خورشید مشعل افروزد
رسد بکلبهٔ درویش نیز فیض شعاع
صراحی و حریفی خوشم ز دنیا بس
که غیر ازین همه اسباب تفرقست و صداع
برو ادیب بجای بدل کن این شفقت
که من غلام مطیعم نه پادشاه مطاع
از مسجدم بخرابات میفرستد عشق
حریف باده رسید ای رفیق توبه وداع
هنر نمی خرد ایام غیر ازینم نیست
کجا روم بتجارت بدین کساد متاع
ز زهد حافظ و طامات او ملول شدم
بساز رود و غزل خوان که میروم بسماع

2.

Bei Schödschâ', des Königs, Hofe
Der der Erde Glanz verleiht,

Schwör' ich es: Um Geld und Ehren
Bin mit Niemand ich in Streit.

Bringe Wein weil, wenn die Sonne
Ihre helle Fackel schwingt,

Auch der Segen ihrer Strahlen
In des Armen Hütte dringt.

Eine Flasche und ein Zechfreund
G'nügen mir in dieser Welt,

Weil bei And'rem nur Zerstreuung
Und nur Kopfweh mich befällt.

Weiser, geh' und gib dies Mitleid
Für ein Glas voll Weines hin,

Weil ich Unterthan und Sclave,
Und nicht Herr und Kaiser bin.

Aus dem Bethaus in die Schenke
Weist den Weg die Liebe mir:

Nun der Trinkgenoss erschienen,
Freundin Reue, scheiden wir.

Diese Zeit kauft Kunstsinn nimmer,
Und ich habe nichts als ihn;

D'rum, wo trag' ich diese Waare
Die nicht Absatz findet, hin?

Mich betrübt Hafisens Frömmeln
Und sein klösterliches Thun:

Stimm' die Saiten, singe Lieder:
Denn zum Reigen schreit' ich nun.

۲

بامدادان که ز خلوتگه کاخ ابداع
شمع خاور فکند بر همه اطراف شعاع
برکشد آینه از جیب افق چرخ و در آن
روی گیتی بنماید بهزاران انواع
در زوایای طربخانهٔ جمشید فلک
ارغنون ساز کند زهره بآهنگ سماع
چنگ در غلغله آید که کجا شد منکر
جام در قهقهه آید که کجا شد مناع
وضع دوران بنگر ساغر عشرت برگیر
که بهر حالتی اینست بهین اوضاع
طرهٔ شاهد دنیی همه بندست و فریب
عارفان بر سر این رشته نجویند نزاع
عمر خسرو طلب ار نفع جهان میطلبی
که وجودیست عطابخش و کریم نفاع
مظهر لطف ازل روشنی چشم امل
جامع علم و عمل جان جهان شاه شجاع
حافظا بنده صفت بر در او باش مقیم
که جهاندار طبیعت و شهنشاه مطاع

3.

Zur Morgenzeit, wenn aus dem Köschke,
Dem einsamstillen, der Natur,

Des Ostens Fackel Strahlen sendet
Nach allen Gegenden der Flur;

Wenn aus des Horizontes Busen
Der Himmel seinen Spiegel [1] zieht,

Worin in tausendfachen Formen
Man das Gesicht der Erde sieht;

Wenn in des Lustgebäudes Zellen,
Wo der Dschemschid des Himmels [2] lebt,

Sohre die Orgeltöne stimmet
Und sich zum Reigentanze hebt,

Da scheint der Harfe Ton zu sagen:
„Wer läugnet was die Liebe thut?“

Und lachend scheint das Glas zu fragen:
„Wer hat zu hindern es den Muth?“

Betrachte des Geschickes Treiben,
Und greife nach der Lust Pokal.

Denn als die trefflichste der Thaten
Bewährt sich dies auf jeden Fall.

Ein Trug nur ist und eine Schlinge
Das Haar des Liebchens „Welt“ genannt:

Das haben, fern von allem Streite,
Die Weisen alle schon erkannt.

Begehre dass der König lebe,
Ist dir das Heil der Erde werth:

Er ist ein gnadenreiches Wesen,
Das Huld und Vortheil nur gewährt;

Als Gegenstand der ew'gen Gnade,
Als Hoffnungsauge hell und klar,

Als Weltgeist strahlt voll Kraft und Wissen
Schedschâ', der König, immerdar.

Hafis, verweil' an seinem Thore,
So wie ein Knecht bei seinem Herrn;

Er ist ein Fürst der Gott gehorchet,
Und ihm gehorchen alle gern.

٤

در وفای عشق تو مشهور خوبانم چو شمع
شب‌نشین کوی سربازان و رندانم چو شمع
روز و شب خوابم نمی‌آید بچشم غم‌پرست
بس که در بیماری هجر تو گریانم چو شمع
رشتهٔ صبرم بمقراض غمت ببریده شد
همچنان در آتش عشق تو خندانم چو شمع
در شب هجران مرا پروانهٔ وصلی فرست
ور نه از دردت جهانی را بسوزانم چو شمع
گر کمیت اشک گلگونم نبودی گرم رو
کی شدی روشن بگیتی راز پنهانم چو شمع
در میان آب و آتش همچنان سرگرم تست
این دل زار و نزار اشکبارانم چو شمع
کوه صبرم نرم شد چون موم در دست غمت
تا در آب و آتش عشقت گدازانم چو شمع
بی جمال عالم‌آرای تو روز من شبست
با کمال عشق تو در عین نقصانم چو شمع

I.

Die treue Liebe ist's, die bei den Schönen,
Der Kerze gleich, mir einen Namen macht;

Wo man sein Haupt auf's Spiel gesetzt und zechet
Leucht' ich, der Kerze gleich, in finst'rer Nacht.

Es kömmt bei Tag so wie bei Nacht kein Schlummer
Mir in das Auge das dem Gram nur fröhnt.

Denn deiner Trennung Schmerz hat, gleich der Kerze,
Mich an das Weinen gar zu sehr gewöhnt.

Durchschnitten durch die Schere deines Grames
Ward mir der Faden der Geduld, und doch

Kann ich im hellen Feuer deiner Liebe,
Der Kerze gleich, beständig lächeln noch.

O sende in der dunklen Nacht der Trennung
Den theuren Freibrief[1] des Genusses mir,

Wo nicht, so setz' ich eine Welt in Flammen,
Der Kerze gleich, in heisser Lust nach dir.

Wenn meiner Thräne rosenfarbner Zelter
Nicht gar so hitzig trabte immerdar,

Wie würde denn, was ich so sorgsam berge,
Der Kerze gleich, den Leuten hell und klar?

Denn in des Wassers und des Feuers Mitte
Brennt immer nur für dich in heisser Gluth

Dies Herz das sich verzehret gleich der Kerze,
Und überströmt von einer Thränenfluth.

Es wurde mir in deines Grames Händen
Der Felsen der Geduld wie Wachs so weich,

Seit in der Fluth und Gluth ich deiner Liebe
Zu schmelzen anfing, einer Kerze gleich.

Mein Tag ist Nacht, getrennt von deiner Schönheit
Die dieser Welt die höchste Zier erst gab,

Und, bei der reichsten Fülle meiner Liebe,
Nehm' ich doch immer, gleich der Kerze, ab.

سر فرازم کن شبی از وصل خود گردنکشا
تا منور گردد از دیدارت ایوانم چو شمع
همچو صبحم یکنفس باقیست بی دیدار تو
چهره بنما دلبرا تا جان بر افشانم چو شمع
آتش مهر ترا حافظ عجب در سر گرفت
آتش دل کی بآب دیده بنشانم چو شمع

Lass einmal Nachts mich stolz das Haupt erheben
Halsstärriger! durch den Verein mit dir,

Auf dass dein holder Anblick diese Halle,
Gleich einer Kerze, hell erleuchte mir.

Es bleibt von mir, wenn ich dich nicht erblicke,
Dem Morgen gleich, nichts übrig als ein Hauch;

Zeig' mir dein Antlitz, Holder, und ich opfre,
Der Kerze gleich, dir meine Seele auch.

Ergriffen ist auf wunderbare Weise
Hafisens Haupt von deiner Liebe Gluth:

Wann werd' ich wohl des Herzens Feuer löschen,
Der Kerze gleich, durch meines Auges Fluth?

حرف الغین

سحر ببوی گلستان می شدم در باغ
که تا چو بلبل بیدل کنم علاج دماغ
بچهرهٔ گل سوری نگاه می کردم
که بود در شب تاری بروشنی چو چراغ
چنان بحسن و جوانیٔ خویشتن مغرور
که داشت از دل بلبل هزار گونه فراغ
گشاده نرگس رعنا ز حسرت آب از چشم
نهاده لاله ز سودا بجان و دل صد داغ
زبان کشیده چو تیغی بسرزنش سوسن
دهان گشاده شقایق چو مردم ایغاغ
گهی چو باده‌پرستان صراحی اندر دست
گهی چو ساقیٔ مستان بکف گرفته ایاغ
نشاط و عیش و جوانی چو گل غنیمت دان
که حافظا نبود بر رسول غیر بلاغ

Der Buchstabe Ghain.

Ich ging, gelockt vom Rosendufte,
Des Morgens auf die Flur umher,

Dem herzberaubten Sprosser ähnlich,
Das kranke Hirn zu heilen mir;

Mit unverwandtem Auge blickt' ich
Der Rose Sur's [1] in's Angesicht,

Die in der Finsterniss der Nächte
Hell strahlet wie ein Fackellicht;

Sie war in Stolz auf ihre Schönheit
Und ihre Jugend so versenkt,

Dass sie durch tausendfache Kälte
Des armen Sprossers Herz gekränkt.

Auch der Narcisse Auge füllte
Mit Wasser sich im Sehnsuchtsschmerz,

Und hundert Maale brannt' die Tulpe
Aus Trauer sich in Seel' und Herz;

Die Lilie zog das Schwert der Zunge
Und führt' damit des Vorwurf's Streich;

Den Mund erschloss die Anemone,
Den schnöden Ohrenbläsern gleich.

Bald in der Hand die Flasche haltend,
Wie Jene, deren Gott der Wein,

Und bald das Glas, [2] den Schenken ähnlich,
Die Trunk'nen sich als Diener weih'n.

Geniess' der Freude und der Jugend,
Wie Rosen thun, denn, o Hafis,

Verantwortlich ist kein Gesandter
Für das was man ihn künden liess. [3]

حرف الفاء

طالع اگر مدد دهد دامنش آورم بکف
گر بکشم زهی طرب ور بکشد زهی شرف
طرف کرم ز کس نبست این دل پر امید من
گرچه سخن همی برد قصهٔ من بهر طرف
چند بناز پرورم مهر بتان سنگدل
یاد پدر نمیکنند این پسران ناخلف
از خم ابروی توام هیچ گشایشی نشد
وه که در این خیال کج عمر عزیز شد تلف
ابروی دوست کی شود دستکش من ضعیف
کس نزدست ازین کمان تیر مراد بر هدف
من بخیال زاهدی گوشه نشین و طرفه آنک
مغبچهٔ ز هر طرف میزندم بچنگ و دف
بیخبرند زاهدان نقش بخوان و لا تقل
مست ریاست محتسب باده بده و لا تخف

Der Buchstabe Fe.

Sind mir die Gestirne günstig,
Halt' ich ihn am Saum zurück;

Zieh' ich ihn an mich, o Wonne!
Tödtet er mich dann, o Glück!

Meinem hoffnungsvollen Herzen
Brachte Niemand noch Gewinn,

Trägt mein Lied auch allenthalben
Das was mir begegnet, hin.

Nah' ich marmorherz'ge Götzen
Länger noch mit Schmeichelei'n?

Diesen ungerath'nen Söhnen
Fällt wohl nie ihr Vater ein.

Deine holdgekrümmte Braue
Öffnete mir nie ein Thor:[1]

Weh, dass ich das theure Leben
In so schiefem Wahn verlor!

Nimmt des Freundes Brauenbogen
Je mich Schwachen bei der Hand?[2]

Hat er Keinem doch die Pfeile
An des Wunsches Ziel gesandt!

In dem Wahne fromm zu werden
Sitze still im Winkel ich,

Doch verfolgt mit Harf' und Pauke
Wunderbar ein Wirthskind mich.

Dumm sind Frömmler, schweig'[3] und falle
In die Tonart Nahsch[4] nun ein:

Trunken ist der Vogt, der Heuchler;
Fürchte nichts und bringe Wein!

صوفیٔ شهر بین که چون لقمهٔ شبهه میخورد

پاردمش دراز باد این حیوان خوش علف

حافظ اگر قدم زنی در ره خاندان عشق

بدرقهٔ رهت شود همت شحنهٔ نجف

Sieh doch nur: am Zweifelsblasen
Kaut der städt'sche Sauß hier:

Einen langen Schwanzesriemen
Habe dies genährte Thier![*]

Schlägst du einst, Hafis, die Strasse
Nach dem Haus der Liebe ein,

Wird der Vogt Nädanbäf's[*] dir gütig
Ein getreuer Führer sein.

حرف القاف

١

مقام امن و می بیغش و رفیق شفیق
گرت مدام میسر شود زهی توفیق
جهان و کار جهان جمله هیچ در هیچست
هزار بار من این نکته کرده ام تحقیق
بمأمنی رو و فرصت شمر غنیمت وقت
که در کمینگه عمرند قاطعان طریق
دریغ و درد که تا این زمان ندانستم
که کیمیای سعادت رفیق بود رفیق
بیا که توبه ز لعل نگار و خندهٔ جام
تصوریست که عقلش نمیکند تصدیق
ملاحتی که ترا در چه زنخدانست
بکنه آن نرسد صد هزار فکر عمیق
کجاست اهل دلی تا کند دلالت خیر
که ما بدوست نبردیم ره بهیچ طریق

Der Buchstabe Kaf.

I.

Ein sich'rer Ort, ein laut'rer Wein,
Ein Freund, der Liebe nährt.

O des beglückenden Geschick's
Ist dies dir stets beschert!

Ein Nichts in Nichts nur ist die Welt
Und Alles was sie thut:

Wohl tausendmal erprobte ich
Dies Wort nur allzugut.

Such' eine sich're Stätte dir
Und nütze deine Zeit.

Denn im Versteck' des Lebens steh'n
Weglagerer bereit.

O Jammer und o Schmerz! Bis nun
Sah ich es nimmer ein,

Es könne nur ein Freund, ein Freund
Der Stein der Weisen sein.

Komm, denn dem Lächeln des Pokal's
Und Lippen von Rubin

Entsagen, ist ein eitler Wahn:
Vernunft missbilligt ihn.

Der Süsse, die der Brunnen hält
In deines Kinnes Rund,'

Kömmt hunderttausendfacher Witz
Wohl nimmer auf den Grund.

Wo weilt der mich zum Guten führt,
Der herzbegabte Mann?

Denn noch auf keinem Wege kam
Ich bei dem Freunde an.

اکرچه موی میانت بچون منی نرسد
خوشست خاطرم از فکر این خیال دقیق
اکر برنک عقیقست اشک من چه عجب
که مهر خاتم چشم منست همچو عقیق
بخنده کفت که حافظ غلام طبع تو ام
ببین که تا بچه حدم همیکند تحمیق

Nie nahet deine Lende mir,
Die zart ist wie ein Haar;'

Und dieses feine Wahngebild
Entzückt mich immerdar.

Die Thrän' ist roth wie Karniol,
Was Niemand wundern soll;

Gleicht meines Auges Siegelring
Doch auch dem Karniol.

Er sagte lächelnd: „Dir zum Knecht,
„Hafis, bin ich bestellt."

Doch sieh nur bis zu welchem Grad'
Er mich zum Besten hält.

٢

زبان خامه ندارد سر بیان فراق
وگرنه شرح دهم با تو داستان فراق
رفیق خیل خیالیم و هم رکیب شکیب
قرین آتش هجران و هم قران فراق
دریغ مدت عمرم که بر امید وصال
بسر رسید و نیامد بسر زمان فراق
سری که بر سر گردون بفخر میسودم
براستانکه نهادم بر آستان فراق
چگونه باز کنم بال در هوای وصال
که ریخت مرغ دلم پر در آشیان فراق
چگونه دعوی وصلت کنم بجان که شدست
دلم وکیل قضا و تنم ضمان فراق
ز سوز شوق دلم شد کباب و دور از یار
مدام خون جگر میخورم ز خوان فراق
کنون چه چاره که در بحر غم بگردابی
فتاد زورق صبرم ز بادبان فراق

2.

Des Rohres Zunge weigert sich
Den Schmerz der Trennung vorzutragen,
Denn ich erklärte dir wohl sonst
Was ich von Trennung weiss zu sagen.

Ich wand're mit des Wahnbild's Heer,
Und sitz' auf der Geduld zu Rosse;
Ich steh' dem Scheidungsfeuer nah',
Und bin der Trennung Bundesgenosse.

Weh, dass in Hoffnung auf Genuss
Mein Leben an sein End' gekommen,
Und doch der Trennung lange Zeit
Noch immer nicht ein End' genommen!

Ein Haupt das ich mit hohem Ruhm
Gerieben an des Himmels Wölbe
— Ich schwör's bei der Gerechten Schaar —
Legt' hin ich auf der Trennung Schwelle.

Wie kann mit off'nem Flügel ich
In des Genusses Lüfte dringen?
Verlor mein Herzensvogel doch
Im Nest der Trennung seine Schwingen.

Kann meine Seele eine Gunst
Dir abzufordern sich erdreisten?
Dem Schicksal folgen muss mein Herz,
Mein Leib, ach, Trennungsbürgschaft leisten!

Am Sehnsuchtsfeuer ward mein Herz
Zum Braten und, vom Freund geschieden,
Ist immerdar am Trennungstisch
Nur Herzblut mir als Trunk beschieden.

Was nun, da auf des Grames Meer
Versank in eines Wirbels Wogen
Mein leichter Nachen der Geduld,
Vom Trennungssegel fortgezogen?

بسی نماند که کشتیٔ عمر غرقه شود
ز موج شوق تو در بحر بیکران فراق
فلک چو دید سرم را اسیر چنبر عشق
ببست گردن صبرم بریسمان فراق
فراق و هجر که آورد در جهان یا رب
که روز هجر سیه باد و خانمان فراق
بپای شوق گر این ره بسر شدی حافظ
بدست هجر ندادی کسی عنان فراق

Gar wenig fehlte, dass nun gar
Mein Lebensschiff gescheitert wäre
Beim Wogenschwall der Lust nach dir
Im unbegrenzten Trennungsmeere.

Der Himmel, als er um mein Haupt
Den Reif der Liebe sah gewunden,
Hat um den Nacken der Geduld
Den Strick der Trennung mir gebunden.

Wer brachte auf die Welt, o Herr,
Der Trennung und des Scheidens Leiden?
In Schwarz soll sich des Scheidens Tag
Und Haus und Hof der Trennung kleiden!

Erreichte mit der Sehnsucht Fuss,
Hafis, man dieses Pfades Ende,
Dann gäbe wohl des Scheidens Zaum
Kein Mensch mehr in der Trennung Hände.

۲

کسی مباد چو من خسته مبتلای فراق
که عمر من همه بگذشت در بلای فراق
غریب و عاشق و بیدل فقیر و سرگردان
کشیده محنت ایام و داغهای فراق
اگر بدست من افتد فراق را بکشم
بآب دیده دهم باز خونبهای فراق
کجا روم چکنم حال دل کرا گویم
که داد من بستاند دهد سزای فراق
فراق را بفراق تو مبتلا سازم
چنانکه خون بچکانم ز دیدهای فراق
من از کجا و فراق از کجا و غم ز کجا
مگر بزاد مرا مادر از برای فراق
بداغ عشق چو حافظ ازین جهت شب و روز
به بلبلان سحر میزنم نوای فراق

3.

Möge Niemand, gleich mir Krankem,
In der Trennung Opfer sein!

Denn die ganze Zeit des Lebens
Schwand mir in der Trennung Pein.

Fremd, verliebt, beraubt des Herzens,
Arm und an mir selber irr,

Schleppe ich das Leid der Tage
Und der Trennung Maal mit mir.

Doch erhasche ich die Trennung,
Stirbt sie ganz gewiss durch mich,

Und mit meines Auges Wasser
Tilge dann die Blutschuld ich.

Wohin wend' ich mich, was thu' ich,
Wem vertraue ich mich an,

Dass er mir mein Recht verschaffe
Und die Trennung strafe dann?

Fühlen soll mir nun die Trennung
Deine Trennung, also zwar,

Dass ich Blut nur mache träufen
Aus der Trennung Augenpaar.

Stamm' ich etwa mit der Trennung
Und dem Gram aus Einem Land?

Scheint's doch dass ich nur zur Trennung
Mich dem Mutterschoss entwand.

Darum sing' ich, gleich *Hafisen*,
Von der Liebe Maal durchglüht,

Tag und *Nacht* mit *Morgen*sprossern
Immer nur der Trennung Lied.

حرف الکاف

۱

ای دل ریش مرا بر لب تو حق نمک
حق نگه دار که من میروم الله معک
توئی آن گوهر پاکیزه که در عالم قدس
ذکر خیر تو بود حاصل تسبیح ملک
در خلوص منت ار هست شکی تجربه کن
کس عیار زر خالص نشناسد چو محک
گفته بودی که شوم مست و دو بوسه بدهم
وعده از حد بشد و ما نه دو دیدیم و نه یک
بکشا پستهٔ خندان و شکر ریزی کن
خلق را از دهن خویش مینداز بشک
چرخ بر هم زنم ار غیر مرادم گردد
من نه آنم که زبونی کشم از چرخ فلک
چون بر حافظ خویشش نگذاری باری
ای رقیب از بر او یکدو قدم دورترک

Der Buchstabe Elif.

1.

Du, auf dessen Salz[1] der Lippe
Rechte hat mein wundes Herz;

Achte sie! Ich ziehe weiter:
Gott bewahre dich vor Schmerz!

Jenes reine Wesen bist du
Das in heil'ger Geisterwelt

Engel im Gebete preisen
Das dein stetes Lob enthält.

Zweifelst du an meiner Treue,
Unterzieh' der Probe mich:

Auf des Goldes Werth verstehet
Niemand wie der Prüfstein sich.

„Mich berauschen will ich — sprachest du —
„Geben dann zwei Küsse dir.“

Mancher Tag verstrich, doch gabst du
Weder zwei noch einen mir.

Lass die lächelnde Pistazie[2]
Zucker streuen rings umher,

Dass das Volk an deinem Munde
Keinen Zweifel hege mehr.[3]

Kühn will ich das Rad[4] zertrümmern,
Dreht's nicht mir nach Wunsche sich:

Lass' ich doch vom Himmelsrade
Nimmer unterdrücken mich.

Weil du, Neider, ihm verwehrest
Zu Hafisen hinzugeh'n,

O so bleibe du doch mind'stens
Ein paar Schritte von ihm steh'n!

۲

اگر شراب خوری جرعه فشان بر خاک
در آن گناه که نفعی رسد بغیر چه باک
برو بهر چه تو داری بخور دریغ مخور
که بی دریغ زند روزگار تیغ هلاک
بخاک پای تو ای سرو نازپرور من
که روز واقعه پا وا مگیرم از سر خاک
چه دوزخی چه بهشتی چه آدمی چه ملک
بمذهب همه کفر طریقتست امساک
مهندس فلکی راه دیر ششجهتی
چنان ببست که ره نیست زیر دام مغاک
فریب دختر رز طرفه میزند ره عقل
مباد تا بقیامت خراب طارم تاک
براه میکده حافظ خوش از جهان رفتی
دعای اهل دلت باد مونس دل پاک

2.

Trinkst du Wein, so giess' ein wenig
Hefe auf den Boden hin!

Ist die Sünde wohl zu fürchten
Die da Ander'n bringt Gewinn?

Geh', und was du hast geniesse
Ohne Scheu' und ohne Reu':

Denn das Schwert des Schicksals tödtet
Ohne Reu' und ohne Scheu.

Ich beschwör' bei deinem Fussstaub,
Weichliche Zipresse, dich.

Zieh' den Fuss von meinem Staube
Nicht zurück, wenn ich erblich.

Höllengeist und Himmelsbürger,
Mensch und Engel, wer's auch sei,

Die Enthaltsamkeit gilt Allen
Nur für Ordensketzerei;

Und des Himmels Geometer
Schloss gar streng die Wege ab

Dieses würfelart'gen Klosters,
Und kein Weg läuft unter'm Grab.

Es verirrt die Rebentochter
Dem Verstand die Wege schlau;

Bis zur Auferstehung währe
Unzerstört des Weinstock's Bau!

Auf der Schenke Pfaden ging'st du
Schön, Hafis, aus dieser Welt:

Deinem reinen Herzen werde
Der theuersten Wunsch gesellt!

٣

هزار دشمنم ار میکنند قصد هلاک
کر تو دوستی از دشمنان ندارم باک
مرا امید وصال تو زنده میدارد
وکرنه صد رهم از هجر تست بیم هلاک
نفس نفس اکر از باد نشنوم بویت
زمان زمان کنم از غم چو کل کریبان چاک
رود بخواب دو چشم از خیال تو هیهات
بود صبور دل اندر فراق تو حاشاک
اکر تو زخم زنی به که دیکری مرهم
وکر تو زهر دهی به که دیکری تریاک
بضرب سیفک قتلی حیاتنا ابدا
لان روحی قد طاب ان یکون فداک
عنان مپیچ که کر میزنی بشمشیرم
سپر کنم سر و دستت ندارم از فتراک
ترا چنان که توئی هر نظر کجا بیند
بقدر بینش خود هر کسی کند ادراک
بچشم خلق عزیز آن زمان شود حافظ
که بر در تو نهد روی مسکنت بر خاک

3.

Wenn auch Tausende von Feinden
Mit dem Tode mich bedroh'n,

Bist nur du mein Freund geblieben,
Sprech' ich allen Feinden Hohn.

Leb' ich, ist es nur in Hoffnung
Der Vereinigung mit dir,

Denn mit hundertfachem Tode
Drohet deine Trennung mir.

Schafft der Wind mir deine Düfte
Nicht von Hauch zu Hauch herbei,

Reiss' ich, Rosen gleich, den Kragen
Mir von Zeit zu Zeit entzwei.

Lässt dein Wahnbild meine Augen
Wohl entschlummern? Nimmerdar!

Ist mein Herz bei deiner Trennung
Wohl geduldig? Gott bewahr'!

Lieber als von Ander'n Pflaster
Sind von dir die Wunden mir;

Lieber als Tërjâk von Ander'n
Ist mir Gift, gereicht von dir;

Sterb' ich, durch dein Schwert getödtet,
Leb' ich fort in Ewigkeit,

Denn, wenn sich mein Geist dir opfert,
Fühlt er hohe Seligkeit.

Wende nicht den Zaum, denn schlügest
Mit dem Schwerte du nach mir,

Machte ich mein Haupt zum Schilde,
Hing' mich an den Sattel dir.

Nicht ein jedes Aug' erblicket
Dich so reizend wie du bist:

Jeder übt sein Sehvermögen
Wie es ihm gegeben ist.

Es erscheint Hafis dem Volke
Dann erst wahrhaft werth und lieb,

Wenn im Staub' er deines Thores
Demuthvoll sein Antlitz rieb.

حرف اللام

۱

اگر بکوی تو باشد مرا مجال وصول
رسد بدولت وصلت نوای من باصول
قرار برده ز من آن دو سنبل رعنا
فراغ برده ز من آن دو نرگس مکحول
چو دل ز جوهر مهر تو صیقلی دارد
بود ز زنگ حوادث هر آینه مصقول
من شکسته بدحال زندگی یابم
در آن نفس که بتیغ غمت شوم مقتول
چه جرم کرده ام ای جان و دل بحضرت تو
که طاعت من بیدل نمیشود مقبول
چو بر در تو من بینوای بی زر و زور
بهیچ باب ندارم ره خروج و دخول
کجا روم چه کنم چون شوم چه چاره کنم
که گشته ام ز غم جور روزگار ملول

Der Buchstabe Lam.

I.

Wird es einst mir möglich werden
Zu betreten deinen Gau,

Wird das Glück bei dir zu weilen
Erst begründen meinen Bau.

Die zwei schönen Hyacinthen[1]
Trugen meine Ruhe fort,

Die geschminkten zwei Narcissen[2]
Stahlen mir des Gleichmuth's Hort.

Da der Wetzstein deiner Liebe
Mir das Herz geglättet hat,

Lässt der Rost der Unglücksfälle
Es gewiss auch rein und glatt.

Ich, der elende Gebroch'ne
Leb' in dem Momente auf,

Wo du mit des Grames Schwerte
Endest meinen Lebenslauf.

Was verbrach, o Herz und Seele,
Ich vor deiner Majestät,

Dass du dieser Herzberaubten
Huldigungen hast verschmäht?

Da an deinem Thor mir Armem,
Der so gold- als kraftlos ist,

Sich kein Ausgangsweg eröffnet
Und kein Eingangsweg erschliesst.

Sprich, wo soll ich hin mich wenden,
Helfen mir auf welche Art,

Da die Leiden des Geschickes
Mich verfolgen grausam hart?

خرابتر ز دل من غم تو جای نیافت
که ساخت در دل تنگم قرارگاه نزول
بدرد عشق بساز و خموش شو حافظ
رموز عشق مکن فاش پیش اهل عقول

Keinen Ort, der wüster wäre
Als mein Inn'res, fand der Gram,

Drum er auch zum Absteigorte
Mein beklomm'nes Herz sich nahm.

Füge dich in Liebesleiden;
Dann verstumme, o Hafis,

Und verberge dem Verstande
Was verhüllt die Liebe liess.

۲

بعهد گل شدم از توبهٔ شراب خجل
که کس مباد ز کردار ناصواب خجل
صلاح من همه دام رهست و من زین بحث
نیم ز شاهد ساقی بهیچ باب خجل
ز خون که رفت شب دوش از سراچهٔ چشم
شدیم در نظر شب روان خواب خجل
تو خوبروی‌تری ز آفتاب و شکر خدای
که نیستم ز تو در روی آفتاب خجل
بود که یار نپرسد گنه ز خلق کریم
که از سؤال ملولیم و از جواب خجل
رخ از جناب تو عمریست تا نتافته ام
نیم بیاری توفیق ازین جناب خجل
چرا بزیر لبت جام زهر خنده زند
اگر نه از لب لعل تو شد شراب خجل
رواست نرگس مست ار فکند سر در پیش
که شد ز شیوهٔ آن چشم پر عتاب خجل

2

Ich schäme mich, dass ich dem Weine
Zur Zeit der Rosen hab' entsagt;

Mög' Niemand sich zu schämen haben
Weil Unrecht er zu thun gewagt!

Als Fallstrick auf der Bahn der Liebe
Erweiset meine Tugend sich.

Drum schäm' ich vor dem holden Schenken
In keinem Anbetrachte mich.

Des Blut's, das gestern Nachts geflossen
Aus meines Auges kleinem Haus,

Muss ich mich vor den Träumen schämen,
Die wandeln durch der Nächte Graus.

Weit schöner als die Sonne bist du,
Und Dank sei Gott gezollt dafür

Dass ich im Angesicht der Sonne
Mich nimmer schämen darf vor dir.

Es wird vielleicht der Freund aus Milde
Nicht fragen ob gesündigt ich:

Denn es betrübte mich die Frage,
Und einer Antwort schämt' ich mich.

Nie wandte ich im ganzen Leben
Von deiner Schwelle mein Gesicht,

Und schäme mich, durch Gottes Gnade,
Vor dieser Schwelle[1] sicher nicht.

Warum wohl unter deiner Lippe
So gifterfüllt der Becher lacht?[2]

Weil deine Lippe, gleich Rubinen,
Den Rebensaft sich schämen macht.

Wohl hält die trunkene Narcisse
Mit vollem Grund gesenkt das Haupt:

Vor jenem vorwurfsvollen Auge
Ist sich zu schämen ihr erlaubt.

نقاب ظلمت از آن بست آب خضر که گشت
ز طبع حافظ و این شعر همچو آب خجل
از آن نهفت رخ خویش در نقاب صدف
که شد ز لؤلؤی نظمم در خوشاب خجل

Es hüllet in des Dunkels Schleier
Sich stets nur deshalb Chiser's Quell,
Weil er sich vor *Hafisen* schämet,
Und diesem Lied, wie Wasser hell.“

Es birgt im Schleier einer Muschel
Die Perle deshalb ihr Gesicht,
Weil sie sich vor den Perlen schämet
Die mir erglänzen im Gedicht.

۲

ای رخت چون خلد و لعلت سلسبیل
سلسبیلت کرده جان و دل سبیل
سبزپوشان خطت بر گرد لب
همچو مورانند گرد سلسبیل
یارب این آتش که در جان منست
سرد کن زانسان که کردی بر خلیل
من نمی یابم مجال ای دوستان
زانکه او دارد جمال بس جمیل
پای ما لنگست و منزل چون بهشت
دست ما کوتاه و خرما بر نخیل
ناوک چشم تو در هر گوشه‌ای
همچو من افتاده دارد صد قتیل
حافظ از سرپنجهٔ عشق نگار
همچو مور افتاده شد در پای پیل
شاه عالم را بقا و عز و ناز
باد و هر چیزی که خواهد زین قبیل

9.

O du, mit Wangen, schön wie Eden,
Und Lippen gleich dem Sëlsëbîl![1]
Der Sëlsëbîl setzt dir zu Liebe
So Herz als Seele auf das Spiel.

Der junge Flaum um deine Lippe,
Gehüllt in grünliches Gewand,
Ist einer Schaar von Ämsen ähnlich
Rings um des Sëlsëbîles Rand.

O kühle, Herr, das helle Feuer
Das stets die Seele mir durchwühlt,
Auf gleiche Art wie du für Jenen
Den Freund du nanntest, es gekühlt![2]

Ich finde nicht in mir, o Freunde,
Die Kraft um ihm zu widersteh'n,
Denn Er ist im Besitz von Reizen
Die reizender man nie geseh'n.

Lahm ist mein Fuss und von dem Ziele
Trennt mich ein himmelweiter Raum;
Kurz ist mein Arm und lockend winket
Die Dattel auf dem Dattelbaum.

Die Pfeile deines Auges haben
Bereits in jedem Winkel dir
Wohl hundert Leichen schon gespfert,
Die alle fielen, ähnlich mir.

Hafis der, durch die Macht der Liebe
Zum holden Liebling, ward besiegt,
Gleicht einer Ämse die zu Füssen
Des mächt'gen Elephanten liegt.

Dem Könige der Welt sei Dauer,
Glück und Zufriedenheit beschert:
Sammt allen Gütern dieser Gattung,
Die er sich wünschet und begehrt!

٤

رهروانرا عشق بس باشد دلیل
آب چشم اندر رهش کردم سبیل
موج اشک ما کی آرد در حساب
آنکه کشتی راند بر خون قتیل
اختیاری نیست بدنامی من
ضلنی فی العشق من یهدی السبیل
آتش روی بتان بر خود مزن
یا بر آتش خوش گذر همچون خلیل
یا بنه بر خود که مقصد گم کنی
یا منه پا اندرین ره بی دلیل
سالها در فکر آن بیتم که گفت
پیلبانی بر لب دریای نیل
یا رسوم پیلبانی یاد گیر
یا مرو هندوستان با یاد پیل
یا مکش بر چهره نیل عاشقی
یا فرو بر جامهٔ تقوی بنیل

4.

Wanderern genügt die Liebe
Auf dem Pfad' als Führerin;

Nur das Wasser meines Auges
Leitete mich zu Ihm hin.

Kömmt die Welle meiner Thränen
Wohl bei Jenem in Betracht,

Der auf der Erschlag'nen Blute
Seine Schiffe segeln macht?

Nicht aus freier Wahl geschah es
Wenn mein guter Name litt:

Es verlockte mich zur Liebe
Wer als *Führer* vor mir schritt.

Wirf der Götzen Wangenfeuer
Doch nicht selber auf dich hin,

Oder schreite durch die Gluthen,
Wie Châlîl,[1] mit frohem Sinn.

Bau' entweder auf dich selber,
— Doch das Ziel verfehl'st du dann —

Oder wage ohne Führer
Keinen Schritt auf dieser Bahn.

Durch den Zeitraum vieler Jahre
Sinn ich jenem Verse nach

Den ein Elephantenwärter
Einst am Nilesufer sprach:

„Nimm des Elephantenwärters
„Sitten und Gebräuche an,

„Oder hole Elephanten
„Nimmermehr aus Hindostan.“

Male dir das *Blau* der Liebe
Nimmer auf die Wange hin,

Oder lass das Kleid der Tugend
Mit dem *Nile* weiter zieh'n.[2]

بی می و مطرب بخود وسم مخوان
راحتی فی الراح لا فی السلسبیل
حافظا گر معنی داری بیار
ورنه دعوی نیست غیر از قال و قیل

Lade ohne Wein und Sänger
In das Paradies mich nicht:

Nur im Wein find' ich die Wonne
Die dem Sélsébîl gebricht.

Wenn du Sinniges besitzest,
Schaff' es, o Hafis, herbei:

Was du sonst noch magst behaupten,
Ist nur eitle Schwätzerei.

٥

خوش خبر بادی ای نسیم شمال
که بما میرسد زمان وصال
یا برید الحمی حماک الله
مرحبا مرحبا تعال تعال
ما لسلمی و من بذی سلم
این جیراننا و کیف الحال
عرصهٔ بزمگاه خالی ماند
از حریفان و رطل مالامال
عفت الدار بعد عافیة
فاسئلوا حالها من الاطلال
سایه افکند حالیا شب هجر
تا چه بازند شبروان خیال
قصة العشق لا انفصام لها
فصمت ههنا لسان مقال
ترک ما سوی کس نمی نگرد
آه ازین کبریا و جاه و جلال

5.

Ein Wind der frohen Kunde
Bist, kühler Nordhauch, du!

Du führest des Genusses
Erwünschte Zeit mir zu.

O Bote ihres Hauses,
Gott sei dir Schutz und Wehr'!

Willkommen denn, willkommen,
O eile, eile her!

Wie lebt Sĕlmā und Jeder
Der Su Sĕlĕm bewohnt?

Wie steht's um uns're Nachbarn,
Hat sie das Loos verschont?[1]

Ganz leer von Zechgenossen
Blieb des Gelages Saal;

So blieb auch ausgeleeret
Der volle Weinpocal.

Es wurde zur Ruine
Das erst so feste Haus;

Befragt die wüste Stätte,
Wie jetzt es sehe aus?

Auch warf nun finst're Schatten
Der Trennung graue Nacht:

Was wohl die nächt'gen Wand'rer[2]
Für Spiele ausgedacht?

Das Mährchen von der Liebe
Währt ohne Abschnitt fort,

Und die beredt'ste Zunge
Verstummt an diesem Ort.

Auf keinen Menschen blicket
Mein Türke; — und darum

Weh über solche Grösse
Und solchen Stolz und Ruhm!

فی جمال الکمال نلت منے

صرف الله عنک عین کمال

حافظا عشق و صابری تاچند

ناله عاشقان خوشست بنال

In Schönheit der Vollendung
Erstrebtest du dein Glück:
Gott möge von dir wenden
Kjōmāl's verhassten Blick![2]

Liebst du, Hafis, noch länger
Mit so geduld'gem Sinn?
Doch schön sind Liebesklagen,
Drum klage immerhin!

١

ای برده دلم را تو بدین شکل و شمایل
پروای کست نیست جهانی بتو مایل
گه آه کشم از دل و گه تیر تو ای جان
پیش تو چه گویم که چها میکشم از دل
وصف لب لعل تو چه گویم برقیبان
نیکو نبود معنی رنگین بر جاهل
هر روز چو حسنت ز دگر روز فزونست
مه را نتوان کرد بروی تو مقابل
دل بردی و جان میدهمت غم چه فرستی
چون ترک نمینیم چه حاجت بمحصل
حافظ چو تو پا در حرم عشق نهادی
در دامن او دست زن و از همه بگسل

6.

Der du durch Wuchs und Reize
Das Herz entwendet mir!

Du kümmerst dich um Keinen,
Und Alle huld'gen dir.

Bald deinen Pfeil, bald Seufzer
Zieh' aus dem Herzen ich:

Wie sag' ich dir, o Seele,
Was ich schon litt um dich?

Beschrieb' ich Nebenbuhlern
Die Lippen von Rubin?

Frommt nimmer doch den Thoren
Ein schön gefärbter Sinn.'

Es mehrt sich deine Schönheit
So oft es wieder tagt,

Drum sich, dir gegenüber,
Der Mond hervor nicht wagt.'

Du nahmst das Herz, ich gebe
Auch noch die Seele dir;

Hab' Gram's genug: was schick'st du
Den Gram als Zöllner mir?

Hafis, weil du betreten
Der Liebe Heiligthum,

So fasse ihn beim Saume,
Entsagend Allem drum.

۷

بسحر چشم تو ای لعبت خجسته خصال
برمز خط تو ای آیت همایون فال
بنوش لعل تو ای آب زندگانیٔ من
برنگ و بوی تو ای بهار حسن و جمال
بگرد راه تو یعنی که سایبان امید
بخاک پای تو یعنی که رشک آب زلال
بجلوهای تو چون شیوهای رفتن کبک
بغمزهای تو چون عشوهای چشم غزال
بطیب خلق تو و نفحهٔ شمامهٔ صبح
ببوی زلف تو و نکهت نسیم شمال
بآن عقیق که ماراست مهر خاتم چشم
بآن گهر که شماراست در درج مقال
بآن صحیفهٔ عارض که گشت گلشن عقل
بآن حدیقهٔ بینش که شد مقام خیال
که در رضای تو حافظ گر التفات کنی
بعمر باز نماند چه جای مال و منال

7.

Beim Zauber deines Aug's,
Du Püppchen, das entzückt,

Beim Räthsel deines Flaum's,
Du Wunder, das beglückt;[1]

Bei deinem süssen Mund,
Du meines Lebens Quell,

Bei deinem Schmelz und Duft,
Du Frühling schön und hell;

Beim Staube deiner Bahn,
Der Hoffnung Schattendach,

Bei deiner Füsse Staub,
Beneidet selbst vom Bach;

Beim anmuthvollen Gang,
Der Rebhuhnschritten gleicht,

Beim Blicke, dem der Blick
Selbst der Gazelle weicht;

Bei deines Odems Hauch,
Beim süssen Morgenduft,

Bei deiner Locke Weh'n,
Bei kühler Abendluft;

Bei jenem Onix,[2] der
Mein Augensiegel heisst,

Bei jener Perle, die
Dein Redekästchen weist;[3]

Bei jenem Wangenblatt,
Des Geistes Rosenbeet,

Und jenes Blickes Flur
Wo sich mein Wahn ergeht

Schwört dir Hafis, er wird,
Willst du Gehör ihm leih'n,

Dir nicht nur Hab' und Gut,
Nein, selbst das Leben weih'n.

٨

دارای جهان نصرت دین خسرو کامل
یحیی بن مظفر ملک عامل عادل
ای درگه اسلام پناه تو گشاده
بر روی جهان روزنهٔ جان و در دل
تعظیم تو بر جان و خرد واجب و لازم
و انعام تو بر کون و مکان فائض و شامل
روز ازل از کلک تو یک قطره سیاهی
بر روی مه افتاده که شد حل مسائل
خورشید چو آن خال سیه دید بدل گفت
ای کاج که من بودمی آن هندوی مقبل
شاها فلک از بزم تو در رقص و سماعست
دست طرب از دامن این زمزمه مگسل
می نوش و جهان بخش که از زلف کمندت
شد گردن بدخواه گرفتار سلاسل
دور فلکی یکسره بر منهج عدلست
خوش باش که ظالم نبرد راه بمنزل
حافظ چو در شاه جهان مقسم رزقست
از بهر معیشت مکن اندیشهٔ باطل

8.

Du Weltmonarch, du G l a u b e n s h ü l f e,
Du Fürst, vollendet ganz und gar,

Jähjä Sohn Müsaffer's,[1] du König,
Gerecht und thätig immerdar!

Du, dessen Thron der wahre Glaube
Zur Zufluchtsstätte sich erkohr,

Weil er der Welt das Seelenfenster
Erschlossen und das Herzensthor,

Es schulden dir Verstand und Seele
Der innigsten Verehrung Schuld,

Und über Zeit und über Räume
Ergiesst sich deine hohe Huld.

Ein schwarzer Tropfen deines Rohres
Fiel schon von aller Ewigkeit

Hin auf das Angesicht des Mondes
Und löste aller Fragen Streit;[2]

Und als die Sonne dann erblickte
Das schwarze Maal, sprach sie zu sich:

„O fügte es doch Gott, und wäre
„Der glückbetheilte Inder ich!“[3]

Der Himmel hüpft und tanzt, o König,
Blickt er auf dein Gelage hin;

Drum wolle du die Hand der Freude
Dem Saum des Jubels nicht entzieh'n!

Verschenk beim Weingenuss die Erde,
Da deine Locke immerdar

Um jedes Übelwollers Nacken
Als Kette fest geschlungen war.

Es kreist der Himmel unablässig
Auf des gerechten Handelns Bahn;

Glückauf! Wer Ungerechtes übet
Kömmt nimmermehr am Ziele an.

H a f i s, am Thor des Weltmonarchen
Ist's, wo die Nahrung man vertheilt:

Drum werde von der eitlen Sorge
Für deinen Unterhalt geheilt!

٩

شممت روح وداد و شمت برق وصال
بیا که بوی ترا میرم ای نسیم شمال
احادیا بجمال الحبیب قف و انزل
که نیست صبر جمیلم ز اشتیاق جمال
شکایت شب هجران فروگذار ای دل
بشکر آنکه برافکند پرده روز وصال
چو یار بر سر صلحست و عذر میخواهد
توان گذشت ز جور رقیب در همه حال
بیا که پرده گلریز هفتخانه چشم
کشیده‌ایم بتحریر کارگاه خیال
بجز خیال دهان تو نیست در دل تنگ
که کس مباد چو من در پی خیال محال
ملال مصلحتی می‌نمایم از جانان
که کس بجد ننماید ز جان خویش ملال
قتیل عشق تو شد حافظ غریب ولی
بخاک ما گذری کن که خون مات حلال

9

Der Liebe Duft hab' ich gerochen,
Und des Genusses Blitz geseh'n:

Komm, kühler Nord, und lass vor Wonne
Bei deinem Wohlduft mich vergeh'n!

Du Führer von des Freund's Kameelen
Halt' an und komm in's Standquartier,

Denn die Geduld, die schöne, mangelt
Aus Sehnsucht nach der Schönheit mir!

Lass, o mein Herz, die Klage fallen,
Die dir der Trennung Nacht erpresst,

Zum Dank', dass des Genusses Morgen
Den Vorhang wieder steigen lässt;

Und weil der Freund den Frieden wünschet
Und die Vergebung will erfleh'n,

Kann man die Pein des Nebenbuhlers
In jeder Lage überseh'n.

Komm, denn den Vorhang meines Auges,
Wie Rosen roth und siebenfach,

Benützte ich um auszuschmücken
Der Wahngebilde Werkgemach.'

Mir wohnt in dem beengten Herzen
Das Wahnbild deines Mundes' nur;

O folgte Niemand doch, mir ähnlich,
Der Wahngebilde eitler Spur!

Betrübt, und zwar aus gutem Grunde,
Bin ob des Seelenfreundes ich:

Betrübt ja sonst ob seiner Seele
Kein Sterblicher mit Vorsatz sich.

Ermordet liegt, durch deine Liebe,
Hafis, der Fremdling, hier; allein

Kömmst du vorbei an meinem Grabe,
So soll mein Blut gerecht dir sein!

۱۰

هر نکته که گفتم در وصف آن شمایل
هر کو شنید گفتا لله در قایل
گفتم که کی ببخشی بر جان ناتوانم
گفت آن زمان که نبود جان در میانه حایل
تحصیل عشق و رندی آسان نمود اول
جانم بسوخت آخر در کسب این فضایل
حلاج بر سر دار این نکته خوش سراید
از شافعی مپرسید امثال این مسایل
دل داده ام بیاری شوخی کشی نگاری
مرضیة السجایا محمودة الخصایل
در عین گوشه گیری بودم چو چشم مستت
و اکنون شدم بمستان چون ابروی تو مایل
از آب دیده صد ره طوفان نوح دیدم
وز لوح سینه نقشت هرگز نگشت زایل
دردا که در بر خود بارم نداد دلبر
چندانکه از جوانب انگیختم وسایل
ای دوست دست حافظ تعویذ چشم زخمست
یا رب که بینم آنرا در گردنت حمایل

10.

Auf alles, was ich Zartes sagte
Zu jener Holden Preise,

Erwiederte, wer es vernommen:
„Gott lohn's auf jede Weise!"

Ich sprach: „Wann wird die schwache Seele
„Erbarmen bei dir finden?"

Er sprach: „Wann einst die Scheidewände
Der Seelen werden schwinden."

Die Liebe und die Kunst des Zechens,
Die Anfangs leicht geschienen,

Verbrannten endlich meine Seele,
Die heiss gestrebt nach ihnen.

Man hört vom Dache eines Hauses
Den Wollekrämpler singen:

'Erkundigt Euch beim Schaffiten
Doch nicht nach solchen Dingen!'

Ein Freund, ein Schelm, ein holder, zarter
War's, dem das Herz ich weihte,

Und der gar schöner inn'rer Gaben
Und äuss'rer sich erfreute.

Ich war, wie dein berauschtes *Auge*,
In *Winkeln* nur zu schauen;

Nun neig' ich mich zu den Berauschten,
Gleich deinen eig'nen Brauen.

Die Sündfluth hab' ich hundert Male
Im Augennass gefunden,

Doch ohne dass vom Blatt des Busens
Dein Bildniss wär' verschwunden.

Mir wehret, ach, der Herzensräuber
Die Gunst an ihm zu kommen,

So sehr dazu von allen Seiten
Ich Anlass auch genommen!

O Freund, es schützt die Hand *Hafisens*
Vor Blicken, die verwunden:

Wann wird sie, Herr, um deinen Nacken
Als Amulet gebunden?

حرف المیم

۱

اگر بر خیزد از دستم که با دلدار بنشینم
ز جام بخت می نوشم ز باغ وصل گل چینم
شراب تلخ صوفی سوز بنیادم بخواهد برد
لبم بر لب نه ای ساقی و بستان جان شیرینم
مگر دیوانه خواهم شد که از عشق تو شب تا روز
سخن با ماه میگویم پری در خواب می بینم
لبت شکر بمستان داد و چشمت می بمیخواران
منم کز غایت حرمان نه با آنم نه با اینم
شب رحلت هم از بستر روم تا قصر حور العین
اگر در وقت جان دادن تو باشی شمع بالینم
چو هر خاکی که باد آورد فیضی بود از انعامت
ز حال بنده یاد آور که خدمتگار دیرینم
نه هر کو نقش نظمی زد کلامش دلپذیر آمد
تذرو طرفه من گیرم که چالاکست شاهینم

Der Buchstabe Mim.

I.

Würde an der Holden Seite
Mir ein Platz gewährt vom Loose,

Tränk' ich aus des Glückes Becher,
Pflückte des Genusses Rose.

Bitt'rer Wein — der Sofis Feuer —
Macht für meinen Bau mich beben;

Küsse mich, und nimm, o Schenke,
Lieber du mein süsses Leben!

Toll noch werd' ich, denn ich spreche
Nachts bis Früh vom Liebeskummer

Mit dem Monde nur, und sehe
Nur Péris in meinem Schlummer.

Zucker gab dein Mund dem Trunk'nen,
Wein dein Aug' dem Wirth des Weines:

Ich allein, der stets entbehre,
Hab' von Beiden leider Keines!

Aus dem Bett in's Köschk der Huri
Werd' ich in der Sterbnacht gehen,

Willst du in der Todesstunde
Mir am Pfühl als Kerze stehen.

Jedes windgetrag'ne Stäubchen
Ist ein Ausfluss deiner Güte:

Denke d'rum auch deines Knechtes,
Der sich lang im Dienste mühte!

Nicht ein Jeder, der da dichtet
Spricht in Worten, die gefallen:

Ich nur fing das selt'ne Repphuhn,*
Denn mein Falk' hat flinke Krallen.

اگر باور نمی‌داری رو از صورتگر چین پرس
که مانی نسخه میخواهد ز نوک کلک مشکینم

صباح الخیر زد بلبل کجائی ساقیا برخیز
که غوغا میکند در سر خروش چنگ دوشینم

رموز عشق و سرمستی ز من بشنو نه از حافظ
که با جام و قدح هر شب ندیم ماه و پروینم

وفاداری و حق گوئی نه کار هر کسی باشد
غلام آصف دوران جلال الحق و الدینم

Geh' und frage China's Maler,
Glaubst du nicht was ich hier sage,

Ob Mânî nicht nach den Mustern
Meines Moschuspinsels frage?[1]

„Guten Morgen!“ rief der Sprosser;
Schenke! Auf! Wo weilst du wieder?

Denn es brausen noch von gestern
Mir im Kopf die Harfenlieder.

Hör' von mir, nicht von Hafisen
Was man Rausch und Liebe nenne,

Der ich Nachts bei Mond und Plejas
Gläser nur und Becher kenne.

Treue übt und Wahrheit redet
Wohl nicht Jedermann im Leben:

Sclavisch bin ich dem Âsafe
Rechts- und Glaubensruhm' ergeben.

۲

بگذار تا ز شارع میخانه بگذریم

کز بهر جرعهٔ همه محتاج این دریم

روز نخست چون دم رندی زدیم و عشق

شرط آن بود که جز ره این شیوه نسپریم

جایی که تخت و مسند جم میرود بباد

گر غم خوریم خوش نبود به که می خوریم

تا بو که دست در کمر او توان زدن

در خون دل نشسته چو یاقوت احمریم

واعظ مکن نصیحت شوریدگان که ما

با خاک کوی دوست بفردوس ننگریم

چون صوفیان بحالت رقصند مقتدا

ما نیز هم بشعبده دستی بر آوریم

از جرعهٔ تو خاک زمین در و لعل یافت

بیچاره ما که پیش تو از خاک کمتریم

زآن پیشتر که عمر گرانمایه بگذرد

بگذار تا مقابل روی تو بگذریم

حافظ چوره بکنگرهٔ کاخ وصل نیست

با خاک آستانهٔ این در بسر بریم

2.

Auf dem Heerweg nach der Schenke
Lass mich wandeln für und für:

Eines Schlückchens wegen brauchen
Wir ja alle diese Thür.

Als des Zechens und der Liebe
Ich am ersten Tag gedacht,

Ward nur diese Bahn zu wandeln
Zur Bedingung mir gemacht.[1]

Dort wo Dschem sammt seinem Throne
Winden muss zur Beute sein,

Hätt' ich Unrecht Gram zu trinken:[2]
Klüger ist's, ich trinke Wein.

Hoffend meine Hand berühre
Seines Gürtels theures Gut,

Sitze ich, wie rother Onix,
Mitten in des Herzens Blut.

Prediger, gib uns Verwirrten
Keine Lehre, denn wir schau'n,

Froh des Staub's im Freundesgaue,
Nicht auf Paradiesesau'n!

Geh'n im Tanze doch die Ssofis
Mir mit gutem Beispiel vor:

D'rum zum Gaukelspiele hebe
Ich auch eine Hand empor.[3]

Erdenstaub hat deine Hefe
Kostbar in Rubin verkehrt,

Und vor dir bin ich, der Arme,
Weniger als Stäubchen werth.

Lass, noch eh' vorüber gehe
Dieses Leben, es gescheh'n,

Dass an dir ich freudig möge
Einmal nur vorüber geh'n!

Weil, Hafis, kein Weg mich führet
Nach dem Küschk genannt „Verein“,

Lass' mich mit dem Schwellenstaube
Dieser Thür zufrieden sein!

٣

ألم يأن للاحباب ان يترحموا
وللناقضين العهد ان يتندموا
ألم يأتهم انباء من بات بعدهم
وفي صدره نار الاسى تتضرم
فيا ليت قومي يعلمون بما جرى
علي مرتج منهم فيعطفوا و يرحموا
أتى موسم النيروز و اخضرت الربى
فما للغواني الغيد لا تترنم
حكى الدمع مني ما الجوانح اضمرت
فيا عجبا من صامت يتكلم
شهور بها الاوطار تقضى من الصبا
وفي شاننا يمشي الربيع محرم
بني عمنا جوروا علينا بجرمة
وللفضل اسباب بها يتوسم
ايا من علا كل السلاطين سطوة
ترحم جزاك الله فالخير مغنم
لكل من الخلان ذخر و منة
وللحافظ المسكين فخر و مغرم

3.

Ist die Zeit noch nicht erschienen
Wo die Freunde sich erbarmen,

Und die Brecher der Verträge
Zum Gefühl der Reu' erwarmen?

Ist denn ihnen keine Kunde
Vom Entfernten zugekommen,

Dessen Busen von dem Feuer
Der Betrübniss ist entglommen?

Wenn mein Stamm nur erst erführe
Was mit d e m sich zugetragen,

Dessen Hoffnung er gewesen,
Sicher würd' er ihn beklagen.

Es erschien der holde Frühling,
Und die Fluren grünen wieder;

Doch wo sind die zarten Mädchen?
Weshalb schweigen ihre Lieder?

Schon erzählte meine Thräne
Was ich barg im Herzensgrunde;

O des wunderbaren Wesens,
Das da spricht mit stummem Munde!

Monde sind nun, wo die Jugend
Was sie wünscht sich sieht gewähren,

Und des Frühlings Lebenswonne
Muss nur ich allein entbehren!'

Wollt o Söhne meines Oheim's
Einen einz'gen Schluck mir reichen,

Denn erkennen lässt die Grossmuth
Sich an ihren edlen Zeichen!

Du, der du die Fürsten alle
Übertriffst an Edelmuthe,

Habe Mitleid! Gott wird's lohnen:
Denn Gewinn nur ist das Gute.

Jedem Freunde wurde Nahrung
Und was sonst ihm frommt gegeben:

Dennoch muss H a f i s, der Arme,
Dürftig und verschuldet leben.

۴

به عزم توبه سحر گفتم استخاره کنم
بهار توبه شکن میرسد چه چاره کنم
سخن درست بگویم نمی توانم دید
که می خورند حریفان و من نظاره کنم
بدور لاله دماغ مرا علاج کنید
گر از میانهٔ بزم طرب کناره کنم
بتخت گل بنشانم بتی چو سلطانی
ز سنبل و سمنش ساز طوق و یاره کنم
ز روی دوست مرا چون گل مراد شکفت
حوالهٔ سر دشمن بسنگ خاره کنم
گدای میکده ام لیک وقت مستی بین
که ناز بر فلک و حکم بر ستاره کنم
مرا که نیست ره و رسم لقمه پرهیزی
چرا مذمت رند شراب خواره کنم
چو غنچه با لب خندان بیاد مجلس شاه
پیاله گیرم و از شوق جامه پاره کنم

4.

Des Morgens sprach ich, Reue fühlend:
„Ich will das Loos befragen."

Da kömmt der Lenz, der Reuebrecher:
Was soll ich nun wohl sagen?

Ein Wort, ein wahres, will ich sprechen:
„Ich kann's nicht länger sehen

„Dass, während die Genossen trinken,
„Ich müssig sollte stehen."

Ihr mögt mich als erkrankt im Hirne
Zur Zeit der Tulpen heilen,

Wollt' ich, dem Lustgelag' entsagend,
In einer Ecke weilen.

Ich will auf einen Thron von Rosen
Den Götzenfürsten heben,

Und Hyacinthen und Jasmine
Um Hals und Arm ihm weben.

Weil mir des Wunsches Rose blühte
In dem Gesicht des Freundes,

Verweise ich auf Kieselsteine
Den Schädel meines Feindes.

Zwar bin ich nur ein Schenkenbettler,
Doch wenn ich mich betrinke,

Trotz' ich dem Himmel, und die Sterne
Gehorchen meinem Winke.

Ich, der ich mich nicht eines Bissens
Gewohnt bin zu enthalten,

Ich sollte gegen Weingeniesser
Die Tadelsucht entfalten?

Auf's Wohl des König's nehm' ich, lächelnd
Wie Knospen in der Fülle,

Den Becher, und im Sehnsuchtsschmerze
Zerreiss' ich meine Hülle;

اگر ز لعل لب یار بوسه‌ای رسدم
جوان شوم ز سر و زندگی دو باره کنم
ز باده خوردن پنهان ملول شد حافظ
ببانگ بربط و نی رازش آشکاره کنم

Und wenn des Freund's Rubinenlippe
Mir einen Kuss gegeben,

Wird meine Jugend wiederkehren,
Und doppelt werd' ich leben.

Es will, nur heimlich Wein zu trinken
Hafisen nicht behagen:

Bei Barbiton- und Flöten-Klängen
Will ich es offen sagen.

٥

بیا تا کل بر افشانیم و می در ساغر اندازیم
فلک را سقف بشکافیم و طرح نو در اندازیم
اکر غم لشکر انکیزد که خون عاشقان ریزد
من و ساقی بهم تازیم و بنیادش بر اندازیم
شراب ارغوانی را کلاب اندر قدح ریزیم
نسیم عطر کردانرا شکر در مجمر اندازیم
چو در دستست رودی خوش بکو مطرب سرودی خوش
که دست افشان غزل خوانیم و پاکوبان سر اندازیم
صبا خاک وجود ما بدان عالی جناب انداز
بود کان شاه خوبانرا نظر بر منظر اندازیم
یکی از عقل میلافد یکی طامات میبافد
بیا کین داوریهارا بپیش داور اندازیم
بهشت عدن اکر خواهی بیا با ما بمیخانه
که از پای خمت روزی بحوض کوثر اندازیم
سخن دانی و خوشخوانی نمی ورزند در شیراز
بیا حافظ که تا خودرا بملک دیکر اندازیم

5.

Komm, auf dass wir Rosen streuen,
Wein in uns're Becher giessen

Und, das Dach des Himmels spaltend,
Einen neuen Bau beschliessen!

Wollte kühn das Heer des Grames
Der Verliebten Blut verspritzen,

Eilten wir, ich und der Schenke,
Ihm zu rauben seine Stützen.

In den Wein, den erg'wanfarbnen,
Lasst uns Rosenwasser giessen,

Und des Rauchgefässes Düfte
Lasst mit Zucker uns versüssen!

Schön ist, Sänger, deine Laute:
Lass auch schön den Sang erklingen,

Dass wir klatschen, Lieder trillern,
Stampfen und die Häupter schwingen!

Ost! Wirf uns'rer Körper Erde
Auf den Hohen, dem wir fröhnen,

Dass wir Aug' in Auge schauen
Jenen König aller Schönen!

Dieser prahlt mit dem Verstande,
Jener spricht von frommen Dingen:

Komm, und lasst uns diese Streite
Vor der Streite Schlichter bringen!

Sehnst du dich nach Edens Gärten,
Nun so komm mit uns in Schenken,

Dass wir von des Kruges Fusse
In die Fluth Kiöwsér's dich senken!

Schlecht verstehen sich die Leute
In Schiras auf Wort und Lieder:

Komm, Hafis, in einem andern
Reiche lassen wir uns nieder!

بارها گفته‌ام و بار دگر میگویم
که من دلشده این ره نه بخود میپویم
درپس آینه طوطی صفتم داشته‌اند
آنچه استاد ازل گفت بگو میگویم
من اگر خارم و گر گل چمن آرائی هست
که از آن دست که میپروردم میرویم
دوستان عیب من بیدل حیران مکنید
گوهری دارم و صاحب نظری میجویم
گرچه با دلق ملمع می گلگون عیبست
مکنم عیب کزو رنگ ریا میشویم
خنده و گریه عشاق ز جای دگرست
میسرایم بشب و وقت سحر میمویم
حافظم گفت که خاک در میخانه مبوی
گو مکن عیب که من مشک ختن میبویم

6.

Oft schon hab' ich's ausgesprochen,
Und nun sag' ich's abermal:

„Diese Bahn wandl' ich, Entherzter,
„Nimmermehr aus eig'ner Wahl."

Wie den Papagei am Spiegel
So behandelte man mich:'

Nur was mich der ew'ge Meister
Sprechen hiess, das spreche ich.

Sei ich Dorn nun oder Rose,
Einen Gärtner gibt's fürwahr,

Und so wie er mich genähret
So gedeih' ich immerdar.

Freunde, schimpft auf mich Entherzten,
Auf mich Blöden nimmer doch!

Schon besitz' ich eine Perle,
Nur den Kenner such' ich noch.

Schmählich auf belappter Kutte
Ist der rosenfarbe Wein:

Schmäle nicht, denn sieh, ich wasche
Sie von Gleissnerfarben rein.

Wer verliebt ist, weint und lachet
Aus gar unterschied'nem Grund:

Wird es Nacht, so sing' ich Lieder,
Und des Morgens klagt mein Mund.

Zu mir sprach Hafis: „O rieche
„Nicht zum Staub der Schenkenthür!"

Nimmer schmäle er; ich rieche
Nur chôtân'schen Moschus hier.

بمژگان سیه کردی هزاران رخنه در دینم
بیا کز چشم بیمارت هزاران درد برچینم
الا ای همنشین دل که یارانت برفت از یاد
مرا روزی مباد آن دم که بی یاد تو بنشینم
جهان پیر است و بی بنیاد ازین فرهادکش فریاد
که کرد افسون و نیرنگش ملول از جان شیرینم
جهان فانی و باقی فدای شاهد و ساقی
که سلطانی عالمرا طفیل عشق می بینم
اگر بر جای من غیری گزیند دوست حاکم اوست
حرامم باد اگر من جان بجای دوست بگزینم
ز تاب آتش دوری شدم غرق عرق چون گل
بیار ای باد شبگیری نسیمی زآن عرقچینم
حدیث آرزومندی که در این نامه ثبت افتاد
همانا بی غلط باشد که حافظ داد تلقینم

7.

Du machtest mit den schwarzen Wimpern
Mir tausend Scharten in den Glauben;
Komm, lass aus deinem kranken Auge
Mich tausendfache Schmerzen klauben!

O du Gefährte meines Herzens,
Der seiner Freunde nie gedenket!
Die Stunde, wo ich dein nicht denke
Sei nimmer mir vom Loos geschenket!

Die Welt ist alt und schwank; *Ferhäden*
Hat sie, o Schmerz, den Tod gegeben,
Und ihr Betrug und ihre Ränke
Verkümmern mir das *süsse* Leben![1]

Dem Schönen will ich und dem Schenken
Mit Freuden opfern beide Welten,
Denn als ein Anhang nur zur Liebe
Kann, was die Welt gewährt, mir gelten;

Und wählt der Freund statt mir sich And're,
Ist er der Herr und mag befehlen:
Doch *sterben* soll ich, wollt' ich jemals
An Freundesstatt das *Leben* wählen!

In Schweiss getaucht bin ich, gleich Rosen,
Vom Trennungsfeuer unterwühlet:
D'rum bringe, Nachtwind, mir ein Lüftchen
Von Jenem, der den Schweiss mir kühlet!

Der Sehnsucht fromme Überliefrung,
Die diese Blätter hier bewahren,
Scheint keinen Irrthum zu enthalten,
Da ich sie von *Hafis* erfahren.

٨

بغیر از آنکه بشد دین و دانش از دستم
بیا بگو که ز عشقت چه طرف بربستم
اگرچه خرمن عمرم غم تو داد بباد
بخاک پای عزیزت که عهد نشکستم
چو ذره گرچه حقیرم ببین بدولت عشق
که در هوای رخت چون بمهر پیوستم
بیار باده که دیریست تا من از سر امن
بکنج عافیت از بهر عیش ننشستم
اگر ز مردم هشیاری ای نصیحت گوی
سخن بخاک میفکن چرا که من مستم
چگونه سر ز خجالت بر آورم بر دوست
که خدمتی بسزا بر نیامد از دستم
بسوخت حافظ و آن یار دلنواز نگفت
که مرهمی بفرستم چو خاطرش خستم

8.

Ausser dass sich Glaub' und Einsicht
Los von meiner Hand gemacht

Komm und sag' ob deine Liebe
Andern Vortheil mir gebracht?

Zwar, die Garbe meines Lebens
Ward, durch Gram, des Windes Raub,

Doch betheur' ich meine Treue
Dir bei deiner Füsse Staub.

Nichtig bin ich, gleich Atomen,
Doch das Glück der Liebe trug,

In der Lust [1] nach deiner Wange,
Bis zur Sonne meinen Flug.

Bringe Wein, weil eines Lebens
Lange Frist bereits verfloss,

Seit ich in des Heiles Ecke
Keiner sichern Lust genoss.

Hast du dir, o Rathertheiler,
Nüchtern stets bewahrt den Sinn,

O so wirf kein Wort zu Boden, [2]
Weil ich ein Berauschter bin.

Wie erhebe ich zum Freunde
Dieses Haupt, gebeugt von Scham,

Da kein Dienst noch, Seiner würdig,
Jemals aus der Hand mir kam?

Schon verbrennt Hafis, doch jener
Holde Freund sprach nimmer noch:

„Senden will ich ihm ein Pflaster
„Schlug ich ihm die Wunde doch!"

۹

باز آی ساقیا که هواخواه خدمتم
مشتاق بندگی و دعا گوی دولتم
ز آنجا که فیض جام سعادت فروغ تست
بیرون شدن نمای ز ظلمات حیرتم
هرچند غرق بحر گناهم ز صد جهت
تا آشنای عشق شدم ز اهل رحمتم
عیبم مکن برندی و بدنامی ای فقیه
کین بود سرنوشت ز دیوان قسمتم
می خور که عاشقی نه بکسبست و اختیار
این موهبت رسید ز میراث فطرتم
من کز وطن سفر نگزیدم بعمر خویش
در عشق دیدن تو هواخواه غربتم
دورم بصورت از در دولت پناه تو
لیکن بجان و دل ز مقیمان حضرتم
دریا و کوه در ره و من خسته و ضعیف
ای خضر پی خجسته مدد ده بهمتم

9.

Kehre wieder heim, o Schenke,
Da ich gern im Dienst dir stehe,
Mich nach deiner Knechtschaft sehne
Und um Glück für dich nur flehe!

Dort wo dein beglückter Becher
Überläuft aus vollem Rande,
Lehre du heraus mich treten
Aus des Staunens finster'm Lande!

Zwar in's Meer der Sünden ward ich
Eingetaucht aus hundert Gründen;
Doch die Liebe lernt' ich kennen
Und Erbarmung werd' ich finden.

Schilt nicht, Rechtsfreund, weil durch Zechen
Mir ein übler Ruf geblieben,
Stand's im Buche meines Looses
Doch als Aufschrift so geschrieben!

Trinke Wein! Es kömmt die Liebe
Ohne Wahl und ohne Streben:
Als ein angebornes Erbtheil
Ward mir dies Geschenk gegeben.

Ich, der durch die Zeit des Lebens
Nie verliess der Heimath Gauen,
Sehne nun mich nach der Fremde,
Bloss aus Liebe dich zu schauen.

Zwar im Bild von dir geschieden,
Dir, des Glückes Zufluchtsorte,
Weil' ich doch im Geist und Herzen
Immerdar an deiner Pforte.

Meer und Berg liegt mir im Wege,
Und es schwächt mich meine Wunde:
Chiser, der du Segen bringest,
Steh' mir bei, dass ich gesunde!

گر دم زنی ز طرهٔ مشکین آن نگار
فکری کن ای صبا ز مکافات غیرتم
در ابروی تو تیر نظر تا بگوش اوش
آورده و کشیده و موقوف فرصتم
حافظ - پیش چشم تو خواهد سپرد جان
درین خیالم ار بدهد عمر مهلتم

Wagt's dein Mund vom Moschushaare
Jenes holden Bild's zu sprechen,

Ostwind, so bedenk' es werde
Meine Eifersucht sich rächen!

Auf dem Bogen deiner Braue
Brachte ich des Blickes Pfeile

Bis zu des Verstandes Ohre,
Lauernd auf die Gunst der Weile.

Seinen Geist vor deinem Auge
Sehnt Hafis sich aufzugeben!

Und dies wähn' ich zu erreichen,
Friste ich nur erst mein Leben.

بشری از السلامة حلت بذی سلم
لله حمد معترف غایة النعم
آن خوش خبر کجاست که این فتح مژده داد
تا جان فشانمش چو زر و سیم در قدم
پیمان شکن هر آینه گردد شکسته حال
ان العهود عند ملیک النهی ذمم
از بازگشت شاه چه خوش طرفه نقش بست
آهنگ خصم او بسراپرده عدم
می جست از سحاب امل رحمتی ولی
جز دیده اش معاینه بیرون نداد نم
در نیل غم فتاد و سپهرش بطنز گفت
الآن قد ندمت و ما ینفع الندم
ساقی بیا که دور گلست و زمان عیش
پیش آر جام و هیچ مخور غم ز بیش و کم
بشنو ز جام باده که این زال نو عروس
بسیار کشت شوهر چون کیقباد و جم

10.

O der frohen Botschaft! Heil und Segen
Stieg nunmehr auf Ssélém herab;[1]

Wer die Grösse dieser Huld erkannte
Lobt und preist den Schöpfer, der sie gab.

Doch wo weilt der Bote, der durch Kunde
Solchen Sieges uns so hoch erfreut?

Denn zu Füssen streu' ich ihm die Seele,
Wie man sonst nur Gold und Silber streut.

Wer ein Bündniss brach, der wird erfahren
Wie in Raldern auch sein Glück zerbricht:

Ist doch die Erfüllung der Verträge
Dem Verständ'gen eine Glaubenspflicht.

Wie so günstig Alles sich gestaltet,
Weil nunmehr zurück der König kam,

Und sein Widersacher eine Reise
Nach dem Zelt des Nichtseins unternahm![2]

Er[3] begehrte von der Hoffnungswolke
Einen Regen der Barmherzigkeit:

Aber nur aus seinem eig'nen Auge
Träufelte die klare Feuchtigkeit;

Und er stürzte in den Nil des Grames,
Und der Himmel sprach zu ihm mit Hohn:

„Du bereu'st in diesem Augenblicke,
„Doch zu spät kömmt deine Reue schon.“

Komm, o Schenke, weil die Rose blühet
Und die Zeit nun hohe Lust verspricht;

Bring' den vollen Becher her, und sorge
Um das Mehr dich und das Minder nicht!

Höre was der Weinpocal erzählet:
„Diese Braut, die hochbejahrte,[4] hat

„Vielen Freiern schon den Tod gegeben,
„Mächtig einst wie Dschem und Kėjkōbād.

ای دل تو ملک جم مطلب جام می بخواه
کین بود قول بلبل بستانسرای جم
حافظ بکنج میکده دارد قرارگاه
کالطیر فی الحدیقة و اللیث فی الاجم

Ford're nicht, o Herz, was Dschem besessen,
Ford're nur das Glas gefüllt mit Wein!

Ganz in gleichem Sinne sang der Sprosser
Dort in Dschem's palastgeschmückten Hain.

Einen Winkel in der Schenke wählte
Sich Hafis zum steten Aufenthalt,

Wo er lebt wie in der Au der Vogel,
Und der Löwe in dem stillen Wald.

۱۱

بی تو ای سرو روان با گل و گلشن چه کنم
زلف سنبل چه کشم عارض سوسن چه کنم
آه کز طعنهٔ بدخواه ندیدم رویت
نیست چون آینه ام روی ز آهن چه کنم
برو ای ناصح و بر دردکشان خرده مگیر
کارفرمای قدر میکند این من چه کنم
برق غیرت چو چنین میجهد از مکمن غیب
تو بفرما که من سوخته‌خرمن چه کنم
شاه ترکان چو پسندید و بچاهم انداخت
دستگیر ار نشود لطف تهمتن چه کنم
مددی گر بچراغی نکند آتش طور
چارهٔ تیره شب وادی ایمن چه کنم
حافظا خلد برین خانهٔ موروث منست
اندرین منزل ویرانه نشیمن چه کنم

11.

Was thue ich, o wandelnde Zipresse,
Mit Rosenbeet und Rose, ohne dich?

Was tändle ich mit Hyacinthenlocken,
Was thu' mit liliengleichen Wangen ich?

Ach, weil der Übelwoller mich getadelt,
Erblicke ich dein holdes Antlitz nicht:

Was thue ich? ich habe ja mit nichten,
Dem Spiegel gleich, ein stählernes Gesicht.[1]

Zieh' hin, du Rathertheiler, und betrachte
Die Trinker nicht mit der Verachtung Blick!

Was thue ich? Der mächtige Gebieter
Der dieses thut,[2] er heisset: das Geschick.

Wenn aus dem Hinterhalt, dem unsichtbaren,
Die Eifersucht als Blitzstrahl auf mich fährt,

Was thue ich? Nur du hast zu gebieten:
Hat meine Garbe doch der Brand verzehrt.

Da es dem Türkenkönig so gefallen,
Und er mich tief in einen Brunnen warf,

Was thue ich, wenn Tĕhĕmtĕn's Erbarmen
Mir nicht die Hand zur Hilfe reichen darf?[3]

Will mir das Feuer, das auf Sina lodert,
Mit einer Fackel nicht zur Seite steh'n,

Was thue ich, der ich im nächt'gen Dunkel
Mir nicht zu rathen weiss im Thal Eimĕn?[4]

Hafis, den hohen Paradiesesgarten
Betrachte ich als mein ererbtes Haus:

Was thu' ich denn und suche zur Behausung
Mir diese öde, wüste Stätte aus?

١٢

بتیغم گر کشد دستش نگیرم
وگر تیرم زند منت پذیرم
کمان ابروت را گو بزن تیر
که پیش دست و بازویت بمیرم
غم گیتی گر از پایم درآرد
بجز ساغر که باشد دستگیرم
برآی ای آفتاب صبح امید
که در دست شب هجران اسیرم
بفریادم رس ای پیر خرابات
بیک جرعه جوانم کن که پیرم
بگیسوی تو خوردم دوش سوگند
که من از پای تو سر برنگیرم
بسوز این خرقهٔ تقوی تو حافظ
که گر آتش شوم در وی نگیرم

12.

Will Er mit dem Schwert mich tödten,
Fall' ich nicht ihm in die Hand;

Will Er mit dem Pfeil mich treffen,
Nehm' ich's an als Gnadenpfand.

Sag' dem Bogen deiner Braue
Pfeile drück' er auf mich ab:

Denn der Tod ist mir willkommen,
Wenn ihn d e i n e Hand mir gab.

Wenn mein Fuss im ird'schen Grame
Aus dem Gleichgewichte weicht,

Wer erscheint als nur Becher
Der die Hand mir helfend reicht?

Du, des Hoffnungsmorgens Sonne,
Steig' empor in deiner Pracht!

Da ich ein Gefang'ner lebe
In der Hand der Trennungsnacht!

Komm herbei, o Greis der Schenke,
Ruf' ich dich um Hilfe an,

Und verjüng' mich durch ein Schlückchen,
Denn ich bin ein greiser Mann.

Einen Eid hab' ich geschworen
Gestern Nacht bei deinem Haar,

Dass mein Haupt an deinem Fusse
Liegen solle immerdar.

Weihe du, H a f i s, den Flammen
Dieses Frömmigkeitsgewand

Dass ich es nicht selber entzünde,
Werd' ich einst zum Feuerbrand!

۱۳

تو همچو صبحی و من شمع خلوت سحرم
تبسمی کن و جان بین که چون همی سپرم
چنین که در دل من داغ زلف سرکش تست
بنفشه زار شود تربتم چو درگذرم
بر آستان امیدت گشاده ام در چشم
که یک نظر فکنی خود فکندی از نظرم
چه شکر گویمت ای خیل غم عفاک الله
که روز بی کسی آخر نمیروی ز برم
غلام مردم چشمم که با سیاه دلی
هزار قطره ببارد چو درد دل شمرم
بهر نظر بت ما جلوه میکند لیکن
کس این کرشمه نبیند که من همی نگرم
بخاک حافظ اگر یار بگذرد چون باد
ز شوق در دل آن تنگنا کفن بدرم

13.

Bist der Morgen, und ich bin die Kerze
Die da brennt in stiller Morgenzeit;

Lächle Einmal mir und, sieh', die Seele
Bin für dich zu opfern ich bereit.

Deine spröde *Locke* hat mit Maalen
Mir das Herz so reichlich übersä't,[1]

Dass mein Grab, bin ich einst heimgegangen,
Sich verwandelt in ein *Veilchenbeet*.

Deiner Hoffnungsschwelle zugewendet,
Öffnete mein Augenpförtchen sich,

Dass nur Einen Blick *auf* mich du werfest:
Doch du warfst, ach, *aus* dem Blicke mich![2]

Welche Art von Dank soll ich dir zollen,
Herr des Gram's? Der Schöpfer lohn' es dir!

Selbst am Tag, wo alle uns verlassen,
Weichest du nimmer von der Seite mir.

Meinen Augenstern muss ich beloben,[3]
Denn, besitzt er gleich ein schwarzes Herz,

Weint er doch, aus Mitleid, tausend Thränen:
Wenn ich rechne mit des Herzens Schmerz.

Jeder Blick aus meines Götzen Auge
Strahlt zwar hold und freundlich immerdar,

Aber Niemand sieht dies Spiel der Augen,
Und nur mir erscheint es hell und klar.

Geht der Freund, dem schnellen Winde ähnlich,
An *Hafisen's* Staube einst vorbei,

Reiss' ich in des engen Grabes Herzen
Sehnsuchtsvoll das Leichentuch entzwei.

تا سایهٔ مبارکت افتاد بر سرم
دولت غلام من شد و اقبال چاکرم
شد سالها که از سر من رفته بود بخت
در دولت وصال تو باز آمد از درم
بیدار در زمانه ندیدی کسی مرا
در خواب اگر خیال تو گشتی مصورم
من عمر در غم تو بپایان برم ولی
باور مکن که بی تو زمانی بسر برم
درد مرا طبیب نداند دوا که من
بی دوست خسته خاطر و با دوست خوشترم
گفتی میار رخت اقامت بکوی من
من خود بجان تو که ازین کوی نگذرم
هر کس غلام شاهی و مملوک آصفیست
حافظ کمینه بندهٔ سلطان کشورم

14

Seit dein segenreicher Schatten
Meinen Scheitel traf,

Wurde das Geschick mein Diener
Und das Glück mein Sclav'.

Jahre sind's dass aus dem Haupte
Mir entwich das Glück;

Doch die Wonne deiner Liebe
Bracht' es mir zurück.

Nimmer hätte irgend Jemand
Wachend mich erblickt,

Hätte mich nur erst im *Schlafe*
Dein Gebild entzückt.

Wenn im Gram um dich mein Leben
Auch verfliesst; allein

Glaubst du ohne dich verfliesse
Mir ein Stündchen? Nein.

Mittel meinen Schmerz zu heilen
Gab kein Arzt mir kund;

Krank ist *ohne* Freund mein Inn'res,
Und *mit* ihm gesund.

„Bringe dein Gepäck — so sprachst du —
„In mein Dorf nicht hin!"

Doch ich schwur's, an diesem Dorfe
Nicht vorbei zu zieh'n.

Einem König und Âsâfe
Fröhnet Jeder gern:

Ich *Hafis*, der nied're, diene
Meinem Landesherrn.'

۱۵

جوزا سحر نهاد حمایل برابرم
یعنی غلام شاهم و سوگند میخورم
ساقی بیا که از مدد بخت کارساز
کامی که خواستم ز خدا شد میسرم
جامی بده که باز بشادیِ روی شاه
پیرانه سر هوای جوانیست در سرم
راهم مزن بوصف زلال خضر که من
از جام شاه جرعه‌کش حوض کوثرم
شاها من ار بعرش رسانم سریر فضل
مملوک این جنابم و مسکین این درم
من جرعه نوش بزم تو بودم هزار سال
کی ترک آبخورد کند طبع خوگرم
ور باورت نمیشود از بنده این حدیث
از گفتهٔ کمال دلیلی بیاورم
گر برکنم دل از تو و بردارم از تو مهر
این مهر بر که افکنم آن دل کجا برم

15.

Örlon [1] legt' am frühen Morgen
Sein Wehrgehänge vor mich hin,

Als spräche er: „Ich will's beschwören
„Dass ich des Königs Sclave bin." [2]

O Schenke, komm, weil mir die Hilfe
Des thät'gen Glückes ward gewährt

Zu der Erfüllung eines Wunsches
Den von dem Schöpfer ich begehrt.

Gib mir ein Glas: denn bei der Freude
Des Königs Angesicht zu seh'n,

Fühl' ich die jugendlichen Triebe
Im alten Haupte frisch ersteh'n.

Tritt aus dem Weg' mir und beschreibe
Mir Chiser's Quelle nimmermehr,

Denn aus des Königs Glase labt mich
Ein Schlückchen aus der Fluth Kjöwsër.

O König! Hüb' ich auch zum Himmel
Den Thron der Trefflichkeit empor,

Blieb ich doch Sclav an deiner Schwelle
Und Bettelmann an deinem Thor.

Durch tausend Jahre ward mit Hefe
An deiner Tafel ich betreut;

Verlass' ich, d'ran gewohnt, die Stelle
Die freundlich Trank und Kost mir beut?

Und wenn du nimmer Glauben schenktest
Dem was der Knecht gesprochen hier,

So will ich aus Kjėmâl's [3] Gedichten
Nun den Beweis auch liefern dir:

Sollt' ich dir je mein Herz entreissen
Und meine Liebe dir entzieh'n,

„An wen vergäb' ich diese Liebe,
„Und jenes Herz, wo trüg' ich's hin?" [4]

عهد الست من همه با مهر شاه بود
وز شاهراه عمر بدین عهد بگذرم
منصور بن محمد غازیست حرز من
وز این خجسته نام بر اعدا مظفرم
گردون چو کرد نظم ثریا بنام شاه
من نظم در چرا نکنم از که کمترم
شاهین صفت چو طعمه چشیدم ز دست شاه
کی باشد التفات بصید کبوترم
ای شاه شیرگیر چه کم گردد ار شود
در سایهٔ تو ملک فراغت میسرم
بال و پری ندارم و این طرفه‌تر که نیست
غیر از هوای منزل سیمرغ در سرم
شعرم بیمن مدح تو صد ملک دل گشاد
گوئی که تیغ تست زبان سخنورم
بر گلشنی اگر بگذشتم چو باد صبح
نه عشق سرو بود نه شوق صنوبرم
بوی تو میشنیدم و بر یاد روی تو
دادند ساقیان طرب یکدو ساغرم
مستی بآب یکدو عنب وضع بنده نیست
من سالخورده پیر خرابات پرورم

Denn meine Liebe zu dem König
Fing mit dem Urvertrage [1] an,

Und, dem Vertrage treu, durchwandl'e
Ich meines Lebens Königsbahn. [2]

Mánssúr Sohn Mùhámmĕd's, der Sieger, [3]
Ist nie in Beschirmer in Gefahr,

Und durch den Segen dieses Namens
Besiege ich der Feinde Schaar;

Und weil der Himmel selbst gedichtet
Die hohe Plejas auf den Schah,

So dicht' auch ich nun helle Perlen: [4]
Denn, wahrlich, Keinem steh' ich nach.

Da ich, wie Falken, meine Nahrung
Stets aus des Königs Hand empfing,

Muss nicht die Beute einer Taube
Mir schlecht erscheinen und gering?

O König, der du Löwen zähmest!
Was kann es dir für Schaden thun,

Wollt' ich, geschützt von deinem Schatten,
Im Reiche stiller Musse ruh'n?

Mir fehlt der Flügel und der Fittich,
D'rum ist's in Wahrheit sonderbar,

Dass ich nach einem Ort mich sehne
Nur von Símúrgh bewohnt, dem Aar. [5]

Es nahm mein Lied, weil's **dich** besinget,
Schon hundert Herzensländer ein,

Und meine so beredte Zunge
Scheint nur **dein** tapf'res Schwert zu sein.

Wenn ich, dem Morgenwinde ähnlich,
Am Rosenhain vorüber zog,

War's weder Fichte noch Zipresse
Die freundlich mich dazu bewog:

Dein süsser Duft war's der mich lockte,
Und, in Erinnerung an dich,

Betheiligten der Wonne Schenken
Mit ein paar vollen Bechern mich.

Das Nass von ein paar Traubenbeeren
Ist's nicht was mich berauschen kann!

Ich bin ein Greis, ich bin ein alter
In Schenken grossgezog'ner Mann;

با سیر اختر و فلکم داوری بسیست
انصاف شاه باد درین قصه داورم
شکر خدا که باز درین اوج بارگاه
طاوس عرش میشنود صیت شهپرم
شبل الاسد بصید دلم حمله کرد و من
گر لاغرم وگر نه شکار غضنفرم
نامم ز کارخانهٔ عشاق محو باد
گر جز محبت تو بود شغل دیگرم
ای عاشقان روی تو از ذره بیشتر
من کی رسم بوصل تو کز ذره کمترم
بنما بمن که منکر حسن رخ تو کیست
تا دیده اش بگزلک غیرت بر آورم
بر من فتاد سایهٔ خورشید سلطنت
اکنون فراغتست ز خورشید خاورم
مقصود ازین معامله بازار تیز نیست
نه جلوه میفروشم و نه عشوه میخرم
حافظ ز جان محب رسولست و آل او
حقا برین گواست خداوند داورم

Und mit den Sternen und dem Himmel
Leb' ich in stetem Zank und Streit,

Und richten soll in diesem Falle
Mich meines Königs Billigkeit.

Gottlob dass wieder auf dem Giebel
Der diese Pforte schmückt, der Ton

Den mein Gefieder weckt, vernommen
Vom Pfaue wird am Himmelsthron."

Es drang, mein Herz sich zu erbeuten,
Der Sohn des Löwen auf mich ein:

Doch, mager oder nicht, ich werde
Des Löwenhelden Wild nur sein;"

Und in der Werkstatt der Verliebten
Verwische ganz mein Name sich,

Beschäftig' ich mit ander'n Dingen
Als nur mit deiner Liebe mich.

Du, der du mehr Verliebte zählest
Als diese Welt Atome hält,

Wirst du wohl jemals mich beglücken
Der wen'ger als Atome zählt?

Zeig' mir den Mann der deine Reise
Frech abzuläugnen wär' versucht,

Dass in die Augen ich ihm bohre
Das Messer meiner Eifersucht.

Auf mich herab warf seinen Schatten
Der Herrschaft helles Sonnenlicht,

Und um das Sonnenlicht des Ostens
Bekümm're ich mich fürder nicht.

Die Absicht dieser Handlungsweise
Ist nicht mir höher'n Werth zu leih'n:"

Denn nicht verkauf' ich Liebesblicke,
Noch handl' ich süsse Winke ein.

Es liebt Hafis mit ganzer Seele
Den Gottgesandten und sein Haus:

Darüber stellt mein Herr und Richter
Mir wahrlich selbst ein Zeugniss aus.

۱۶

چرا نه در پی عزم دیار خود باشم
چرا نه خاک سر کوی یار خود باشم
غم غریبی و محنت چو بر نمی تابم
بشهر خود روم و شهریار خود باشم
ز محرمان سراپردهٔ وصال شوم
ز بندگان خداوندگار خود باشم
چو کار عمر نه پیداست باری آن اولی
که روز واقعه پیش نگار خود باشم
همیشه پیشهٔ من عاشقی و رندی بود
دگر بکوشم و مشغول کار خود باشم
ز دست بخت گرانخواب و کار بی سامان
گرم بود گلهٔ رازدار خود باشم
مگر که لطف ازل رهنمون شود حافظ
وگرنه تا ابد شرمسار خود باشم

16.

Weshalb sollt' ich mich nicht sehnen
Bald das eig'ne Land zu schauen,

Weshalb nicht zum Staube werden
In des eig'nen Freundes Gauen?

Unvermögend zu ertragen
Fremdlingsleiden und Beschwerden,

Will, die eig'ne Stadt betretend,
Ich mein eig'ner Kaiser werden.[1]

In's Geheimniss des Genusses
Und der Liebe will ich dringen,

Und mich als ein treuer Diener
Nur dem eig'nen Herrn verdingen.

Ungewiss ist unser Leben:
Darum kann nur Ein's mir frommen:

Vor dem eig'nen Bild[2] zu weilen
Wenn mein Todestag gekommen.

Weil von Liebe und vom Zechen
Ich bisher nicht konnte lassen,

Will ich künftighin mit meinen
Eig'nen Thaten mich befassen.[3]

Heisst des Glückes fester Schlummer
Und ein tolles Thun mich klagen,

Will ich, was ich heimlich leide,
Meinem eig'nen Ich nur sagen.

Wirst, Hafis, die ew'ge Gnade
Du zur Führerin nicht nehmen,

Will ich bis in ew'ge Zeiten
Vor dem eig'nen Ich mich schämen.

١٧

صلاح از ما چه میجویی که مستانرا صلا گفتیم
بدور نرگس مستت سلامترا دعا گفتیم
در میخانه ام بگشا که هیچ از خانقه نگشود
گرت باور بود ور نی سخن این بود ما گفتیم
من از چشم تو ای ساقی خراب افتاده ام لیکن
بلائی کز حبیب آید هزارش مرحبا گفتیم
قدت گفتیم شمشادست و بس خجلت ببار آورد
که این نسبت چرا کردیم و این بهتان چرا گفتیم
اگر بر من نبخشائی پشیمانی خوری آخر
بخاطر دار این معنی که در خدمت کجا گفتیم
جگر چون نافه ام خون گشت وکم زینم نمی بایست
جزای آنکه با زلفش سخن از چین خطا گفتیم
تو آتش گشتی ای حافظ ولی با یار درنگرفت
ز بدعهدی گل گوئی حکایت با صبا گفتیم

17.

Wie kannst von mir du fromme Werke fordern?
Rief ich doch selbst die trunk'nen Männer her.

Als deine trunkene Narcisse herrschte,
Fühlt' ich, es gäbe keine Rettung mehr.

Erschliesse freundlich mir das Thor der Schenke,
Denn Nichts erschloss sich mir durch's Klosterhaus;

Das glaube mir; wo nicht, so bleibt es immer
Ein wahres Wort, und muthig sprach ich's aus.

Durch deine Augen liege ich, o Schenke,
Zerstört und in Ruinen da; allein

Ein Unglück das vom Freunde mir gekommen
Soll tausend Male mir willkommen sein!

Dein Wuchs — so sprach ich — ist dem Buchse ähnlich:
Doch trug es vielfach der Beschämung Frucht

Dass ich ein solches Gleichniss ausgesprochen,
Und eine Lüge dieser Art versucht.

Wenn du dich huldvoll meiner nicht erbarmest,
Empfindest du zuletzt der Reue Schmach:

Bewahre d'rum den Ort dir im Gemüthe
An dem ich dir von meinen Diensten sprach.

Dem Moschus ähnlich schwimmt mein Herz im Blute:
Geringeres hab' ich wohl nicht verdient,

Weil ich so stark mich irrte, und von China
Mit Seinem Haar zu sprechen mich erkühnt.

Zu Feuer bist du, o Hafis, geworden,
Allein den Freund ergriff es leider nicht:

Es ist als ob dem Ostwind ich erzählte
Dass keine Rose hält was sie verspricht.

۱۸

چل سال رفت و بیشتر که این لاف میزنم
کز چاکران پیر مغان کمترین منم
هرگز بیمن عاطفت پیر میفروش
ساغر تهی نشد ز می صاف روشنم
در جاه عشق و دولت رندان پاکباز
پیوسته صدر میکدها بود مسکنم
در شان من بدردکشی ظن بد مبر
کالوده گشت خرقه ولی پاک دامنم
شهباز دست پادشهم یا رب از چه روی
از یاد برده‌اند هوای نشیمنم
حیفست بلبلی چو من اندر چنین چمن
با این لسان عذب که خامش چو سوسنم
آب و هوای فارس عجب سفله‌پرورست
کو همرهی که خیمه ازین خاک برکنم
حافظ بزیر خرقه قدح تا بکی کشی
در بزم خواجه پرده ز کارت بر افکنم
تورانشه خجسته که در من یزید فضل
شد منت مواهب او طوق گردنم

18.

Vierzig Jahre und darüber
Prahle ich mit stolzem Sinn

Dass ich von des alten Wirthes
Dienern der Geringste bin.

Durch des alten Weinverkäufers
Segensvolle Huld geschah's,

Dass von glänzend reinem Weine
Niemals leer sich fand mein Glas.

Hoch in Würde durch die Liebe,
Glücklich durch der Zecher Schaar,

Sitz' ich auf dem Ehrenplatze
In den Schenken immerdar.

Gib doch, weil ich Hefe trinke,
Keiner üblen Meinung Raum!

Denn befleckt ist meine Kutte,
Aber rein bewahrt mein Saum.[1]

Herr! Da ich ein edler Falke
Auf der Hand des Kaisers bin,

Weshalb trieb man mir die Sehnsucht
Nach dem Neste aus dem Sinn?

Schade ist es, lebt ein Sprosser,
Ähnlich mir, auf dieser Flur:

Trotz der süssen Zunge muss ich,
Gleich der Lilie, schweigen nur.[2]

Persiens Luft und Wasser nähret
Wunderbar gar manchen Fant;

Wer begleitet mich? Ich schaffe
Mein Gezelt aus diesem Land.

Leerst du unter'm Mönchsgewande[3]
Länger noch das Glas, Hafis,

Lüft' ich deiner Thaten Schleier
Bei des Meisters Fest gewiss,

Türânschâh's,[4] des Hochbeglückten,
Dessen Huld auf eine Art

Sich gesteigert, dass zum Ringe
Sie an meinem Halse ward.[5]

۱۹

حاشا که من بموسم گل ترک می کنم
من لاف عقل میزنم این کار کی کنم
مطرب کجاست تا همه محصول زهد و علم
درکار چنگ و بربط و آواز نی کنم
از قال و قیل مدرسه حالی دلم گرفت
یک چند نیز خدمت معشوق و می کنم
کی بود در زمانه وفا جام می بیار
تا من حکایت جم و کاوس و کی کنم
از نامهٔ سیاه نترسم که روز حشر
با فیض لطف او صد ازین نامه طی کنم
کو پیک صبح تا گلهای شب فراق
با آن خجسته طالع و فرخنده پی کنم
خاک مرا چو در ازل از می سرشته اند
با مدعی بگو که چرا ترک می کنم
این جان عاریت که بحافظ سپرد دوست
روزی رخش ببینم و تسلیم وی کنم

19.

Bewahre Gott! Zur Zeit der Rosen
Leist' auf den Wein ich nicht Verzicht;

Ich, der ich mit Verstande prahle,
Ich thue dies ganz sicher nicht.

Wo weilt der Sänger? Was das Wissen
Mir eintrug und ein frommer Sinn,

Geb' ich der Harfe und der Zither
Und dem Gesang der Flöte hin.

Der Schule nichtiges Geschwätze
Schafft mir zur Stunde nichts als Pein:

Ich will ein Wenig dem Geliebten
Nun gleichfalls dienen und dem Wein.

Wo ist die Treue heut zu finden?
Bring' den gefüllten Becher mir!

Von Dschem, Kjawus und Kej erzähle
Ich alsbald die Geschichte dir. '

Es schreckt das schwarze Buch mich nimmer.
Weil ich, bricht der Gerichtstag an,

Durch Gottes Huld von solchen Büchern
Wohl Hunderte beseit'gen kann.

Wo weilt denn nur des Morgens Bote?
Die Klage ob der Trennung Nacht

Hätt' ich so gern ihm, dem Beglückten,
Dem Freudenbringer, vorgebracht.

Weil schon im Urbeginn der Zeiten
Mein Staub geknetet ward mit Wein, '

So sprich zu meinem Widersacher:
„Warum soll Wein verwehrt mir sein?"

Doch diese Seele, die Hafisen
Der Freund als Darlehn nur vertraut,

Geb' ich an jenem Tag ihm wieder
An dem ich sein Gesicht geschaut.

۲۰

حجاب چهرهٔ جان میشود غبار تنم
خوشا دمی که ازین چهره پرده بر فکنم
چنین قفس نه سزای چو من خوش الحانیست
روم بگلشن رضوان که مرغ آن چمنم
عیان نشد که چرا آمدم کجا بودم
دریغ و درد که غافل زکار خویشتنم
چگونه طوف کنم در فضای عالم قدس
چو در سراچهٔ ترکیب تخته بند تنم
مرا که منظر حورست مسکن و مأوی
چرا بکوی خراباتیان بود وطنم
اگر ز خون دلم بوی مشک می آید
عجب مدار که همدرد نافهٔ ختنم
طراز پیرهن زرکشم مبین چون شمع
که سوزهاست نهانی درون پیراهنم
بیا و هستی حافظ ز پیش او بردار
که با وجود تو کس نشنود ز من که منم

20.

Es hält dem Seelenangesichte
Mein Körperstaub den Schleier vor;

O Wonne, heb' ich einst den Schleier
Von diesem Angesicht empor!

Und da für mich, den holden Sänger,
Kein solcher Käfig passen kann,

Eil' ich — ein Vöglein jener Wiese —
In's Rosenfeld hin zu Riswân.[1]

Warum ich kam, wo ich gewesen,
Nicht klar erfasste es mein Sinn:

O Schmerz, dass ich in eig'nen Dingen
So ganz und gar unwissend bin!

Wie sollte pilgernd ich umkreisen
Die weite Flur der heil'gen Welt,

Da meinen Leib im Erdenhäuschen
An Brettern man befestigt hält?[2]

Ich, der den Schauplatz nur der Huris
Für meine Heimath anerkannt,

Soll nun den Gau der wüsten Zecher
Betrachten als mein Vaterland?

Wenn aus dem Blute meines Herzens
Des Moschus süsse Düfte weh'n,

So staune nicht: verwandt durch Leiden
Bin ich dem Rehe[3] von Chôtên.

Sieh auf das gold'ne Stickwerk nimmer
Das reich mir ziert des Hemdes Rand,

Denn innerhalb des Hemdes nähr' ich,
Der Kerze gleich, geheimen Brand.[4]

O komm und nimm Hafisen's Leben,
Wie sich's vor ihm entfaltet, hin,

Denn Niemand hört, bist du am Leben,
Das kühne Wort von mir: Ich bin.

۲۱

گر دست دهد خاک کف پای نگارم
بر لوح بصر خط غباری بنگارم
پروانهٔ او گر رسدم در طلب جان
چون شمع همان دم بدمی جان بسپارم
گر قلب دلمرا ننهد دوست عیاری
من نقد روان در رهش از دیده شمارم
دامن مفشان از من خاکی که پس از مرگ
زین در نتواند که برد باد غبارم
بر بوی کنار تو شدم غرق امیدست
از موج سرشکم که رساند بکنارم
زلفین سیاه تو بدلداری عشاق
دادند قراری و ببردند قرارم
امروز مکش سر ز وفای من و اندیش
زآن شب که من از غم بدعا دست بر آرم
ای باد از آن باده نسیمی بمن آور
کآن بوی شفا میدهد از رنج خمارم

21.

Wird der Fussstaub meines Liebling's
Seine Hand mir nicht entzieh'n,

Male ich die Schrift des Staubes
Auf das Brett des Blickes hin.[1]

Käme, fordernd meine Seele,
Ein Befehl[2] von ihm mir zu,

Übergäbe, gleich der Kerze,
Ihm die Seele ich im Nu.

Scheint dem Freund mein Herz ein falsches,
Das nicht Probe hält beim Kauf,

Zähle ich aus meinem Auge
Silber das cursirt ihm auf.

Schüttle nicht den Saum des Kleides,
Nah' ich, Sohn des Staubes, dir:

Denn kein Wind kann, nach dem Tode,
Meinen Staub verweh'n von hier.

Untersinkend, hofft' ich immer
Mich umschlinge deine Hand:

Doch die Welle meiner Thräne
Bringt vermuthlich mich an's Land.

Deine schwarze Doppellocke
Die Verliebter Leidenschaft

Kraft und Festigkeit gegeben,
Nahm mir Festigkeit und Kraft.

Sei mir treu am heut'gen Tage,
Und gedenke jener Nacht

Die voll Gram's ich im Gebete
Werde haben zugebracht.

Bringe mir von jenem Weine
Nur ein Düftchen, holde Luft!

Von des Rausches Folgen heilet
Mich dann sicher jener Duft.

با وصف سر زلف تو تا شد سخن من
پیوسته از آن همنفس مشک تتارم
حافظ لب لعلش چو مرا جان عزیزست
عمری بود آن لحظه که جان را بلب آرم

Mit dem Lobe deiner Locke
Stets beschäftigt ist mein Wort,

Und tatar'sche Moschusdüfte
Hauchst es d'rum auch immerfort.

Weil Sein Mund, Hafis, mir theuer
Wie die eig'ne Seele ist,

Gibt mir der Moment das Leben
Wo mein Mund die Seele küsst. [1]

۲۲

حالیا مصلحت وقت در آن میبینم
که کشم رخت بمیخانه و خوش بنشینم
جز صراحی و کتابم نبود یار و ندیم
تا حریفان دغا را ز جهان کم بینم
جام می گیرم و از اهل ریا دور شوم
یعنی از خلق جهان پاک دلی بگزینم
بس که در خرقهٔ آلوده زدم لاف صلاح
شرمسار رخ ساقی و می رنگینم
سر بآزادگی از خلق برآرم چون سرو
گر دهد دست که دامن ز جهان در چینم
بر دلم گرد ستمهاست خدایا مپسند
که مکدر شود آیینهٔ مهر آیینم
سینهٔ تنگ من و بار غم او هیهات
مرد این بار گران نیست دل مسکینم
من اگر رند خراباتم و گر حافظ شهر
این متاعم که تو می بینی و کمتر زینم
بندهٔ آصف عهدم دلم آزرده مدار
که اگر دم زنم از چرخ بخواهد کینم

22.

Als der Zeit ganz angemessen
Seh' ich's gegenwärtig an

Nach der Schenke auszuwandern,
Und da froh zu weilen dann.

Nur ein Buch und eine Flasche
Sei dort freundlich mir gesellt,

Dass ich listige Genossen
Nie erblicke auf der Welt.

Nach dem Weinpocale greifend,
Such' ich Heuchlern fern zu sein,

Wähle nämlich mir hienieden
Nur ein reines Herz[1] allein.

In befleckter Kutte prahlte
Gar zu sehr mit Tugend ich,

Schäme d'rum vor Schenkenwangen
Und vor färb'gem Weine mich.

Alle werd' ich überragen,
Frei wie der Zipressenbaum,

Glückt es mir von Weltgelüsten
Abzuziehen meinen Saum.

Unbild deckt mein Herz mit Staube;[1]
Doch, o Gott, gestatte nicht

Dass sich je mein Spiegel[2] trübe,
Der da glänzt wie Sonnenlicht.

Viel zu eng' ist ja mein Busen
Um zu tragen Seinen Schmerz;

Nicht gewachsen solcher Bürde
Ist mein gramerfülltes Herz.

Sei ich Zecher in der Schenke,
Sei ich in der Stadt Hafis,[3]

Bin die Waar' ich die du schauest:
Und noch schlechter überdies.

Beim Âssâf steh' ich in Diensten:
Mich zu kränken hüte dich!

Denn, wenn ich ein Wort nur spreche,
Rächt er selbst am Himmel mich.

۲۳

خیز تا خرقهٔ صوفی بخرابات بریم
دلق طامات ببازار خرافات بریم
گوش بستیم و ز افسانهٔ واعظ رستیم
چند چون بیخبران ننگ خرافات بریم
تا همه خلوتیان جام صبوحی گیرند
چنگ صبحی بدر پیر خرابات بریم
سوی رندان قلندر بره آورد سفر
دلق پشمینه و سجادهٔ طامات بریم
ور نهد در ره ما خار ملامت زاهد
از گلستانش بزندان مکافات بریم
شرممان باد ز پشمینهٔ آلودهٔ خویش
گر باین فضل و هنر نام کرامات بریم
قدر وقت ار نشناسد دل و کاری نکند
بس خجالت که ازین حاصل اوقات بریم
فتنه میبارد ازین سقف مقرنس برخیز
تا بمیخانه پناه از همه آفات بریم

23.

Auf! Lasst uns der Ssofis Kutte
Tragen in der Schenke Haus,

Tragen frommer Bräuche Mantel
Auf den Trödelmarkt hinaus!

Wir verstopften uns die Ohren
Vor des Pred'gers Fabelwort!

Tragen wir die Schmach der Possen,
Thoren gleich, noch länger fort?

Dass die Siedler alle greifen
Nach dem Glas voll Morgenwein,

Tragen wir die Morgenharfe
Zu des Wirthes Thor hinein.

Als Geschenk der Reise tragen
Für den trunk'nen Călĕndĕr

Wir den Teppich frommer Bräuche
Und den woll'nen Mantel her.

Pflanzt' auf uns'ren Weg ein Frömmler
Deshalb Tadeldorne hin,

Tragen wir aus Rosengärten
In der Strafe Kerker ihn.

Unser Wollkleid, das befleckte,
Bringe uns nur Spott und Hohn,

Tragen wir, bei solcher Tugend,
Noch der Wunder Ruhm davon.'

Wenn das Herz, die Zeit nicht schätzend,
Sich enthält der Thätigkeit,

Tragen wir nur Scham von hinnen,
Als die einz'ge Frucht der Zeit.

Immer regnet es nur Tücken
Von dem hohen Himmelsdach:

Auf! Dem Weinhaus übertragen
Wir den Schutz vor Ungemach.

در بیابان هوا گم شدن آخر تا چند
ره بپرسیم مگر پی به مهمات بریم

با تو آن عهد که در وادی ایمن بستیم
همچو موسی ارنی گوی به میقات بریم

کوس ناموس تو از کنگره عرش زنیم
علم عشق تو بر بام سموات بریم

خاک کوی تو به صحرای قیامت فردا
همه بر فرق سر از بهر مباهات بریم

حافظ آب رخ خود بر در هر سفله مریز
حاجت آن به که بر قاضی حاجات بریم

Werden wir im Feld der Lüste
Lang noch irren, und bis wann?

Lasst uns um die Strasse fragen,
Die zum Ziel uns führen kann.

Jenen Bund den wir geschlossen
In dem sicher'n Thal mit dir,

— Sprichst du: „Zeige dich:" wie Moses —
Tragen zur Erfüllung wir;"

Schlagen deines Ruhmes Pauke
Auf des Himmelsthrones Knauf,

Tragen deiner Liebe Fahne
Auf das Himmelsdach hinauf,

Und die Erde deines Gaues,
Uns zum Ruhme allzumal,

Tragen morgen auf dem Scheitel
Wir in's Auferstehungsthal.

Giess' Hafis, dein Wangenwasser
Nicht vor jedes Nied'ren Thor:"

Tragen wir dem Herrn der Nöthen
Lieber uns're Nöthen vor!

٢٤

خیز تا از در میخانه گشادی طلبیم
در ره دوست نشینیم و مرادی طلبیم
زاد راه حرم وصل نداریم مگر
بگدائی ز در میکده زادی طلبیم
اشک آلوده ما گرچه روانست ولی
برسالت سوی او پاک نهادی طلبیم
لذت داغ غمت بر دل ما باد حرام
اگر از جور غم عشق تو دادی طلبیم
نقطه خال تو بر لوح بصر نتوان زد
مگر از مردمک دیده مدادی طلبیم
عشوه از لب شیرین تو دل خواست بجان
بشکر خنده لبت گفت مزادی طلبیم
تا بود نسخه عطری دل سودا زده را
از خط غالیه سای تو سوادی طلبیم
چون غمت را نتوان یافت مگر در دل شاد
ما بامید غمت خاطر شادی طلبیم
بر در مدرسه تا چند نشینی حافظ
خیز تا از در میخانه گشادی طلبیم

24.

Auf! Und lasst uns von der Schenke Pforte
Die Eröffnung uns'rer Lust verlangen;

Lasst uns sitzen auf des Freundes Strasse,
Und verlangen das wornach wir hangen!

Auf dem Weg zum Heiligthum der Liebe
Mangelt uns das Zehrgeld für die Reise!

Lasst ein Zehrgeld von der Thür der Schenke
Uns verlangen nach der Bettler Weise!

Zwar in stetem Laufe ist begriffen
Uns're ganz mit Blut befleckte Zähre:

Doch verlangen wir dass sich ein Bote,
Den an Ihn wir senden, rein bewähre.

Nach dem Wohlschmack deines Kummermahles
Mögen fruchtlos uns're Herzen bangen,

Wenn vom herben Kummer deiner Liebe
Jemals wir Gerechtigkeit verlangen! [1]

Deines Maales Pünktchen lässt sich nimmer
Auf des Blickes Zeichnerbrettchen malen,

Wenn dazu wir Tinte nicht verlangen
Von den Männchen die im Auge strahlen. [2]

Fleht mein Herz dass um den Preis der Seele
Ihm dein Mund ein Küsschen nicht verweig're,

Spricht dein Mund, so süss wie Zucker lächelnd:
„Wir verlangen dass den Preis man steig're."

Dass ein duft'ges Exemplar besitze
Dieses Herz, von schwarzem Gram befangen,

Wollten wir die holde schwarze Farbe
Von dem Moschus deines Flaum's verlangen.

Weil der Gram, den wir um dich erdulden,
Nur im frohen Herzen ist zu finden, [3]

So verlangen Frohsinn wir, in Hoffnung
Gram um dich und Kummer zu empfinden.

Bis wie lang bist du, Hafis, gesonnen
Noch zu sitzen an der Schule Thüren?

Auf! Verlangen wir dass nun der Schenken
Off'ne Thüren uns zur Freude führen!

٢٥

خیال روی تو چون بگذرد بگلشن چشم
دل از پی نظر آید بسوی روزن چشم
بیا که لعل و کهر در نثار مقدم تو
ز کنج خانهٔ دل می کشم بمخزن چشم
سزای تکیه‌کهت منظری نمی بینم
منم ز عالم و این کوشهٔ معین چشم
نخست روز که دیدم رخ تو دل میکفت
اکر رسد خللی خون بکردن چشم
سحر سرشک روانم سر خرابی داشت
کرم نه خون جکر میکرفت دامن چشم
ببوی مژدهٔ وصل تو تا سحر شب دوش
براه باد نهادم چراغ روشن چشم
بر انتظار کسی رحم کن شب به شب
برخ روانه کند خون دل ز روزن چشم
بمردمی که دل دردمند حافظرا
مزن بناوک دلدوز مردم افکن چشم

25.

Geht dein Traumgebild vorüber
An der Augen Rosenau'n,

Tritt das Herz an's Augenfenster
In der Absicht es zu schau'n.

Komm, denn Perlen und Rubine[1]
Streu' ich dir zu Füssen hin,

Schaffe aus des Herzens Schatze
Sie in's Augenmagazin.

Keinen Wohnort, deiner würdig,
Schau' ich rings in der Natur:

Ich nur bin's und dieses Auges
Heller Winkel ist es nur.

Als ich dich zuerst erblickte,
Sprach das Herz: „Wenn allenfalls

„Unglück d'raus entsteht, so büsse
„Für mein Blut des Auges Hals!“[2]

Mich zerstören wollte Morgens
Meiner Thränen wilder Lauf:

Doch es hielt am Saum des Auges
Meines Herzens Blut ihn auf.

Weil ich deine Ankunft hoffte
Legt' ich, bis der Tag erschien,

Gestern Nachts des Auges Fackel
Auf die Bahn des Windes hin.[3]

Habe Mitleid mit dem Harren
Jenes, der die ganze Nacht

Herzensblut durch's Augenfenster
Auf die Wange strömen macht!

Wenn du menschlich bist, so schiesse
Auf Hafis den Pfeil nicht ab;

Jenes Aug's das, herzdurchbohrend,
Manchem Mann den Tod schon gab!

۲٦

خرم آن روز کزین منزل ویران بروم
راحت جان طلبم وز پی جانان بروم
گرچه دانم که بجایی نبرد راه غریب
من ببوی خوش آن زلف پریشان بروم
چون صبا با دل بیمار و تن بیطاقت
بهواداری آن سرو خرامان بروم
دلم از وحشت زندان سکندر بگرفت
رخت بر بندم و تا ملک سلیمان بروم
تازیانرا چو غم حال گرانباران نیست
پارسایان مددی تا خوش و آسان بروم
در ره او چو قلم گر بسرم باید رفت
با دل زخمکش و دیدهٔ گریان بروم
نذر کردم گر ازین غم بدر آیم روزی
تا در میکده شادان و غزلخوان بروم
بهواداری او ذره صفت رقص کنان
تا لب چشمهٔ خورشید درخشان بروم
ور چو حافظ نبرم ره ز بیابان بیرون
همره کوکبهٔ آصف دوران بروم

26.

O froher Tag an dem ich scheide
Von diesem wüsten Wohngebäu',

Und, Seelenruhe nur verlangend,
Dem Seelenfreunde folge treu!

Wohl weiss ich es, den Fremdling führet
Sein Weg nach keinem Ruhort zwar;

Doch jenes wirren Haares Düfte
Folg' ich voll Hoffnung immerdar.

Dem Oste gleich, mit krankem Herzen,
Mit einem Leibe matt und schwach,

Folg' ich der wandelnden Zipresse
In lustiger Begierde nach.

Der düst're Kerker Alexander's
Erfüllt mein Herz mit Grauen schon;

D'rum reise ich, mein Bündel schnürend,
Bis in das Reich des Salomon.[1]

Es kümmern nicht sich flinke Reiter
Um den der schwer beladen schleicht;

Kommt mir zu Hilfe, fromme Leute,
Auf dass ich wandle froh und leicht!

Wenn auf dem Haupte, gleich dem *Rohre*,
Ich wandeln muss auf Seiner Bahn,

So schreite ich mit *wundem Herzen*
Und *thränenvollem Aug'* heran.[2]

Werd' ich einst frei von diesem Grame,
Thu' ich wie ich gelobt zuvor,

Und gehe, frohe Lieder singend,
Gerade bis zum Schenkenthor,

Und tanze, so wie Sonnenstäubchen,
In lust'ger Leidenschaft für Ihn,

Und wandle bis zum Quellenrande
Der strahlenreichen Sonne hin.

Führt mich die Strasse, gleich *Hafisen*,
Heraus nicht aus dem wüsten Ort,

So ziehe mit dem Heereslager
Des herrschenden Assaf's ich fort.

۲۷

در خرابات مغان نور خدا میبینم
این عجب بین که چه نورست و کجا میبینم
کیست دردی‌کش این میکده یا رب که درش
قبلهٔ حاجت و محراب دعا میبینم
منصب عاشقی و رندی و شاهدبازی
همه از تربیت لطف شما میبینم
جلوه بر من مفروش ای ملک الحاج که تو
خانه میبینی و من خانه خدا میبینم
کس ندیدست ز مشک ختن و نافهٔ چین
آنچه من هر سحر از باد صبا میبینم
نیست در دایره نقطهٔ وحدت کم و بیش
که من این مسئله بی چون و چرا میبینم
خواهم از زلف بتان نافه‌گشائی کردن
فکر دورست همانا که خطا میبینم
سوز دل اشک روان نالهٔ شب آه سحر
این همه از نظر لطف شما میبینم

27.

In dem Schenkenraum der Maghen
Stellt sich Gottes Licht mir dar;

Sieh' dies Wunder, welch' ein Licht ist's,
Und wo werd' ich es gewahr?

Herr! Wer sind die Hefentrinker
Dieser Schenke, deren Thür

Eine Kibla [1] aller Nöthen,
Ein Altar geschienen mir?

Liebe, Rausch und Spiel mit Schönen
Gleichen einem hohen Amt,

Und dem Wirken deiner Gnade
Dank' ich selbe insgesammt.

Krame nicht, o Pilgerkönig, [2]
Deinen Hochmuth vor mir aus,

Denn du schau'st das Haus, [3] ich aber
Schaue froh den Herrn im Haus.

Niemand hat von China's Düften
Und vom Moschus aus Chotēn

Das geseh'n was jeden Morgen
Ich vom Morgenwind gesch'n. [4]

Um den Mittelpunkt der Einheit
Läuft, gleich fern, der Kreis herum.

Und ich schau' es ohne Frage
Um das Wie und das Warum.

Moschusdüfte will ich lösen
Von des Götzen Lockenhaar:

Doch zu fern liegt der Gedanke! [5]
Irrthum nur werd' ich gewahr. [6]

Herzensgluthen, Thränenströme,
Seufzer Morgens und bei Nacht

Seh' ich sämmtlich durch die Blicke
Deiner Huld hervorgebracht.

هر دم از روی تو نقشی زندم راه خیال
با که گویم که درین پرده چها می‌بینم
دوستان عیب نظربازیِ حافظ مکنید
که من اورا ز محبان شما می‌بینم

Der Gedanken Wege sperret
Stets dein Bild, dein holdes, mir:

Wem entdeck' ich was ich schaue
Hinter diesem Vorhang hier?

Freunde, scheltet nicht Hafisen
Weil er Augenspiele trieb:

Denn ich seh's, er ist von Jenen
Denen werth ihr seid und lieb!

۲۸

دوستان وقت کل آن به که بعشرت کوشیم
سخن پیر مغانست بجان بنیوشیم
نیست در کس کرم و وقت طرب میکذرد
چاره آنست که سجاده بمی بفروشیم
خوش هوائیست فرحبخش خدایا بفرست
نازنینی که برویش می کلکون نوشیم
ارغنون ساز فلک رهزن اهل هنرست
چون ازین غصه ننالیم و چرا نخروشیم
کل بجوش آمد و از می زدیمش آبی
لاجرم ز آتش حرمان و هوس میجوشیم
میکشیم از قدح لاله شراب موهوم
چشم بد دور که بی مطرب و می مدهوشیم
حافظا این حال عجب با که توان کفت که ما
بلبلانیم که در موسم کل خاموشیم

28.

Freunde, lasst die Zeit der Rosen
Uns der Lust und Freude weihen,

Lasst dem Wort des alten Wirthes
Uns das Ohr der Seele leihen!

Grossmuth wohnt nicht bei den Menschen,
Und da Freuden schnell vergehen,

Frommt's den Teppich[1] zu verkaufen,
Und dafür Wein zu erstehen.

Wonnig wehen holde Lüfte;
Sende, Gott, uns einen Zarten,

Dass wir Rosenwein geniessen,
Schauend seiner Wange Garten!

In den Weg verdienten Leuten
Tritt des Himmels *Orgelbauer*:[2]

D'rum, wie sollten wir nicht *klagen*,
Brausen[3] nicht bei solcher Trauer?

Als die Rose sott, begossen
Wir sie nicht mit Weinesfluthen;

Darum sieden wir in Sehnsucht,
Und in der Entbehrung Gluthen.

Lasst vermeinten Wein uns trinken
Aus der Tulpe Glas! — Von hinnen,

Böse Blicke! denn wir kamen
Ohne Lied und Wein von Sinnen.

Wem, *Hafis*, kann man das Wunder
Jemals mitzutheilen wagen,

Dass wir Sprosser sei'n und schweigen
In der Rose Wonnetagen?

دی شب بسیل اشک ره خواب میزدم
نقشی بیاد خط تو بر آب میزدم
ابروی یار در نظر و خرقه سوخته
جامی بیاد گوشهٔ محراب میزدم
روی نگار در نظرم جلوه مینمود
وز دور بوسه بر رخ مهتاب میزدم
چشمم بروی ساقی و گوشم بقول چنگ
فالی بچشم و گوش درین باب میزدم
نقش خیال روی تو تا وقت صبحدم
بر کارگاه دیدهٔ بیخواب میزدم
ساقی بقول این غزلم کاسه میگرفت
میگفتم این سرود و می ناب میزدم
هر مرغ فکر کز سر شاخ طرب پرید
بازش ز طرهٔ تو بمضراب میزدم
خوش بود وقت حافظ و فال مراد و کام
بر نام عمر و دولت احباب میزدم

29.

Gestern Nachts lenkt' ich den Strom der Thränen
In des Schlummers Weg und hemmte ihn,

Und, des Flaum's gedenkend deiner Lippe,
Malt' auf Wasser ein Gemäld' ich hin;[1]

Und, des Freundes Braue vor dem Blicke,
Und mit angebranntem Mönchsgewand,[2]

Trank ich auf das Wohl der Altarnische[3]
Einen Becher aus, der vor mir stand;

Und das Antlitz des Geliebten zeigte
Meinem Blicke sich im Strahlenlicht.

Und ich sandte Küsse aus der Ferne
Nach des Mondes hellem Angesicht;

Auf des Schenken Antlitz lag mein Auge,
An dem Klang der Harfe hing mein Ohr,

Und dem Auge sagt' ich und dem Ohre
Künftig noch ein gröss'res Glück bevor.

Deines Angesichtes Traumgemälde
Malt' ich Nachts bis hin zur Morgenzeit

Auf die Künstlerwerkstatt meines Auges,
Das sich leider nie des Schlaf's erfreut.

Bei den Worten dieses schönen Liedes
Griff der holde Schenke nach dem Glas;

Er begann dies Lied mir nachzusingen,
Und ich trank vom reinsten Liebesmass;

Und ein jedes Vöglein der Gedanken,
Das vom L u s t z w e i g aufgeflattert war,

Fing ich wieder, da ich sanft es lockte
Mit dem Saitenschwinger, deinem Haar.

Fröhlich ging H a f i s e n's Zeit vorüber,
Und ein wunscherfüllendes Geschick

Hab' ich d'rum den Freunden auch verkündet
In Bezug auf Leben und auf Glück.

۳۰

دوش سودای رخش گفتم ز سر بیرون کنم
گفت کو زنجیر تا تدبیر این مجنون کنم
قامتشرا سرو گفتم سرکشید از من بخشم
دوستان از راست میرنجد نگارم چون کنم
نکتهٔ ناسنجیده گفتم دلبرا معذور دار
عشوهٔ فرمای تا من طبع را موزون کنم
زردروئی میکشم ز آن طبع نازک بیگناه
ساقیا جامی بده تا چهره‌را گلگون کنم
ای نسیم منزل لیلی خدارا تا بکی
ربع را برهم زنم اطلال‌را جیحون کنم
من که ره بردم بگنج حسن بی پایان دوست
صد گدای همچو خودرا بعد ازین قارون کنم
ای مه صاحبقران از بنده حافظ یاد کن
تا دعای دولت آن حسن روزافزون کنم

30.

Gestern Abends sagte ich: „Der Sehnsucht
„Ihn zu schauen will ich mich erwehren."

„Wo sind Ketten? — sprach Er — den Verrückten
„Will ich einen Anderen belehren."

Seine Hochgestalt nannt' ich Z i p r e s s e;
Da im Zorne wandt' er sich von hinnen!

Wird mein Bild ' durch W a h r h e i t ' schon beleidigt,
Freunde, sagt, was soll ich dann beginnen?

Sprach ich Worte, die ich schlecht gewogen,
O mein Herzensräuber, so verzeihe!

Sei auch freundlich, dass ich dem Gemüthe
Das verlorne Gleichgewicht verleihe!

Jenem Zarten hab' ich es zu danken
Dass ich schuldlos an der Gelbsucht leide;

Schenke, gib ein Glas mir, dass ich wieder
Mein Gesicht in's Roth der Rose kleide!

Sage, Lüftchen, du von Leila's Stätte,
Ob's um Gotteswillen lang noch währe

Dass ich Fluren in des Oxus Fluthen,
Und in Trümmer Wohnungen verkehre?'

Ich, der zu des Freundes Schönheitsschatze
Bin gelangt, dem unermesslich reichen.

Will in Zukunft zu Crösen machen
Hunderte von Bettlern die mir gleichen.

Mond, beglückter Herrscher, lass H a f i s e n,
Deinen Knecht, dir im Gedächtniss leben,

Dass für's Glück ich jener Reise bete
Die sich täglich strahlender erheben!

٢١

دیده دریا کنم و صبر بصحرا فکنم
و اندرین کار دل خویش بدریا فکنم
از دل تنگ گنهکار بر آرم آهی
کآتش اندر گنه آدم و حوا فکنم
خورده ام تیر فلک باده بده تا سرمست
عقده در بند کمر ترکش جوزا فکنم
جرعهٔ جام برین تخت روان افشانم
غلغل چنگ درین گنبد مینا فکنم
مایهٔ خوشدلی آنجاست که دلدار آنجاست
میکنم جهد که خودرا مگر آنجا فکنم
بگشا بند قبا ای مه خورشیدکلاه
تا چو زلفت سر سودازده در پا فکنم
حافظا تکیه بر ایام چو سهوست و خطا
پس چرا عشرت امروز بفردا فکنم

31.

Zum Meer mach' ich das Aug' und werfe
Auf's Feld hinaus den Duldermuth,

Und werfe unter solchem Treiben
Das Herz tief in die Meeresfluth.

Aus sündigem, beklemmten Herzen
Seufz' ich nur Einmal auf; allein

In Adam's und in Eva's Sünde
Werf' ich dadurch den Brand hinein.[1]

Des Himmels Pfeil hab' ich empfunden;
Gib Wein mir, dass, vom Rausch entbrannt,

Ich einen Knoten möge schürzen
Hoch auf Orîôn's Köcherband![2]

Den Bodensatz des Glases spritz' ich
Hinauf auf diesen Wanderthron

Und fülle diese blaue Kuppel
Mit einer Harfe Jubelton.

Man trifft des Herzensglückes Summe
Nur wo der Herzensräuber weilt;

Auch will ich keine Mühe sparen
Bis dass ich jenen Ort ereilt.

Mond mit der Sonnenhaube, löse
Doch deines Kleides Schleifenzier!

Ich werfe dann, gleich deinem Haare,
Das düst're Haupt zu Füssen dir.

Hafis, ein Irrthum und ein Fehler
Ist's, sich zu stützen auf die Zeit;

Warum verschieb' ich denn auf morgen
Die Wonne die das Heut' mir leiht?

۳۲

دوش بیماری چشم تو ببرد از دستم
لیکن از لطف لبت صورت جان می بستم
عشق من با خط مشکین تو امروزی نیست
دیرگاست کزین جام هلالی مستم
از ثبات خودم این نکته خوش آمد که بجور
بر سر کوی تو از پای طلب ننشستم
عافیت چشم مدار از من میخانه نشین
که دم از خدمت رندان زده ام تا هستم
در ره عشق از آن سوی فنا صد خطرست
تا نگوئی که چو عمرم بسر آمد رستم
بعد ازینم چه غم از ناوک آزار حسود
که بمحبوب کمان ابروی خود پیوستم
بوسه بر درج عقیق تو حلالست مرا
که بافسوس و جفا مهر و وفا نشکستم
صنمی لشکریم غارت دل کرد و برفت
آه اگر عاطفت شاه نگیرد دستم
رتبت دانش حافظ بفلک بر شده بود
کرد غمخواری شمشاد بلندت پستم

32.

Deines Auges Krankheit[1] raubte
Mir die Sinne gestern Nacht;

Doch die Anmuth deiner Lippe
Hat sie mir zurückgebracht.

Deinen Flaum, den moschusgleichen,
Liebe ich nicht erst seit heut:

Dieses Neumondglas[2] berauschet
Mich bereits seit langer Zeit.

Meinen festen Sinn beloh' ich,
Weil, bist du auch hart und rauh,

Doch mein Fuss nie müd' geworden
Aufzusuchen deinen Gau.

Hoffe nicht dass ich gesunde[3]
Ich, der stets in Schenken weilt:

Zechern — sagt' ich — will ich dienen,
Bis der Tod mich einst ereilt.

Hundert Fährlichkeiten drohen
Jenseits auf der Liebe Bahn:

Sage nicht: „Mein Leben endet,
„Und geborgen bin ich dann."

Künftig kümmert mich kein Schütze
Der mit Marter p f e i l e n naht:

Bin ich doch bei dem Geliebten
Der da B o g e n brauen hat.

Küsse auf dein Onixkästchen
Sind wohl nimmer mir verwehrt,

Denn die Lieb' und Treue liess ich,
Warst du hart auch, unversehrt.

Ein gar kriegerischer Gitme
Plünderte mein Herz, und schwand;

Wehe, fasst des König's Gnade
Mich nicht hilfreich bei der Hand!

Bis zum Himmel hebt H a f i s e n 's
Stufe der Gelehrtheit sich:

Doch der Gram den du mir schaffest,
Hoher Wuchs! erniedrigt mich.

۲۳

دردم از یارست و درمان نیز هم
دل فدای او شد و جان نیز هم
این که میگویند آن بهتر ز حسن
یار ما این دارد و آن نیز هم
هر دو عالم یک فروغ روی اوست
گفتمت پیدا و پنهان نیز هم
دوستان در پرده میگویم سخن
گفته خواهد شد بدستان نیز هم
خون ما آن نرگس مستانه ریخت
و آن سر زلف پریشان نیز هم
اعتمادی نیست بر کار جهان
بلکه بر گردون گردان نیز هم
یاد باد آنکه بقصد خون ما
عهد را بشکست و پیمان نیز هم
چون سر آمد دولت شبهای وصل
بگذرد ایام هجران نیز هم

33.

All' mein Leiden kömmt vom Freunde,
Und so auch die Arzenei;

Und mein Herz ward ihm zum Opfer,
Wie es auch die Seele sei.

Das was schöner ist als Schönheit
— Anmuth nennt man's insgemein —

Das besitzt mein Vielgeliebter,
Und auch Jene nennt er sein;

Nur ein Abglanz seiner Wangen
Scheinen beide Welten mir:

Offen hab' ich's dir verkündet,
Sagte es auch heimlich dir.

Hinter'm Vorhang, theure Freunde,
Sagt ein Wörtchen Euch mein Mund:

Aber das was man gesprochen
Wird durch Weitersagen kund.

Jene trunkene Narcisse
Sie vergoss, ach, all' mein Blut,

Während jene wirre Locke
Grausam auch ein Gleiches thut.

Kein Vertrauen lässt sich fassen
Zu den Dingen dieser Welt;

Ja, auch mit dem Lauf des Himmels
Ist es Anders nicht bestellt.

Denk' an Jenen der da grausam
Meinem Blute stellend nach,

Kühn den Bund den er geschlossen
Und auch die Verträge brach.

Wie jetzt an ihr Ziel gekommen
Des Vereines frohe Nacht,

Schwinden auch die bösen Tage
Die die Trennung hat gebracht.

نقش ناش خون چشم بارها
آشکارا ریخت و پنهان نیز هم
عاشق از قاضی نترسد می بیار
بلکه از یرغوی سلطان نیز هم
محتسب داند که حافظ عاشقست
و آصف ملک سلیمان نیز هم

Seines Maales Bild,[1] verspritzte
Schon gar oft mein Augenblut,

That es klar und unverhohlen,
Wie es auch es heimlich thut.

Keine Furcht kennt der Verliebte
Vor dem Richter. Bringe Wein!

Auch Verbote eines Herrschers
Schüchtern nimmermehr ihn ein.

Dass Hafis der Liebe fröhne
Ist dem Vogte wohlbekannt,

Ist es selbst auch dem Assafe
In der Salomonen Land.[2]

۳۴

در نهانخانهٔ عشرت صنمی خوش دارم
کز سر زلف و رخش نعل در آتش دارم
عاشق و رندم و میخواره بآواز بلند
وین همه منصب از آن حور پریوش دارم
گر تو زین دست مرا بی‌سر و سامان داری
من بآه سحرت زلف مشوش دارم
در بکاشانهٔ رندان قدمی خواهی زد
نقل شعر شکرین و می بیغش دارم
در چنین چهره گشاید خط زنگاری دوست
من رخ خویش بخونابه منقش دارم
ناوک غمزه بیار و زره زلف که من
جنگها با دل مجروح بلاکش دارم
حافظا چون غم و شادی جهان در گذرست
بهتر آنست که من خاطر خود خوش دارم

34.

Im heimlichen Hause der Wonne
Da wohnet ein Götze, mir theuer,

Für dessen *Gesicht* ich und *Locke*
Ein *Hufeisen* halte in's *Feuer*.[1]

Ich bin ein Verliebter, ein Zecher
Und trinke, wenn Lieder ertönen,

Und diese erhabenen Würden
Verdank' ich der Huri, der schönen;

Und glaubst du in diesem *Gesange*
Mir fehl' es an *Kopf* und Verstande,

So bin ich des Morgens durch Seufzer
Das Haar dir zu kräuseln im Stande;[2]

Und wenn in das Lusthaus der Zecher
Die Füsse du wünschest zu setzen,

So will ich mit zuck'rigen Liedern
Und lauterem Weine dich letzen;

Und seh' ich den Flaum des Geliebten
In grünlichem Farbenschein prangen,

So will ich mit blutigem Wasser
Mir färben die eigenen Wangen.

Doch bringe mir Pfeile der Wimpern
Und Panzer aus Lockengeflechten,

Denn mit dem verwundeten Herzen,
Dem leidenden, hab' ich zu fechten!

Hafis, weil der Gram und die Freude
Vergänglicher Art sind hienieden,

So ist es das Beste, ich wahre
Mir in dem Gemüthe den Frieden.

۳۵

دیدار شد میسر و بوس و کنار هم
از بخت شکر دارم و از روزگار هم
زاهد برو که طالع اگر طالع منست
جامم بدست باشد و زلف نگار هم
ما عیب کس برندی و مستی نمیکنیم
لعل بتان خوشست و می خوشگوار هم
ای دل بشارتی دهمت محتسب نماند
وز می جهان پرست و بت میگسار هم
آن شد که چشم بد نگران بود از کمین
خصم از میان برفت و سرشک از کنار هم
خاطر بدست تفرقه دادن نه زیرکیست
مجموعهٔ بخواه و صراحی بیار هم
بر خاکیان عشق فشان جرعهٔ لبش
تا خاک لعل‌گون شود و مشکبار هم
چون کائنات جمله ببوی تو زنده اند
ای آفتاب سایه ز ما بر مدار هم

35.

Beschauung ward gestattet,
Umarmung auch und Kuss;

D'rob dank' ich meinem Glücke
Und auch dem Schicksalsschluss.

Geh', Frömmler; wenn der Glücksstern
Mein wahrer Glücksstern war,

Fasst meine Hand den Becher
Und auch des Holden Haar.

Ich tadle nicht das Zechen
Noch das Betrunkensein;

Schön ist des Götzen Lippe,
Doch auch der süsse Wein.

Herz! Frohe Kunde bring' ich:
Es lebt der Vogt nicht mehr;

Wein füllt die Welt, auch füllt sie
Ein trunk'nes Götzenheer;

Nun schaut kein böses Auge
Mich aus verstecktem Ort,

Fort ist der Widersacher,
Und auch die Thrän' ist fort.

Sich das Gemüth zu trüben
Ist nicht der Klugheit Brauch:

Begehr' ein Liederbüchlein,
Bring' eine Flasche auch!

Begiess' der Liebe Opfer
Mit Seiner Lippe Wein:

Der Staub wird dann rubinfarb
Auch moschusduftend sein.

Es lebet was da lebet
Durch Hoffnung nur auf dich:

D'rum wirf nun deinen Schatten,
O Sonne, auch auf mich!

چون آب روی لاله و گل فیض حسن تست
ای ابر لطف بر من خاکی ببار هم
اهل نظر اسیر تو شد از خدا بترس
وز انتصاف آصف جم اقتدار هم
برهان ملک و دین که ز دست وزارتش
ایام کان یمین شد و دریا یسار هم
بر یاد رای انور او آسمان بصبح
جان میکند فدا و کواکب نثار هم
گوی زمین ربوده چوگان عدل تست
وین برکشیده گنبد نیلی حصار هم
عزم سبکعنان تو در جنبش آورد
این پایدار مرکز عالی مدار هم
تا از نتیجهٔ فلک و طور دور اوست
تبدیل سال و ماه و خزان و بهار هم
خالی مباد کاخ جلالت ز سروران
وز ساقیان سرو قد گلعذار هم
حافظ که در ثنای تو چندین گهر فشاند
پیش کفت بود خجل و شرمسار هم

Da deiner Schönheit Segen
Den Blumen Schimmer gab.

So regn' auch, Gnadenwolke,
Auf mich, den Staub, herab!

Du fängst zwar selbst den Klügsten:
Doch fürchte Gott! Nebstdem

Auch den Assaf, der rechtlich,
Und mächtig ist wie Dschem.

Ein Hort des Reich's und Glaubens,
Macht seine Herrscherhand

Das Meer zum Reichthumsschachte,
Zum Glückesschacht das Land.

Der Himmel, zur Erinn'rung
An seinen lichten Sinn,

Weiht Morgens ihm die Seele,
Streut Sterne auch auf Ihn.[1]

Mit Hochsinn, deinem Schlägel,
Fängst du der Erde Ball,

Ja auch den weitgedehnten,
Den blauen Himmelswall.[2]

Nach deinem raschen Willen
Bewegt sich auch behend

Auf seinem Mittelpunkte
Das hohe Firmament.

So lang der Zweck des Himmels
Und seines Kreisens Brauch

Die Jahr' und Monde wechselt,
Und Herbst und Frühling auch,

Fehl's deines Ruhm's Pallaste
An grossen Männern nicht,

Auch nicht an schlanken Schenken
Mit rosigem Gesicht!

Hafis, der viele Perlen
Zum Lob dir streute, stand

Beschämt und auch erröthend
Vor deiner Grossmuth Hand.

۳۶

روزگاری شد که در میخانه خدمت میکنم
در لباس فقر کار اهل دولت میکنم
واعظ ما بوی حق نشنید بشنو کین سخن
در حضورش نیز میگویم نه غیبت میکنم
تا که اندر دام وصل آرم تذروی خوش خرام
در کمینم انتظار وقت فرصت میکنم
چون صبا افتان و خیزان میروم تا کوی دوست
وز ریاحین و گل استمداد همت میکنم
زلف دلبر دام راه و غمزه‌اش تیر بلاست
یاد دار ای دل که چندینت نصیحت میکنم
خاک کویت بر نتابد زحمت ما بیش ازین
لطفها کردی بتا تخفیف زحمت میکنم
دیده بدبین بپوشان ای کریم عیب‌پوش
زین دلیریها که من در کنج خلوت میکنم
حاش لله کز حساب روز حشرم باک نیست
فال فردا میزنم امروز عشرت میکنم

36.

Ich weihe mich dem Dienst der Schenke
Bereits seit langer Zeit,

Und handle wie ein Reicher handelt,
Gehüllt in's Armuthskleid.

Es sog der Wahrheit edle Düfte
Mein Prediger nicht ein;

Horch! In's Gesicht will ich's ihm sagen,
Doch kein Verläumder sein.

Das Rebhuhn mit dem holden Gange
Im Liebesnetz zu fah'n,

Erwarte ich im Hinterhalte
Der günst'gen Stunde Nah'n,

Und eile, gleich dem Ost, zum Freunde
Hin über Stock und Stein,

Und Königskraut und Rose bitt' ich
Behilflich mir zu sein.

Ein Netz ist meines Liebling's Locke,
Sein Blick ein Unglückspfeil:

Vergiss nicht, Herz, was ich ermahnend
Hier spreche dir zum Heil.

Es trägt die Erde deines Gaues
Mich künftighin nicht mehr:

Hold warst du, Götze, mir; nun mach' ich
Die Bürde minder schwer.

Verhüll' das Aug' das Böses schauet,
Du, stets zur Huld bereit,

Bei dem was ich mit Frechheit übe
In stiller Einsamkeit!

Ich sollte — Gott bewahr's! — die Rechnung
Des jüngsten Tag's nicht scheu'n?

Das Loos will *morgen* ich befragen,
Doch *heut'* will ich mich freu'n.

از زمین عرش آمین میکند روح آلامین
چون دعای پادشاه ملک و ملت میکنم
خسروا امید اوج جاه دارم زین قبیل
التماسِ آستان بوسیء حضرت میکنم
حافظم در محفلی دردی کشم در مجلسی
بنگر این شوخی که چون با خلق صنعت میکنم

Ein Amen ruft der Geist, der treue,
Der Gott zur Rechten steht,

Wenn für des Reich's und Volkes Kaiser
Ich flehe im Gebet.

O Fürst! Das Höchste zu erreichen
Hoff' ich nur aus dem Grund

Weil, o Erhab'ner, deine Schwelle
Zu küssen wünscht mein Mund.

Hafis benennt mich dieses Kränzchen,
Und Säufer jener Kreis;

Sieh wie ich durch ein freches Wesen
Das Volk zu täuschen weiss!

۲۷

ز دست کوته خود زیر بارم
که از بالابلندان شرمسارم
مگر زنجیر مویی گیردم دست
وگر نه سر بشیدایی بر آرم
ز چشم من بپرس اوضاع گردون
که شب تا روز اختر میشمارم
بدین شکرانه میبوسم لب جام
که کرد آگه ز راز روزگارم
من از بازوی خود دارم بسی شکر
که زور مردم آزاری ندارم
اگر گفتم دعای میفروشان
چه باشد حق نعمت میگذارم
تو از خاکم نخواهی بر گرفتن
بجای اشک اگر گوهر ببارم
مکن عیبم بخونخواری درین دشت
که کارآموز آهوی تتارم
سری دارم چو حافظ مست لیکن
بلطف آن سری امیدوارم

37.

Meine eig'ne Hand, die *kurze*,[1]
Lastet schwer auf mir,

D'rum erröth' ich vor den schlanken
Hochgestalten hier.

Fasst kein Freund mit Kettenhaaren
Meine Hand, o dann

Heb' das Haupt ich in die Höhe
Wie ein toller Mann.

Frag' mein Auge, willst du wissen
Was der Himmel macht,

Denn des Nachts zähl' ich die Sterne
Bis der Tag erwacht.

Dankbar küsse ich des Bechers
Vollgefüllten Rand,

Denn mit des Geschickes Räthsel
Macht er mich bekannt.

Meinem eig'nen Arme bin ich
Minder dankbar nicht,

Weil zur Peinigung der Menschen
Mir's an Kraft gebricht.[2]

Wenn ich für die Weinverkäufer
Fromme Wünsche sprach,

Komm' ich nur — was ist es weiter? —
Schuld'gem Danke nach.

Mich vom Boden aufzuheben
Bist du nicht gewillt,

Wenn mir auch statt jeder Thräne
Eine Perl' entquillt.

Trink' ich Blut auf diesem Felde,
O so schilt mich nicht!

Denn tatar'schen Moschusrehen
Geb' ich Unterricht.[3]

Ein berauschtes *Haupt* besitz' ich,
Gleich *Hafisen*, zwar,

Doch auf jenes *Hohen* Gnade
Hoff' ich immerdar.

۳۸

در خرابات مغان گر گذر افتد بازم
حاصل خرقه و سجاده روان در بازم
حلقهٔ توبه چو زهاد گر امروز زنم
خازن میکده فردا نکند در بازم
ور چو پروانه دهد دست فراغ بالی
جز بر آن عارض شمعی نبود پروازم
همچو چنگ ار بکناری ندهی کام دلم
چون نی آخر ز لبانت بدمی بنوازم
صحبت حور نخواهم که بود عین قصور
با خیال تو اگر با دگری پردازم
ماجرای دل خون گشته نگویم با کس
زانکه جز تیغ غمت نیست کسی دمسازم
سر سودای تو در سینه بماندی پنهان
چشم تردامن اگر فاش نکردی رازم
مرغ سان از قفس خاک هوائی گشتم
بهوائی که مگر صید کند شهبازم
گر بهر موی سری بر تن حافظ باشد
همچو زلفت همه را در قدمت اندازم

38.

Komm' ich abermals vorüber
An dem wüsten Maghenhaus?

Spiel' ich den Ertrag der Kutte
Und des Teppich's eilends aus.

Klopf' ich mit der Reue Thorring,
Frömmlern ähnlich, heute an,

Wird vom Schenkenwächter morgen
Mir das Thor nicht aufgethan.

Wäre doch die Flügelfreiheit
Eines Falters mir verlieh'n!

Nur nach jener Wange Lichte
Eilte ich im Fluge hin.

Lässt du mich, der Harfe ähnlich,
Nicht im Schosse ruhen dir,

O so schmeichle, wie der Flöte,
Mit dem Hauch der Lippen mir!

Umgang selbst mit Huris meid' ich,
Denn ich fehlte wahrlich sehr,

Hätte ich, bei deinem Bilde,
Noch mit Anderen Verkehr.

Keinem Menschen will ich klagen
Was mein blutend' Herz erfuhr,

Ist mein einziger Vertrauter
Deines Grames Schwert ja nur.

Das Geheimniss meiner Trauer
Hätte gern die Brust bewahrt;

Doch das nassbesäumte Auge
Hat es nun geoffenbart.

Aus des Staubes Käfich schwang' ich
In die Luft, wie Vögel, mich,

Hoffend dass der Königsfalke
Mich zur Beute mache sich.

Würde auf Hafisen's Leibe
Jedes Haar zum Haupt; fürwahr

Alle legt' ich dir zu Füssen,
Wie dein eig'nes Lockenhaar.

۳۹

زلف بر باد مده تا ندهی بر بادم
ناز بنیاد مده تا نبری بنیادم
رخ بر افروز که فارغ کنی از برگ گلم
قد بر افراز که از سرو کنی آزادم
شهرهٔ شهر مشو تا ننهم سر در کوه
ناز شیرین منما تا نکنی فرادم
می مخور با دگران تا نخورم خون جگر
یاد هر قوم مکن تا نروی از یادم
زلف را حلقه مکن تا نکنی در بندم
چهره را آب مده تا ندهی بر بادم
یار بیگانه مشو تا نبری از خویشم
غم اغیار مخور تا نکنی ناشادم
شمع هر جمع مشو ور نه بسوزی ما را
سر مکش تا نکشد سر بفلک فریادم
رحم کن بر من مسکین و بفریادم رس
تا بخاک در آصف برسد فریادم
چون فلک جور مکن تا بکشی حافظ را
رام شو تا بدهد طالع فرخ دادم

30.

Überlass die Locke nicht dem Winde,
Weil du *mich* dem Wind' sonst überliessest;
Unternimm den Bau nicht des Gekoses,
Weil du *meinen* Bau sonst niederrissest.
Lass die Wange hell im Feuer glühen,
Und du machst auf Rosen mich vergessen;
Lass empor den schlanken Wuchs sich heben,
Und du machst mich *frei* von den *Zipressen*. [1]
Suche nicht *Berühmtheit* in den *Städten*,
Denn du machst mich sonst durch Berge streichen;
Sei nicht spröde, wie *Schirin* gewesen,
Denn du machst mich sonst Ferhâden gleichen.
Trink' nicht Wein in Anderer Gesellschaft,
Denn sonst würde Herzblut *mein* Getränke;
Denke nicht an alle Stammgenossen,
Dass ich deiner künftighin gedenke.
Lass dein Haar sich nicht zu Ringen formen,
Dass du mich nicht anzuketten strebest;
Gib dem Antlitz nicht des Wassers Schimmer,
Dass du nicht dem Wind' mich übergebest.
Werde nicht zum Freunde Unbekannter,
Weil du sonst mich von mir selber scheidest;
Kümm're dich um And'rer Leiden nimmer,
Weil du sonst mir jede Lust verleidest.
Werde nicht zur Kerze jeden Saales,
Dass du mich nicht gar verbrenn'st am Ende;
Wende nicht das Haupt, dass meine Klage
Nicht empor ihr Haupt zum Himmel sende.
Habe Mitleid mit mir armem Manne,
Und erschein', wenn Hilfe ich verlange,
Dass mein lauter Hilferuf nicht etwa
Bis zum Thürstaub des Âssâf's gelange!
Sei nicht immer grausam, wie der Himmel,
Denn du tödtest sicher sonst *Hafisen*:
Füge dich, dass mir die Gunst der Sterne
Das verleih' was sich als Recht erwiesen.

٤٠

صنما با غم عشق تو چه تدبیر کنم
تا بکی در غم تو نالهٔ شبگیر کنم
دل دیوانه از آن شد که پذیرد درمان
مگرش هم ز سر زلف تو زنجیر کنم
با سر زلف تو مجموع پریشانیٔ خود
کو مجالی که یکایک همه تقریر کنم
آنچه در مدت هجر تو کشیدم هیهات
در یکی نامه محالست که تحریر کنم
آن زمان کارزوی دیدن جانم باشد
در نظر نقش رخ خوب تو تصویر کنم
گر بدانم که وصال تو بدین دست دهد
دل و دین را همه در بازم و توفیر کنم
دور شو از برم ای واعظ بیهوده مگوی
من نه آنم که دگر گوش بتزویر کنم
نیست امید خلاصی ز فساد ای حافظ
چونکه تقدیر چنینست چه تدبیر کنم

40.

Wie mach' ich es möglich, o Götze,
Den Gram deiner Liebe zu tragen,
Und soll ich den Gram wohl noch länger
Ergiessen in nächtlichen Klagen?
Mein Herz, wie von Diwen besessen,
Ist, ach, durch kein Mittel zu retten,
Es sei denn ich machte zur Stelle
Dein lockiges Haar ihm zu Ketten.
Das Ganze der eig'nen Verwirrung,
Mit der deines Haares verbunden,
Im Einzelnen treu zu beschreiben
Hat Niemand noch möglich gefunden;
Und wollte ich, was ich gelitten
Seitdem du mich grausam verlassen,
Dir schildern — vergebliche Mühe! —
Kein Buch wär' im Stand' es zu fassen:
Und wenn ich die eigene Seele
Begierig zu schauen verlange,
So mal' ich mir treu vor die Blicke
Das Bild deiner lieblichen Wange;
Und wüsst' ich das Mittel gelänge
Dich mir zu vereinen in Liebe,
Verspielt' ich das Herz und den Glauben,
Wobei ich im Vortheil noch bliebe.
O Prediger, bleib' mir vom Leibe,
Und sprich nicht vergebens, gleich Thoren!
Denn Jener nicht bin ich der wieder
Den Lügen verschliesset die Ohren.
Die Hoffnung, Hafis, ist entschwunden
Der bösen Gewalt zu entrinnen;
So hat es das Schicksal beschlossen:
Was kann ich dagegen ersinnen?

٤١

گر دست رسد در سر زلفین تو بازم
چون گوی چه سرها که بچوگان تو بازم
زلف تو مرا عمر درازست ولی نیست
در دست سر موئی ازین عمر درازم
پروانهٔ راحت بده ای شمع که امشب
از آتش دل پیش تو چون شمع گدازم
آن دم که بیک خنده دهم جان چو صراحی
مستان تو خواهم که گذارند نمازم
چون نیست نماز من آلوده نمازی
در میکده زآن کم نشود سوز و نیازم
در مسجد و میخانه خیالت اگر آید
محراب و کمانچه ز دو ابروی تو سازم
گر خلوت ما را شبی از رخ بفروزی
چون صبح در آفاق جهان سر بفرازم
محمود بود عاقبت کار درین راه
گر سر برود در سر و سودای ایازم
حافظا غم دل با که بگویم درین دور
جز جام نشاید که بود محرم رازم

41.

Wird das Haar dir zu berühren
Nochmals meiner Hand erlaubt,

Schlage ich mit deinem Schlägel
Manches ballengleiche Haupt.[1]

Als mein langes Leben hab' ich
Stets dein Lockenhaar erkannt:

Doch von diesem langen Leben
Liegt kein Haar in meiner Hand.

Gibt den *Nachtbefehl* der Ruhe
Heute Nacht, o *Kerze*, mir,[2]

Denn im Herzensfeuer schmilz' ich,
Einer Kerze gleich, vor dir!

Übergeb' ich einst, gleich Flaschen,
Laut auflachend, meinen Geist,[3]

Sollen Jene für mich beten
Die man deine Trunknen[4] heisst.

Ein Gebet von mir, Beflecktem,
Kann kein wahrhaft frommes sein;

Darum schmelze ich und brenne
Tret' ich in die Schenke ein.

Lässt in Tempeln und in Schenken
Sich dein Wahngebilde schau'n,

Mach' ich zu Altar und Zither
Deine beiden Augenbrau'n.[5]

Wenn einst Nachts mir deine Wange
Meine Einsamkeit erhellt,

Hebt mein Haupt sich, wie der Morgen,
Hoch empor in alle Welt.

Löblich wird auf diesem Wege
Meinem Thun ein End' gemacht,

Wenn die *Liebe* zu Ajâsen
Mich um meinen *Kopf* gebracht.[6]

Wem, *Hafis*, soll ich des Herzens
Gram vertrau'n, da heut zu Tag

Mir als innigster Vertrauter
Nur der Becher taugen mag?

٤٢

سالها پیروی مذهب رندان کردم
تا بفتوی خرد حرص بزندان کردم
من بسر منزل عنقا نه بخود بردم راه
قطع این مرحله با مرغ سلیمان کردم
نقش مستوری و مستی نه بدست من و تست
آنچه سلطان ازل گفت بکن آن کردم
دارم از لطف ازل جنت فردوس طمع
گرچه دربانی میخانه فراوان کردم
این که پیرانه سرم صحبت یوسف بنواخت
اجر صبریست که در کلبهٔ احزان کردم
سایه بر دل ریشم فکن ای گنج مراد
که من این خانه بسودای تو ویران کردم
توبه کردم که نبوسم لب ساقی و کنون
میگزم لب که چرا گوش بنادان کردم
از خلاف آمد عادت بطلب کام که من
کسب جمعیت از آن زلف پریشان کردم

42.

Jahrelang folgt' ich dem Pfade
Zechender Gesellen hier,

Bis ich, auf's *Fetwa* [1] der Weisheit,
Eingekerkert die Begier.

Nach Ăncā's entfernter Stätte
Ging ich nicht auf eig'nes Glück;

Mit des weisen König's Vogel
Legt' ich diese Bahn zurück. [2]

Sich enthalten, sich berauschen
Hängt nicht von uns Beiden ab;

Ich gehorchte dem Befehle
Den der ew'ge Fürst mir gab.

Durch die ew'ge Gnade hoff' ich
Einzugeh'n in's Paradies,

Wenn ich auch als Schenkenpförtner
Mich gar häufig brauchen liess.

Wenn ich alter Mann genossen
Joseph's theurer Gegenwart,

War's, weil ich im Trauerstübchen
So geduldig ausgeharrt. [3]

Schatz der Wünsche! Deinen Schatten
Wirf auf's Herz, das wunde, mir,

Denn dies Haus hab' ich *verwüstet*
In der Leidenschaft zu dir.

Schenkenlippen nicht zu küssen
Nahm ich mir gar reuig vor;

Nun zerbeiss' ich mir die Lippe
Weil ich Thoren lieh mein Ohr.

Suche nur bei Gegensätzen
Die Erfüllung; denn, fürwahr,

Sammlung des Gemüthes [4] fand ich
Nur durch jenes *wirre* Haar.

گر به دیوان غزل صدرنشینم چه عجب
سالها بندگیِ صاحب دیوان کردم

صبح خیزی و سلامت طلبی چون حافظ
هرچه کردم همه از دولت قرآن کردم

هیچ حافظ نکند در خم محراب فلک
آن تنعم که من از دولت قرآن کردم

Sitz' ich auf des Lieder-Diwan's
Ehrenplatz, was wundert's dich?

Diente doch durch viele Jahre
Einem Herrn des Diwan's ich.*

Lass den ersten Strahl dich wecken,
Suchend, wie Hafis, das Heil:

Denn an Allem was ich wirkte
Hat das Glück des Coran's Theil.

Am gewölbten Himmelsaltar
Fühlet kein Hafis* die Lust

Die ich, durch das Glück des Coran's,
Zu erwerben mir gewusst.

۴۲

سرم خوشست و ببانگ بلند میگویم
که من نسیم حیات از پیاله میجویم
عبوس زهد بوجه خمار ننشیند
مرید خرقهٔ دردی‌کشان خوش خویم
گرم نه پیر مغان در بروی بگشاید
کدام در بزنم چاره از کجا جویم
مکن درین چمنم سرزنش بخودرویی
چنانکه پرورشم میدهند میرویم
تو خانقاه و خرابات در میانه مبین
خدا گواست که هر جا که هست با اویم
غبار راه طلب کیمیای بهروزیست
غلام دولت آن خاک عنبرین بویم
ز شوق نرگس مست بلند بالایی
چو لاله با قدح افتاده بر لب جویم
شدم فسانه بسرگشتگی و ابروی دوست
کشید در خم چوگان خویش چون گویم
بیار می که بفتوای حافظ از دل پاک
غبار زرق بفیض قدح فرو شویم

43.

Erhitzt ist mir der Kopf vom Weine,
Und laut tönt meiner Stimme Schall:

„Den Hauch, der Leben mir verleihet,
„Den fordr' ich nur von dem Pocal!"

Es setzt der finst're Trotz des Frömmlers
Auf kein berauschtes Antlitz sich:

Ein Kuttenjünger nur der Zecher,
Der immer frohen, bleibe ich.

Erschliesst mir freundlich nicht die Pforte
Des alten Wirthes güt'ger Sinn,

An welche Pforte soll ich pochen,
Wo wend' ich mich um Beistand hin?

Wirf mir nicht vor, dass ich von selber
Auf dieser Wiese spross empor:

Denn nur wie man mich nährt und pfleget,
Nur eben so spriess' ich hervor.

Erblicke hier kein Haus der Andacht,
Und keine Schenkenstube dort:

Denn Gott mag selber es bezeugen:
Ich bin bei ihm an jedem Ort.

Es ist der Wegstaub des Verlangens
Die Alchymie der Seligkeit;

Dem Glücke jener Ambraerde
Hab' ich zum Sclaven mich geweiht.

Von Lust nach eines schlanken Schönen
Berauschender Narciss' entbrannt,

Lieg' ich, den Becher in den Händen,
Wie Tulpen an des Baches Rand.

Als Schwindelkopf ward ich zum Mährchen:
Es zogen mich des Freundes Brau'n

In ihren zartgeschweiften Schlägel,
Und als ein Ball bin ich zu schau'n.

Bring' Wein, denn aufs Fetwâ Hafisen's
Wasch' ich vom reinen Herzen flugs,

Durch des Pocales reichen Segen
Den Staub mir ab des Gleissnertrug's.

۴۴

صوفی بیا که خرقهٔ سالوس برکشیم
وین نقش زرق را خط بطلان بسر کشیم
نذر و فتوح صومعه در وجه می نهیم
دلق ریا بآب خرابات درکشیم
بیرون جهیم سرخوش و از بزم مدعی
غارت کنیم باده و شاهد بدر کشیم
سرّ قضا که در تتق غیب منزویست
مستانه اش نقاب ز رخسار برکشیم
کاری کنیم ورنه خجالت بر آورد
روزی که رخت جان بجهان دگر کشیم
فردا اگر نه روضهٔ رضوان بما دهند
غلمان ز غرفه حور ز جنت بدر کشیم
کو عشوهٔ ز ابروی او تا چو ماه نو
گوی سپهر در خم چوگان زر کشیم
حافظ نه حد ماست چنین لافها زدن
پای از گلیم خویش چرا بیشتر کشیم

44.

Komm, Ssofi, lass vom Leib uns ziehen
Das Mönchsgewand der Gleissnerei;

Lass, als unbrauchbar, uns durchstreichen
Dies schnöde Bild der Heuchelei!

Wir geben das Gelübd' des Klosters
Und seine Spenden hin für Wein,

Und tauchen in der Schenke Wasser
Den Mantel des Betruges ein.

Berauscht geh'n wir hinaus und tragen
Von uns'res Gegners Tafelschmaus

Den Wein als Beute fort, und schleppen
Den Liebling an das Thor hinaus;

Und dem Geheimniss des Geschickes,
Das nie aus seiner Hülle bricht,

Dem ziehen wir in uns'rem Rausche
Den Schleier von dem Angesicht.

Lass uns ein edles Werk vollbringen,
Weil sonst uns Schande überfällt

Wenn wir, mit dem Gepäck der Seele,
Einst wandern in die and're Welt;

Und räumet morgen man nicht willig
Die Gartenflur Riswân's uns ein,

Zieh'n wir die Knaben aus den Sälen,[1]
Die Huris aus dem Himmelshain.

Wo winkt uns freundlich Seine Braue?
Dem Neumond ähnlich, wollen wir

Den Ball des Firmaments berühren
Mit eines Schlägels gold'ner Zier.[2]

Hafis! Auf solche Art zu prahlen
Steht uns fürwahr gar übel an:

Was strecken wir die Füsse weiter
Als uns're Decke reichen kann?

عمریست تا من در طلب هر روز گامی میزنم
دست شفاعت هر زمان در نیکنامی میزنم
بی ماه مهرافروز خود تا بگذرانم روز خود
دامی براهی می نهم مرغی بدامی میزنم
تا بو که یابم آگهی زآن سایهٔ سرو سهی
گلبانگ عشق از هر طرف بر خوشخرامی
دانم سر آرد غصه را رنگین بر آرد قصه را
این آه خون افشان که من هر صبح و شامی میزنم
اورنگ کو گلچهره کو نقش وفا و مهر کو
حالی من اندر عاشقی داو تمامی میزنم
هر چند کآن آرام دل دانم نبخشد کام دل
نقش خیالی میکشم فال دوامی میزنم
با آنکه از خود غایبم وز می چو حافظ تایبم
در مجلس روحانیان گه گاه جامی میزنم

45.

Durch Lebensfrist schon schreit' ich rüstig
Voll Sehnsucht täglich durch das Land,

Und poch' an eines Edlen Pforte
Beständig mit des Fürspruch's Hand.[1]

Fern meinem Mund, der Liebe wecket,
Soll mir kein Tag vorüberzieh'n:

D'rum stell' ein Netz ich auf die Strasse
Und setz' in's Netz ein Vöglein hin.[2]

Weil des Cypressenbaumes Schatten
Ich Hoffnung nähre zu erspäh'n,

Flieht' ich der Liebe Ruf an Jeden
Den beiden Gang's ich sah'n geseh'n.

Ich weiss, die Trauer nimmt ein Ende
Und die Geschichte färbt sich bunt[3]

Durch's Ach, das täglich Früh und Abends
So blutig steigt aus meinem Mund.

Ëwrënk und Gültschehrë, wo weilt ihr?
Wo ist der Treu' und Liebe Bild?[4]

Jetzt bin nur ich's der in der Liebe
Als Muster der Vollendung gilt.

Zwar weiss ich, jener Trost des Herzens
Weist meinen Herzenswunsch zurück,

Und dennoch mal' ich Wahngebilde
Und loose auf beständ'ges Glück!

Und hab' ich auch mich selbst verloren,
Verschwörend, wie Hafis, den Wein,

So trink' ich manchmal doch ein Gläschen
In einem geistigen Verein.

٤٦

روز عیدست و من امروز در آن تدبیرم
که دهم حاصل سی روزه و ساغر گیرم
دو سه روزست که دورم ز می و ساغر جام
بس خجالت که بدید آمد ازین تقصیرم
من بخلوت ننشینم پس ازین در بثل
زاهد صومعه بر پای نهد زنجیرم
پند پیرانه دهد واعظ شهرم لیکن
من نه آنم که دگر پند کسی بپذیرم
آنکه بر خاک در میکده جان داد کجاست
تا نهم بر قدمش این سر و پیشش میرم
میکشم باده و سجادهٔ تقوی بر دوش
وای اگر خلق شوند آگه ازین تزویرم
خلق گویند که حافظ سخن پیر نیوش
سالخورده میی امروز به از صد پیرم

46.

Der Festtag erschien, und d'rum lasse
Ich heute den Plan in mir reifen,

Des Fastenmond's Werke zu opfern,
Und nach dem Pocale zu greifen.

Schon leb' ich durch mehrere Tage
Von Wein und von Bechern geschieden;

Doch brachte mir viele Beschämung
Der Umstand, dass ich sie gemieden.

Das Leben in einsamer Stille
Vermag ich nicht länger zu tragen,

Und sollte der Frömmler der Zelle
Den Fuss auch in Ketten mir schlagen.

Der Pred'ger der Stadt zwar ertheilet
Mir väterlich heilsame Lehren;

Ich aber bin Keiner von Jenen
Die Jemand noch könnte bekehren!

Wo weilt wer dem Thorstaub der Schenke
Die Seele zum Opfer gegeben?

Ich lege diess Haupt ihm zu Füssen
Und nehme vor ihm mir das Leben.

Wein trink' ich und hab' auf die Schulter
Der Gottesfurcht Teppich gehangen;

Doch weh, wenn das Volk je erführe
Ich sei nur in Lügen *befangen*.

„*Hafis* — sagt das Volk — o bedenke
„Das was ein Betagter dir sagte!"

Nein; heut ist ein Wein mir, ein alter,
Viel lieber als hundert Betagte.

٤٧

عشق بازی و جوانی و شراب لعل فام
مجلس انس و حریف همدم و شرب مدام
ساقی شکردهان و مطرب شیرین سخن
همنشین نیک کردار و ندیم نیک نام
شاهدی از لطف و پاکی رشک آب زندگی
دلبری در حسن و خوبی غیرت ماه تمام
بزمگاهی دلستان چون قصر فردوس برین
گلشنی پیرامنش چون روضهٔ دار السلام
صف نشینان نیک خواه و پیشکاران با ادب
دوستداران صاحب اسرار و حریفان دوستکام
بادهٔ گلرنگ و تیز و تلخ و خوشخوار و سبک
نقلش از لعل نگار و نقلش از یاقوت خام
غمزهٔ ساقی بیغمای خرد آهخته تیغ
زلف جانان از برای صید دل گسترده دام
نکته دانی بذله گو چون حافظ شیرین سخن
بخشش آموزی جهان‌افروز چون حاجی قوام
هر که این صحبت نخواهد خوشدلی بر وی تباه
و آنکه این عشرت نجوید زندگی بر وی حرام

47.

Liebesspiele, jugendliche Reize,
Wein, an Farbe dem Rubine gleichend,

Traute Kränzchen, gleichgesinnte Zecher,
Eine Trinklust, nie ihr Ziel erreichend;

Holde Schenken mit dem Zuckermunde,
Frohe Sänger, süss zu sprechen wissend,

Tischgenossen redlichen Gemüthes,
Laut're Freunde, guten Ruf's geniessend;

Ein Geliebter der durch Mild' und Reinheit
Selbst den Lebensquell zum Neid bewegte,

Und ein Herzensräuber dessen Schönheit
Selbst des Vollmond's Eifersucht erregte;

Ein Gelag das jedes Herz erfreuet,
Wie ein Köschk im hohen Paradiese,

Rings umhegt von einer Rosenlaube,
Wie des Heiligebändes[1] Gartenwiese;

Eine Reihe gutgesinnter Gäste,
Feine Männer auf den Ehrenplätzen,

Freunde die Geheimes treu bewahren,
Zechgesellen die die Freunde schätzen;

Wein, so roth wie Rosen, kräftig, bitter,
Und verdaut mit Leichtigkeit und Schnelle,

Dem, als Kost, sich der Rubin des Holden,
Und der Onix der da schwitzt[2] geselle;

Schenkenwimpern die die Schwerter zücken,
Und zur Beute die Vernunft verlangen,

Schöne Locken die als Netze dienen
Um die Herzen schlau darin zu fangen;

Ein gar feiner, launiger Geselle
Wie Hafis, der süsse Lieder singet,

Und ein Edler der verzeihen lehret
Wie Käwâm, der Geistesfackeln schwinget;

Wer sich solchen Umgang nicht verlanget,
Dessen Lust soll sich in Leid verkehren;

Wer nach solchem Hochgenuss nicht strebet,
Dessen Leben soll nicht länger währen!

۴۸

ما پیش خاک پای تو صد رو نهاده ایم
روی و ریای خلق بیکسو نهاده ایم
ناموس چند سالهٔ اجداد نیک نام
در راه جام و ساقیِ مه‌رو نهاده ایم
طاق و رواق مدرسه و قیل و قال فضل
در راه عیش و شاهد گلرو نهاده ایم
نهاده ایم بار گران بر دل ضعیف
وین کار و بار بسته بیک مو نهاده ایم
ما ملک عافیت نه بلشکر گرفته ایم
ما تخت سلطنت نه ببازو نهاده ایم
هم جان بدان دو نرگس جادو سپرده ایم
هم دل بدان دو سنبل هندو نهاده ایم
تا سحر چشم یار چه بازی کند که باز
بنیاد بر کرشمهٔ جادو نهاده ایم
در گوشهٔ امید چو نظارگان ماه
چشم طلب در آن خم ابرو نهاده ایم

48.

Vor den Staub den deine Füsse treten
Legt' ich hundertmal das Antlitz hin,

Hielt mich stets in gänzlicher Entfernung
Von des Volkes heuchlerischem Sinn.

Allen Ruhm der tugendhaften Ahnen,
Der hinauf durch viele Jahre reicht,

Weihte ich dem Glase und dem Schenken,
Dessen Antlitz einem Monde gleicht;

Und der Schule Bogengang und Kuppel,
Und was streitend Weisheit dort bespricht,

Weihte ich den Freuden dieses Lebens
Und des Lieblings Rosenangesicht;

Und ich legte keine schwere Bürde
Auf ein Herz das baar an Kräften war,

Und ich knüpfte das Gepäck des Lebens
Jederzeit nur an ein einz'ges Haar;[1]

Und des Heiles Königreich bezwang ich
Nimmermehr durch einen Kriegerschwarm,

Und den Grund zum Herrschaftsthrone legt' ich
Nimmermehr durch einen starken Arm.[2]

Jenem Paar bezaubernder Narcissen
Brachte willig ich die Seele dar,

Und das Herz auch legte ich mit Wonne
Hin vor jenes ind'sche Sünbülhaar.

Welch' ein Spiel treibt wohl des Freundes Auge
Das die Macht der Zauberei besitzt,

So dass ich auf seines Blickes Zauber
Meines Lebens ganzen Bau gestützt;

Und, gelagert in der Hoffnung Ecke,
Jenen gleich, die nach dem Neumond schau'n,

Richtete ich des Verlangens Auge
Hin auf jene hold geschweiften Brau'n.[3]

بی ناز نرگسش سر سودایی از خمار
همچون بنفشه بر سر زانو نهاده ایم
حافظ بعیش کوش که ما نقد عقل و هوش
از بهر یار سلسله گیسو نهاده ایم
گفتی که حافظا دل سرگشته ات کجاست
در حلقهای آن خم گیسو نهاده ایم

Fern von Seiner lieblichen Narcisse
Legte ich, mit schwermuthvollem Sinn,

Wie berauscht, mein Haupt, dem Veilchen ähnlich,
Auf die Spitze meines Kniees hin.

Nur Genuss, Hafis, sei dein Bestreben
Denn die Barschaft „Einsicht und Verstand“

Für den Freund mit kettengleicher Locke
Hinterlegte ich als Unterpfand.

Und du sprachst: „Hafis, an welchem Orte
Mag dein Herz, das irrende, nun sein?“

In die Ringe jener zarten Häkchen
Deiner Locken legt' ich es hinein.“

۴۹

عاشق روی جوانی خوش نو خاسته ام
وز خدا شادیٔ این غم بدعا خواسته ام
عاشق و رند و نظر بازم و میگویم فاش
تا بدانی که بچندین هنر آراسته ام
شرمم از خرقهٔ آلودهٔ خود می آید
که برو پاره بصد شعبده پیراسته ام
خوش بسوز از غمش ای شمع که اینک من نیز
بهمین کار کمر بسته و بر خاسته ام
با چنین حیرتم از دست بشد صرفهٔ کار
در غم افزوده ام آنچه از دل و جان کاسته ام
همچو حافظ بخرابات روم جامه قبا
بو که در بر کشد آن دلبر نو خاسته ام

49.

Ich lieb' einen reizenden Jungen
Der neu erst erblühte zum Leben.

Und flehte zu Gott im Gebete,
Die Lust dieses Gram's mir zu geben.

Ich liebe und zeche und äugle,
Und will es vor Niemand verschweigen;

Drum wisse auch du es: mir seien
So zahlreiche Tugenden eigen.

Mir treibt die besudelte Kutte
Die Röthe der Scham auf die Wangen,

Indem ich durch hundertlei Künste
Die Kutte mit Lappen behangen.

Noch brenne dein Licht, durch den Kummer
Den Er dir geschaffen, o Kerze!

Sieh, ich auch stand auf, mich umgürtend
Zu einem ganz ähnlichen Schmerze.

Bei solchem Erstaunen der Liebe
Ist aller Gewinn mir entronnen:

An Herz und an Seele verlor ich
Das was ich an Kummer gewonnen.

Ich will, wie H a f i s, in die Schenke,
Zerschlitzten Gewand's, mich begeben:

Dann herzt mich vielleicht jener Holde
Der neu erst erblühte zum Leben.

۵۰

غم زمانه که هیچش کران نمی بینم
دواش جز می چون ارغوان نمی بینم
بترک صحبت پیر مغان نخواهم گفت
چرا که مصلحت خود در آن نمی بینم
درین خمار کسم جرعهٔ نمی بخشد
ببین که اهل دلی در جهان نمی بینم
از آفتاب قدح ارتفاع عیش بگیر
چراکه طالع وقت آنچنان نمی بینم
نشان اهل دلی عاشقیست با خود دار
که در مشایخ شهر این نشان نمی بینم
نشان موی میانش که دل درو بستم
ز من مپرس که خود در میان نمی بینم
بدین دو دیدهٔ گریان من هزار افسوس
که با دو آینه رویش عیان نمی بینم
قد تو تا بشد از جویبار دیدهٔ من
بجای سرو جز آب روان نمی بینم
من و سفینهٔ حافظ که جز درین دریا
بضاعت سخن دلستان نمی بینم

50.

Für den Weltschmerz, dessen Grenzen
Ich stets weiter sehe weichen,

Seh' ich wohl kein and'res Mittel
Als den Wein, den erg'wangleichen.

Ich entsage nicht des Wirthes
Mir so freundlichem Verkehre,

Denn ich seh' in dieser Sache
Nichts was Nutzen mir gewähre.

Niemand gibt bei diesem Rausche
Mir nur Eines Schlückchens Labe;

Sieh, ich seh' hienieden Keinen
Der ein Herz im Busen habe.

Miss an des Pocales Sonne
Deiner Lebensfreuden Höhe,

Weil ich das Gestirn der Zeiten
Nicht beharrlich günstig sehe.

Für ein Herz zeugt nur die Liebe:
Halte dich an sie für immer;

In der Stadt bei uns'ren Scheichen
Seh' ich dieses Zeichen nimmer.

Um das Härchen Seiner *Mitte*,
D'ran das Herz ich fest gebunden,

Frag' mich nicht: denn selber seh' ich
Aus der Mitte mich verschwunden.

Über die zwei nassen Augen
Ruf' ich tausend Male Wehe!

Weil ich, ach, trotz zweier Spiegel,
Sein Gesicht nicht deutlich sehe.[1]

Seit dein schlanker Wuchs dem Bache
Meines Auges ward entrissen,

Seh', an der Cypresse Stelle,
Ich nur Wasserströme fliessen.

Mir genügt das Schiff *Hafisens*:[2]
Denn auf keinem and'ren Meere

Seh' ich eine Redewaare
Die so herzerfreuend wäre.

٥١

فاش میگویم و از گفتهٔ خود دلشادم
بندهٔ عشقم و از هر دو جهان آزادم
طایر گلشن قدسم چه دهم شرح فراق
که درین دامگه حادثه چون افتادم
من ملک بودم و فردوس برین جایم بود
آدم آورد درین دیر خراب آبادم
سایهٔ طوبی و دلجویی حور و لب حوض
بهوای سر کوی تو برفت از یادم
کوکب بخت مرا هیچ منجم نشناخت
یا رب از مادر گیتی بچه طالع زادم
تا شدم حلقه بگوش در میخانهٔ عشق
هر دم آید غمی از نو بمبارکبادم
میخورد خون دلم مردمک چشم و سزاست
که چرا دل بجگرگوشهٔ مردم دادم
نیست بر لوح دلم جز الف قامت دوست
چه کنم حرف دگر یاد نداد استادم
پاک کن چهرهٔ حافظ بسر زلف اشک
ورنه این سیل دمادم ببرد بنیادم

51.

Ich sprech' es offen aus vor Allen,
Und was ich sprach macht mich zufrieden:

„Ich bin der Liebe Knecht; es fesselt
„Kein Jenseits mich und kein Hienieden.“

Ein Vogel bin ich heil'gen Haines;
Erklär' ich dir der Trennung Bangen,

Und wie ich den Begebenheiten
In's aufgestellte Netz gegangen?

Ein König war ich und bewohnte
Erhab'ne Paradiesesauen;

Mich brachte Adam in dies Kloster,
Wo nur Ruinen sind zu schauen.

Doch Thuba's Schatten, holde Huris,
Und Teiche mit beblümtem Rande

Sind aus dem Sinne mir entschwunden
In Lust nach deinem Heimathlande.

Kein Astrolog hat noch ergründet
Ob mich mein Stern zum Glück erkoren;

Herr, unter welchem Sternenbilde
Hat Mutter Erde mich geboren?

Seit, Sclaven ähnlich, ich im Ohre
Der Liebesschenke Thorring trage,

Muss stets ein neuer Gram erscheinen
Der spottend: „Wohl bekomm' es!“ sage.

Mein Herzblut trinkt das Augenmännchen,[1]
Und das mit Recht, wird Jeder denken;

Musst' an der Männer Herzenswinkel[2]
Ich selber denn das Herz verschenken?

Nur das Elif des Freundeswuchses
Erscheint auf meines Herzens Blatte;[3]

Was soll ich thun, da mich der Meister
Kein Zeichen sonst gelehret hatte?

Mit deiner Locke wisch' Hafisen
Die Thränen aus dem Angesichte,

Auf dass ihr Strom nicht unaufhaltsam
Den Lebensbau zu Grunde richte.

۵۲

فتوی پیر مغان دارم و قولیست قدیم
که حرامست می آنجا که نه یارست ندیم
چاک خواهم زدن این دلق ریائی چه کنم
روح را صحبت ناجنس عذابیست الیم
تا مگر جرعه فشاند لب جانان بر من
سالها تا شده ام بر در میخانه مقیم
مگرش خدمت دیرین من از یاد برفت
ای نسیم سحری یاد دهش عهد قدیم
بعد صد سالم اگر بوی تو بر خاک وزد
سر بر آرد ز گلم رقص کنان عظم رمیم
دلبر از ما بصد امید ستد اوّل دل
ظاهرا عهد فراموش نکند خلق کریم
غنچه گو تنگدل از کار فروبسته مباش
کز دم صبح مدد یابی و انفاس نسیم
فکر بهبود خود ای دل ز دری دیگر کن
درد عاشق نشود به بمداوای حکیم

52.

Ein Fetwa des Wirth's besitz' ich,
Und ein Wort, ein altes, spricht:

„Dort nur ist der Wein verboten
Wo's an einem Freund gebricht."

Ich zerreisse diesen Mantel,
Denn er hüllt nur Falschheit ein:

Umgang mit Nichtgleichgesinnten
Ist dem Geiste Höllenpein.'

Dass mit Hefe mich besprenge
Des Geliebten Lippenpaar,

Weilte ich am Schenkenthore
Schon durch manches lange Jahr.

Weil mein alter Dienst ihm etwa
Schon aus der Erinn'rung schwand,

So erinn're, Morgenlüftchen,
Ihn an's alte Freundschaftsband!

Sollte, selbst nach hundert Jahren,
Meinen Staub dein Duft umweh'n,

Würde mein Gebein, mein morsches,
Tanzend wieder aufersteh'n.

Hundert Hoffnungen mir gebend
Stahl mein Herz der Herzensdieb:

Doch gewiss hält sein Versprechen
Wem ein edler Sinn verblieb.

Ängstige dich nicht! o Knospe,
Schmachtest du in Banden auch,

Denn dir werden Hilfe bringen
Morgenluft und Abendhauch.

Sorge auf ganz ander'n Wegen
Für dein Wohlergeh'n, o Herz,

Denn des Arztes Mittel heilen
Nimmer des Verliebten Schmerz.

گوهر معرفت اندوز که با خود ببری
که نصیب دگرانست نصاب زر و سیم
دام سختست مگر یار شود لطف خدا
ورنه آدم نبرد صرفه ز شیطان رجیم
حافظا ار سیم وزرت نیست چه شد شاکر باش
چه به از دولت لطف سخن و طبع سلیم

Strebe nach des Wissens Perle:
Trägst nach Jenseits sie mit dir;

Doch mit Gold und Silber wurden
Andere betheiligt hier.

Unzerreissbar sind die Netze,
Wenn's an Gottes Huld gebricht,

Denn den steinbeworf'nen Satan
Überwält'gen Menschen nicht.

Fehlt, Hafis, dir Gold und Silber,
Danke Gott für dein Geschick:

Rechtlichkeit und Sängergaben
Sind sie nicht das höchste Glück?

۵۳

گرچه ما بندگان پادشهیم
پادشاهان ملک صبحگهیم
گنج در آستین و کیسه تهی
جام گیتی نما خاک رهیم
هوشیار حضور و مست غرور
بحر توحید و غرقهٔ گنهیم
شاهد بخت چون کرشمه کند
ماش آیینهٔ رخ چو مهیم
شاه بیدار بخت را هر شب
ما نگهبان افسر و کلهیم
گو غنیمت شمار همت ما
که تو در خواب و ما بدیده گهیم
شاه منصور واقفست که ما
روی همت بهر کجا که نهیم
دشمنان را ز خون کفن سازیم
دوستان را قبای فتح دهیم

53.

Wenn ich als Diener auch
Des Kaisers mich bekunde,

So bin ich Kaiser doch
Im Reich der Morgenstunde.[1]

Im Ärmel einen Schatz,
Den Beutel leer gelassen,

Bin ich das Wunderglas
Und bin der Staub der Strassen.[2]

Von Ruhe nüchtern zwar,
Allein von Hochmuth trunken,

Bin ich der Einheit Meer
Und bin in Schuld versunken;[3]

Und lässt das Liebchen „Glück"
Den Blick hold auf mir hangen,

Bin ich, dem Monde gleich:
Der Spiegel seiner Wangen.[4]

Bei'm König wachen Glück's[5]
Bin ich durch alle Nächte

Als Wächter aufgestellt
Für seine Kronenrechte.

Sag' ihm: „Zu Nutze mög'st
„Mein Streben du dir machen,

„Denn ruhig schlummerst du.
„Und meine Augen wachen."

Mánsúr, der König, ist
Vom Orte unterrichtet

Nach dem ich das Gesicht
Des Strebens hingerichtet.

Aus Blut ein Leichentuch
Bestimme ich den Feinden;

Doch der Erob'rung Kleid
Bereite ich den Freunden.

344

رنگ تزویر پیش ما نبود

شیر سرخیم و افعی سیهیم

وام حافظ بگو که باز دهند

کرده‌ای اعتراف و ما گوهیم

Die Farbe des Betrug's
Befleckt nicht meine Wange:

Ich bin der rothe Leu
Und bin die schwarze Schlange."

Sprich: „Was Ihr ausgeborgt
„Das gebt zurück H a s s a n!" "

Du selbst gestand'st es ja
Und ich, ich hab's bewiesen.

٥٤

آن که پامال جفا کرد چو خاک راهم
خاک میبوسم و عذر قدمش میخواهم
من نه آنم که بجور تو بنالم حاشا
چاکر معتقد و بندهٔ دولتخواهم
بسته ام در خم کیسوی تو امید دراز
آن مبادا که کند دست طلب کوتاهم
ذرهٔ خاکم و در کوی توام وقت خوشست
ترسم ای دوست که بادی ببرد ناکاهم
صوفیِ صومعهٔ عالم قدسم لیکن
حالیا دیر مغانست حوالتکاهم
پیر میخانه سحر جام جهانبینم داد
و اندر آن آینه از حسن تو کرد آکاهم
با من راه نشین خیز و سوی میکده آی
تا ببینی که در آن حلقه چه صاحب جاهم
مست بکذشتی و از حافظت اندیشه نبود
آه اکر دامن حسن تو بکیرد آهم
خوشم آمد که سحر خسرو خاور میکفت
با همه پادشهی بندهٔ تورانشاهم

54.

Jenem, dessen Fuss mich grausam,
Gleich dem Strassenstaub zertrat,

Küsse ich den Staub, nicht ruhend
Bis sein Fuss verzieh'n mir hat.

Bin von Jenen nicht die klagen
Dass du hart sei'st: Gott bewahr'!

Bin ein treuer Knecht und Diener,
Glück dir wünschend immerdar.

An dein Lockenhäkchen knüpfte
Ich ein langes Hoffnungsband,

Und es möge ja mir nimmer,
Kürzen des Verlangens Hand!

Bin ein Stäubchen, dem die Stunden
Froh im Gau bei dir vergeh'n;

Doch mich wird, o Freund — so fürcht' ich —
Unverhofft der Wind verweh'n;

Bin ein Spross aus der Klause
Einer heil'gen Welt; allein

In dem Kloster nur der Wirthe
Kehr' ich gegenwärtig ein.

Morgens gab der Greis der Schenke
Mir das Glas das Welten weist,

Zeigend mir in jenem Spiegel
Wie du gar so reizend sei'st.

Auf! Mit mir, dem Strassenbettler,
Eile nach der Schenke hin,

Und dann sieh' wie hoch an Würde
Ich in jenem Kreise bin!

Trunken zögst du fort, der Sorge
Um Hafis gabst du nicht Raum

Ach, wenn um mein Ach ergriffe
Deiner holden Reize Saum!

Froh vernahm ich's als des Morgens
Der Monarch des Ostens sprach:

„Bin ich Kaiser auch, so dien' ich
„Doch als Knecht dem Türânschâh.'

٥٥

گرچه از آتش دل چون خم می در جوشم
مهر بر لب زده خون میخورم و خاموشم

قصد جانست طمع در لب جانان کردن
تو مرا بین که درین کار بجان میکوشم

من کی آزاد شوم از غم دل چون هردم
هندوی زلف بتی حلقه کند در گوشم

خرقه پوشی من از غایت دینداری نیست
پردهٔ بر سر صد عیب نهان میپوشم

من که خواهم که ننوشم بجز از راوق خم
چه کنم گر سخن پیر مغان ننیوشم

حاش لله که نیم معتقد طاعت خویش
این قدر هست که گه گه قدحی مینوشم

هست امیدم که علی رغم عدو روز جزا
فیض عفوش ننهد بار گنه بر دوشم

پدرم روضهٔ رضوان بدو گندم بفروخت
ناخلف باشم اگر من بجوی نفروشم

گر ازین دست زند مطرب مجلس ره عشق
شعر حافظ ببرد وقت سماع از هوشم

55.

Macht mich auch des Herzens Feuer
Einem Weinfass ähnlich gähren,

Muss ich doch, verschloss'nen Mundes,
Schweigend mich mit Blute nähren.[1]

Wer des Liebling's Lippe wünschet,
Trachtet nach dem eig'nen Leben:

Sieh, mit aller Kraft der Seele
Richtet sich darauf mein Streben!

Wird vom Grame frei zu werden
Meinem Herzen je gelingen,

Wenn der Götzen Locken-Inder
Stets mein Ohr versieht mit Ringen?[2]

Mein Bekleiden mit der Kutte
Soll nicht Frömmigkeit bedeuten;

Hundert gar geheime Fehler
Berg' ich d'runter vor den Leuten.

Ich, der nur den reinsten Inhalt
Einer Humpe will geniessen,

Könnte eines Wirthes Worten
Freventlich mein Ohr verschliessen?

Eig'ner Tugend zu misstrauen? —
Gott soll mich davor bewahren!

Nur dass ich zuweilen trinke
Mögt ihr als gewiss erfahren.

An dem Tage der Vergeltung
Hoffe ich, dass Gottes Gnade,

Trotz der Feinde, meine Schulter
Nicht mit Sünden überlade.

Für zwei Körner gab mein Vater
Eden's Glück und seine Ruhe;

Ungerathen will ich heissen,
Wenn ich nicht um Ein's es thue.[3]

Wenn auf diese Art der Sänger
Einfällt in den Ton der Minne,[4]

Raubet mir das Lied Hafisen's
Bei dem Reigentanz die Sinne.

٥٦

گر من از سرزنش مدعیان اندیشم
شیوهٔ رندی و مستی نرود از پیشم
زهد رندان نو آموخته راهی بدهیست
من که بدنام جهانم چه صلاح اندیشم
شاه شوریده سران خوان من بی سامانرا
زانکه در کم خردی از همه عالم بیشم
بر جبین نقش کن از خون دل من خالی
تا بدانند که قربان تو کافرکیشم
اعتقادی بنما و بگذر بهر خدا
تا ندانی که درین خرقه چه نادرویشم
شعر خونبار من ای باد بر یار بخوان
که ز مژگان سیه بر رگ جان زد نیشم
دامن از رشحهٔ خون دل من در هم چین
که اثر در تو رسد گر بخراشی ریشم
من اگر رندم وگر شیخ چه کارم با کس
حافظا راز خود و عارف وقت خویشم

56.

Wenn mich auch die Sorge quälet,
Dass die Gegner auf mich schmähen,

Werd' ich doch des Rausches Reize
Nie vor mir verschwinden sehen.

Schnöd ist selbst die Tugend Jener
Die im Zechen Schüler heissen;

Kann da ich, der Weltverruf'ne,
Frommer Werke mich befleissen?

Nenne mich Vernunftberaubten,
Einen König wirrer Köpfe:

Bin ich auf der ganzen Erde
Doch der grösste aller Tröpfe.

Mal' mit Herzblut mir ein Zeichen
Auf die Stirn, damit man wisse

Dass ich, ein bestimmtes Opfer,
Dir, o Ketzer, fallen müsse.

Traue mir; dann aber fliehe
Eilends fort, um Gotteswillen!

Wüsstest sonst dass diese Kleider
Einen Nicht-Derwisch verhüllen.

Eile, Wind, mein blutend' Liedchen
Einem Freunde zuzutragen

Der mir in die Seelenader
Wimpernflieten eingeschlagen.

Heb' den Saum auf vor dem Blute
Meines Herzens; du begreifest

Dass du selber dich besudelst
Wenn du an die Wunde streifest.

Hab' als Scheich und hab' als Zecher
Nichts zu schaffen mit den Leuten:

Selbst bewahr' ich mein Geheimniss
Und begreife meine Zeiten.

٥٧

گر ازین منزل غربت بسوی خانه روم
دگر آنجا که روم عاقل و فرزانه روم
زین سفر گر بسلامت بوطن باز رسم
نذر کردم که هم از راه بمیخانه روم
تا بگویم که چه کشفم شد ازین سیر و سلوک
بدر میکده با بربط و پیمانه روم
آشنایان ره عشق گرم خون بخورند
ناکسم گر بشکایت بر بیگانه روم
بعد ازین دست من و زلف چو زنجیر نگار
چند چند از پی کام دل دیوانه روم
گر ببینم خم ابروی چو محرابش باز
سجدهٔ شکر کنم وز پی شکرانه روم
خرم آن دم که چو حافظ بتولای وزیر
سرخوش از میکده با دوست بکاشانه روم

57.

Geh' aus dieser Fremdlingsstätte
Ich zurück in's eigne Haus,

Geh' ich, wo ich hin auch gehe,
Künftig mit Bedacht nur aus.'

Komme ich von dieser Reise
Glücklich in der Heimat Schoss,

Geh' ich, wie ich es gelobte,
Schnurstracks auf die Schenke los.

Um zu künden was die Wand'rung
Mir gebracht für einen Lohn,

Geh' ich an das Thor der Schenke
Mit Pocal und Barbiton.

Zwar der Liebesbahn Bekannte'
Trinken stets mein Blut; allein,

Geh' ich klagend je zu Fremden,
Will ein schlechter Mann ich sein.

Nur des Liebling's Lockenkette
Fessle meine Hand; doch ach,

Geh' ich länger noch den Wünschen
Eines tollen Herzens nach?

Seh' ich Seine Braue wieder,
Hochgewölbt wie ein Altar,

Geh' ich hin und niedersinkend,
Bring' ich Dankgebete dar.

O des Glück's wenn, gleich Hafisen,
Ich dem Reichsvezir vereint,

Trunken aus der Schenke gehe
In das Lusthaus mit dem Freund!

۵۸

گرچه افتاد ز زلفش گرهی در کارم
همچنان چشم گشاد از کرمش میدارم
بطرب حمل مکن سرخی رویم که چو جام
خون دل عکس برون میدهد از رخسارم
پردهٔ مطربم از دست برون خواهد برد
آه اگر زانکه درین پرده نباشد بارم
پاسبان حرم دل شده‌ام شب همه شب
تا درین پرده جز اندیشهٔ او نگذارم
دیدهٔ بخت بافسانهٔ او شد در خواب
کو نسیمی ز عنایت که کند بیدارم
منم آن شاعر ساحر که بافسون سخن
از نی کلک همه قند و شکر میبارم
بصد امید نهادیم درین بادیه پای
ای دلیل دل گم گشته فرو مگذارم
چون منش در گذر باد نمی یارم دید
با که گویم که بگوید سخنی با یارم
دوش میگفت که حافظ همه رویست و ریا
بجز از خاک درت با که بگو در کارم

58.

Schürzte auch mir Seine Locke
Einen Knoten in mein Thun,

Hoff' ich doch, durch Seine Gnade,
Eine frohe Lösung nun.

Halte meiner Wangen Röthe
Für der Freude Zeichen nicht:

Denn, wie durch ein Glas, so schimmert
Herzblut mir durch's Angesicht.

Durch des Sängers Weisen werde
Aller Fassung ich beraubt:

Ach, mir ist in diese Weisen
Einzustimmen nicht erlaubt!

Vor das Heiligthum des Herzens
Stell' ich Nachts mich wachend hin,

Einlass in dies Zelt gewährend
Dem Gedanken nur an Ihn;

Und es schlief durch Seinen Zauber
Meines Glückes Auge ein;

Doch das Lüftchen, das mich gnädig
Wieder weckt, wo mag es sein?

Jener Zauberdichter bin ich,
Dem aus seinem Schreibe-Rohr,

Durch die Wundermacht des Wortes,
Zucker quillt und Kand hervor.

Ich betrat der Liebe Wüste,
Hoffend hundertfält'ges Glück;

Führer des verirrten Herzens,
Lass mich ja nicht hier zurück!

Niemals kann ich Ihn erblicken:
Gleich dem Winde eilt Er fort!

D'rum, wem sage ich, er sage
Meinem Freund ein holdes Wort?

„Alles trägt — so sprach Er gestern
„An Hafis der Falschheit Spur."

Sprich, mit wem hab' ich zu schaffen
Als mit deinem Thürstaub nur?

٥٩

من دوستدار روی خوش و موی دلکشم
مدهوش چشم مست و می صاف بیغشم

گفتی ز سر عهد ازل یک سخن بگو
آنگه بگویمت که دو پیمانه درکشم

در عاشقی گزیر نباشد ز ساز و سوز
استاده‌ام چو شمع مترسان ز آتشم

من آدم بهشتیم اما درین سفر
حالی اسیر عشق جوانان مهوشم

بخت ار مدد دهد که کشم رخت سوی دوست
گیسوی حور گرد فشاند ز مفرشم

شیراز معدن لب لعلست و کان حسن
من جوهری مفلس از آن رو مشوشم

از بس که چشم مست درین شهر دیده‌ام
حقا که می نمی‌خورم اکنون و سرخوشم

شهریست پر کرشمهٔ خوبان ز شش جهت
چیزیم نیست ورنه خریدار هر ششم

59.

Ich liebe ein freundliches Antlitz
Und herzenanziehendes Haar;
Ein trunkenes Auge entzückt mich,
Auch Wein, ist er lauter und klar.

Du sagtest ich solle dir deuten
Das Räthsel vom ewigen Bund;
Erst wenn ich zwei Becher geleeret,
Da thu' ich es willig dir kund.

Wer Liebe empfindet, der leiste
Auf Rettung aus Flammen Verzicht;
Hoch rag' ich empor wie die Kerze:
D'rum schrecke durch Feuer mich nicht!

Ein Mensch bin ich, stammend aus Eden;
Allein ich besuchte die Welt,
Wo Liebe zu mondgleichen Jungen
Zur Stunde gefangen mich hält.

Gewährt mir das Glück seine Hilfe,
Und ziehe beim Freunde ich ein,
So fegen die Locken der Huris
Das Lager vom Staube mir rein.

Schiräs ist ein Fundort der Reize,
Für Lippenrubine ein Schacht:
Dies kränkt mich, den Edelsteinhändler,
Der leider schon Bankbruch gemacht;

Und weil mir manch' trunkenes Auge
Gar oft in der Stadt hier erschien,
So bin ich berauscht, wenn in Wahrheit
Ich jetzt auch kein Trinker mehr bin.

Es ist diese Stadt von sechs Seiten
Erfüllt mit der Schönen Gekos,
Und sämmtliche Sechs wollt' ich kaufen,
Wär' leider nicht Armuth mein Loos.

حافظا عروس طبع مرا جلوه آرزوست
آیینه ندارم ازآن آه میکشم
حافظ ز تاب فکرت بیحاصلان بسوخت
ساقی کجاست تا زند آبی بر آتشم

Hafis, mein Gemüth hat, wie Bräute,
Im Glanze zu zeigen sich Lust:
Doch mangelt mir leider ein Spiegel:
D'rum führt mir ein Ach aus der Brust.

Hafisen versetzt der Gedanke
An Thoren in flammende Gluth:
Wo weilet der Schenke? er giesse
Auf's Feuer mir kühlende Fluth!"

٦٠

ما بر آریم شبی دست دعائی بکنیم
غم هجران ترا چاره ز جائی بکنیم
دل بیمار شد از دست رفیقان مددی
تا طبیبش بسر آریم و دوائی بکنیم
آنکه بیجرم برنجید و بتیغم زد و رفت
بازش آرید خدارا که صفائی بکنیم
مدد از خاطر رندان طلب ای دل ورنی
کار صعبست مبادا که خطائی بکنیم
در ره نفس کزو سینهٔ ما بتکده بود
تیر آهی بگشائیم و غزائی بکنیم
خشک شد بیخ طرب راه خرابات کجاست
تا در آن آب و هوا نشو و نمائی بکنیم
سایهٔ طائر کم حوصله کاری نکند
طلب سایهٔ میمون همائی بکنیم
دلم از پرده بشد حافظ خوش لهجه کجاست
تا بقول و غزلش ساز و نوائی بکنیم

60.

Ich erhebe Nachts die Hände
Im Gebete himmelwärts,

Um ein Mittel aufzufinden
Gegen Deiner Trennung Schmerz.

Schon erliegt das Herz, das kranke; —
Weggefährten, steht mir bei,

Dass ich einen Arzt ihm bringe
Und ihm reiche Arzenei!

Jenen der mich schuldlos kränkte,
Mit dem Schwerte schlug und floh,

Bringt mir heim, um Gotteswillen,
Dass ich wieder werde froh!

Bitte das Gemüth der Zecher,
O mein Herz, dir beizusteh'n,

Denn die Sache ist gar schwierig:
Fehler könnte ich begeh'n.

Lass mich auf der Bahn der Lüste,
Aus dem Götzenhaus der Brust

Seufzer, Pfeilen gleich, entsenden
Und geniessen Siegeslust!

Dürr schon ward der Freude Wurzel.
Doch wo ist der Schenke Hahn,

Dass ich dort durch Luft und Wasser
Wachse blühender heran?

Eines schwachen Vogels Schatten
Lässt kein grosses Werk gescheh'n:

Lasst mich denn um eines Huma
Glückbetheilten Schatten fleh'n! [1]

Es entfloh mein Herz; [2] wo aber
Kam H a f i s, der Sänger, hin?

Lasst mich denn mit Instrumenten,
Wenn er singt, begleiten ihn!

٦١

ما ز یاران چشم یاری داشتیم
خود غلط بود آنچه ما پنداشتیم
تا درخت دوستی کی بر دهد
حالیا رفتیم و تخمی کاشتیم
نکته‌ها رفت و شکایت کس نکرد
جانب حرمت فرو نگذاشتیم
گفت و گو آیین درویشی نبود
ورنه با تو ماجراها داشتیم
شیوهٔ چشمت فریب جنگ داشت
ما ندانستیم و صلح انگاشتیم
گلبن حسنت نه خود شد دلفریب
ما دم همت بر او بگماشتیم
گفت خود دادی بما دل حافظا
ما محصل بر کسی نگماشتیم

61.

Von geliebten Freunden
Hofft' ich Freundschaft nur:
Doch im Wahn verfolgte
Ich die falsche Spur.

Ob der Baum der Freundschaft
Je wohl Früchte beut,
Jetzt, wo ich geschäftig
Samen ausgestreut?

Manches ward gesprochen;
Hat sich wer beklagt;
Auch dem Anstand habe
Niemals ich entsagt.

Viel zu schwätzen pflegen
Die Derwische nicht:
Denn mit dir zu streiten
Würde sonst mir Pflicht.

Eine List des Krieges
Barg dein holder Blick.
Doch ich hielt ihn leider
Für des Friedens Glück.

Nicht von selbst gefällst du,
Schöner Rosenstrauch:
Ich ja übermachte
Dir des Segens Hauch.

„Warst, Hafis, es selber
„Der das Herz mir gab?"
— Sprach Er — „Zöllner sandte
„Ich an Niemand ab."

٦٢

مرحبا طایر فرخ پی فرخنده پیام
خیر مقدم چه خبر یار کجا راه کدام
یا رب این قافله را لطف ازل بدرقه باد
که ازو خصم بدام آمد و معشوقه بکام
ماجرای من و معشوق مرا پایان نیست
هر چه آغاز ندارد نپذیرد انجام
زلف دلدار چو زنار همی فرماید
برو ای خواجه که شد بر تن ما خرقه حرام
مرغ روحم که همیزد ز سر سدره صفیر
عاقبت دانهٔ خال تو فکندش در دام
گل ز حد برد تنعم ز کرم رخ بنما
سرو مینازد و خوش نیست خدارا بخرام
چشم خونبار مرا خواب چه در خور باشد
من له یقتل داء دنف کیف ینام
تو ترحم نکنی بر من بیدل گفتم
ذاک دعوای و هانت و تلک الایام
حافظا ار میل بابروی تو دارد شاید
جای در گوشهٔ محراب کنند اهل کلام

62.

Sei gegrüsset, Vogel du des Glückes,
Du, der stets als Freudenbot' erscheinst,

Sei willkommen! Welche Kunde bringst du,
Wohin willst du? Führt der Weg zum Freund?

Herr! Es leite diese Karawane
Deine Huld, die ewige, an's Ziel,

Weil durch sie das Liebchen glücklich wurde,
Und der Gegner in die Schlinge fiel.

Zwischen mir und zwischen dem Geliebten
Endet nie der zänkische Verkehr:

Denn was keinen Anfang hat genommen,
Das gelangt auch nie zum Ende mehr.

Weil des Holden sonnengleiche[1] Locke
Es gebieterisch von mir begehrt,

Nun so ziehe ruhig fort, o Meister:
Eine Kutte bleibt mir streng verwehrt.[2]

Meinen Geist, den Vogel dessen Lieder
Man von Sidra's[3] hohem Wipfel hört,

Hat das Körnchen deines Maales endlich
In das Netz gelockt und schlau bethört.

Allzu stolz geberdet sich die Rose:
Lass denn gnädig du die Wange schau'n!

Unschön ist die Haltung der Zipresse:
Schreite du denn zierlich durch die Au'n!

Meinem Auge, dem nur Blut enträufet,
Ist der Trost des Schlummers nicht gewährt:

Wen ein Schmerz, ein tödtender, befallen
Hat des Schlafes Wohlthat stets entbehrt.

Dass du meiner niemals dich erbarmest
Hab' ich Herabgesetzter dir geklagt;

Auch behaupt' ich's, und die Zeit wird kommen,
Wo dich reut was du zu thun gewagt.

Wenn Hafis zu deinen holden Brauen
Hin sich neigt, so thut er wohl daran,

Denn es siedeln die beredten Männer
In dem Winkel sich des Altar's an.[4]

٦٣

ما بیغمان مست دل از دست داده ایم
همراز عشق و همنفس جام باده ایم
بر ما بسی کمان ملامت کشیده اند
تا کار خود ز ابروی جانان گشاده ایم
ای گل تو دوش داغ صبوحی کشیده‌ٔ
ما آن شقایقیم که با داغ زاده ایم
پیر مغان ز توبهٔ ما گر ملول شد
گو باده صاف کن که بعذر ایستاده ایم
کار از تو میرود نظری ای دلیل راه
کانصاف میدهیم که از ره فتاده ایم
چون لاله می مبین و قدح در میان کار
این داغ بین که بر دل بخون نهاده ایم
گفتی که حافظا این همه رنگ و خیال چیست
نقش غلط مخوان که همان لوح ساده ایم

63.

Wir sorglose, trunkene Männer,
Wir gaben das Herz aus der Hand;

Wir sind die Vertrauten der Liebe
Und geistig dem Weinglas verwandt.

Man schoss aus dem Bogen des Tadels
Auf uns schon gar häufig und viel,

Seitdem durch des Seelenfreund's Braue
Wir glücklich getroffen das Ziel.

Das Brandmaal des Morgens, o Rose,
Du trägst's erst seit gestriger Nacht:

Wir aber, wir sind Anemonen,
Die mit auf die Welt es gebracht.

Gesetzt uns're Reue erweckte
Im Wirthe Betrübniss und Leid,

So heiss' ihn den Rebensaft klären:
Zum Widerruf sind wir bereit.

Durch dich nur wird Alles gefördert,
Ein Blick nur, o Führer, von dir,

Und unsere Ohnmacht zu allem
Erkennen, wie billig, dann wir.

Erblicke nicht stets wie an Tulpen
An uns nur Pocale und Wein;

Nein, blick' auf's Maal auch; wir brannten
Dem blutenden Herzen es ein!

Du sprachst: „All' die Farben und Bilder,
„Hafis, was bedeuten sie dir?"

So lies doch nicht falsch und nicht irrig:
Ein Blatt, ein ganz reines, sind wir.

٦٤

مزن بر دل ز نوک غمزه تیرم
که پیش چشم بیمارت بمیرم
نصاب حسن در حد کمالست
زکاتم ده که مسکین و فقیرم
من آن مرغم که هر شام و سحرگاه
ز بام عرش می آید صفیرم
قدح پر کن که من در دولت عشق
جوانبخت جهانم گرچه پیرم
چنان پر شد فضای سینه از دوست
که فکر خویش گم شد از ضمیرم
مبادا جز حساب مطرب و می
اگر حرفی کشد کلک دبیرم
در آن غوغا که کس کسرا نپرسد
من از پیر مغان منت پذیرم
چو طفلان تا کی ای زاهد فریبی
بسیب بوستان و شهد و شیرم

64.

Ziele mit dem Wimpernpfeile
Nimmer nach dem Herzen mir.

Denn vor deinem kranken Auge
Sehn' ich mich zu sterben hier.

Deiner Schönheit Summe reichet
Zur Vollendung schon hinan:

Gib denn mir davon den Zehent,
Mir, dem gar so armen Mann. [1]

Jener Vogel, der sein Liedchen
Morgens und allabendlich

Von des Himmelsthrones Decke
Laut erschallen lässt, bin ich.

Fülle mir mit Wein den Becher,
Denn, da Liebe mich beglückt,

Bleibt mein Glück ein ewig junges,
Wenn mich auch das Alter drückt.

Meines Busens Räume füllten
Also mit dem Freunde sich,

Dass das Denken an mich selber
Mir aus dem Gemüthe wich.

Nur der Wein und nur der Sänger
Sei'n in Rechnung mir gebracht,

Wenn das Rohr des Schreiberengels
Sich zum Schreiben fertig macht; [2]

Und in jenem Streit, wo Keiner
Freundlich um den Andern frägt, [3]

Werde ich zu grossem Danke
Für des Wirthes Huld bewegt.

Wirst du wohl noch lang, o Frömmler
Mich bethören, wie ein Kind,

Dessen Köder Gartenäpfel
Oder Milch und Honig sind?

قراری کرده ام با می فروشان
که روز غم بجز ساغر نگیرم
خوش آن دم که استغنای مستی
فراغت بخشد از شاه و وزیرم
فراوان گنجها در سینه دارم
اگرچه مدعی بیند حقیرم
من آنگه بر گرفتم دل ز حافظ
که ساقی گشت یار ناگزیرم

Mit den Weinverkäufern habe
Ich geschlossen den Vertrag

Mich nur an das Glas zu halten,
Nahet einst des Grames Tag.

O des frohen Augenblickes
Wo der Stolz des Rausches mir

Unabhängigkeit gewähret
Von dem König und Wesir!

Denn in meinem Busen bergen
Mannigfache Schätze sich,

Blicket auch der Widersacher
Mit Verachtung nur auf mich.

Abgewandt hat von Hafisen
Sich mein Herz in dem Moment

Wo zum Freund mir ward der Schenke,
Er, von dem mich nichts mehr trennt.

٦٥

من ترک عشق و شاهد و ساغر نمیکنم
صد بار توبه کردم و دیگر نمیکنم
ملک بهشت و سایهٔ طوبی و قصر حور
با خاک کوی دوست برابر نمیکنم
تلقین درس اهل نظر یک اشارتست
گفتم کنایتی و مکرر نمیکنم
شیخم بطعنه گفت رو ترک عشق کن
محتاج جنگ نیست برادر نمیکنم
این تقویم تمام که با شاهدان شهر
ناز و کرشمه بر سر منبر نمیکنم
هرگز نمیشود ز سر خود خبر مرا
تا در میان میکده سر بر نمیکنم
ناصح بطنز گفت حرامست می مخور
گفتم بچشم و گوش بهر خر نمیکنم
پیر مغان حکایت معقول میکند
معذورم ار محال تو باور نمیکنم
حافظ جناب پیر مغان جای دولتست
من ترک خاکبوسی این در نمیکنم

65.

Lieb' und Schöne meid' ich nimmer,
Nimmer auch den Weinpocal;

Hundertmal hab' ich's verschworen,
Nimmer thu' ich's abermal.

Thuba's Schatten, Huriköschke
Und des Paradieses Reich

Stelle ich dem Staub im Gaue
Meines Freundes nimmer gleich.

Schon ein Wink genügt dem Manne
Dem's an Einsicht nicht gebricht,

Und verblümt hab' ich gesprochen
Und ich wiederhole nicht.

Zornig sagte mir der Alte:
„Geh' und lass die Liebe ruh'n!"

Es bedarf nicht erst des Streites,
Bruder, nimmer werd' ich's thun.

Mir genügt ja schon als Tugend
Dass mit Schönen in der Stadt

Auf der Kanzel liebzukosen
Stets mein Blick vermieden hat.

Wo der eig'ne Kopf mir stehe,
Weiss ich wahrlich selber kaum,

Bis ich nicht den Kopf erhebe
Mitten in der Schenke Raum.

Tadelnd sprach der Ratheserthailer:
„Meide den verbot'nen Wein!"

Und ich sprach: „Nicht jedem Esel
„Wünschte ich mein Ohr zu leih'n."

Nur vernünftig sind die Dinge
Die der alte Wirth bespricht;

Doch du sagst Unmöglichkeiten
D'rum verzeih', dir glaub' ich nicht.

Des betagten Wirthes Schwelle
Ist, Hafis, ein sel'ger Ort.

Und den Staub an dieser Pforte
Werd' ich küssen immerfort.

٦٦

ما درس سحر در سر میخانه نهادیم
محصول دعا در ره جانانه نهادیم
در خرمن صد عالم عاقل زند آتش
این داغ که ما بر دل دیوانه نهادیم
سلطان ازل گنج غم عشق بما داد
تا روی درین منزل ویرانه نهادیم
در خرقه ازین بیش منافق نتوان بود
بنیادش ازین شیوهٔ رندانه نهادیم
در دل ندهم ره پس ازین مهر بتانرا
مهر لب او بر در این خانه نهادیم
آن بوسه که زاهد ز پیش دست بما داد
از روی صفا بر لب پیمانه نهادیم
المنة لله که چو ما بیدل و دین بود
آنرا که خرد پرور و فرزانه نهادیم
چون میرود این کشتی سرگشته که آخر
جان در سر آن گوهر یکدانه نهادیم
قانع بخیالی ز تو بودیم چو حافظ
یا رب چه گدا همت و بیگانه نهادیم

66.

Ich gab den Unterricht des Morgens [1]
Für Sehnsucht nach dem Weinhaus hin,

Und opferte dem Seelenfreunde
Der Andacht heiligen Gewinn.

Die Garbe hundert weiser Männer
Wird lichterloh in Brand gesetzt

Durch jenes Maal das ich, der Tolle,
Mir in das eig'ne Herz geätzt.

Der ew'ge Herrscher hat die Schätze
Des Liebesgrames mir beschert,

Seit dem Ruinen dieses Hauses
Das Angesicht ich zugekehrt. [2]

Nie wurde noch ein gröss'rer Heuchler
Bedeckt von einem Ordenskleid,

Dem ich als Grundbau unterlegte
Das Mienenspiel der Trunkenheit.

Ich öffne keiner Götzenliebe
Die Herzensbahn wie einst zuvor,

Denn Seiner Lippe Siegel legte
Ich nun an dieses Hauses Thor;

Und jenen Kuss, um dessentwillen
Der Frömmler mir gereicht die Hand. [3]

Ich legte ihn mit reinem Sinne
Hin auf des Weinpocales Rand.

Gottlob, des Herzens und des Glaubens
War, wie ich selber, auch beraubt

Der Mann, an dessen Weisheitspflege
Und helle Einsicht ich geglaubt.

Dies Schiff, stets hin und her getrieben,
Wie fördert es den fern'ren Lauf?

Ich opferte ja meine Seele
Für diese selt'ne Perle auf.

Ich war, Hafisen gleich, zufrieden,
Erschienst du mir im Bilde nur;

O Herr, wie dürftig ist mein Streben
Und wie befremdender Natur!

٦٧

خیال روی تو بر کارگاه دیده کشیدم
بصورت تو نگاری ندیدم و نشنیدم
امید خواجگیم بود بندگی تو جستم
هوای سلطنتم بود خدمت تو گزیدم
اگرچه در طلبت همعنان باد شمالم
بگرد سرو خرامان قامتت نرسیدم
امید در شب زلفت بروز عمر نبستم
طمع بدور دهانت ز کام دل ببریدم
گناه چشم سیاه تو بود و گردن دلخواه
که من چو آهوی وحشی ز آدمی برمیدم
ز شوق چشمهٔ نوشت چه قطرها که فشاندم
ز لعل باده فروشت چه عشوها که خریدم
ز غمزه بر دل ریشم چه تیرها که گشادی
ز غصه بر سر کویت چه بارها که کشیدم
ز کوی یار بیار ای نسیم صبح غباری
که بوی خون دل ریش از آن تراب شنیدم

67.

Auf des Auges Werkstatt malte
Dich mir hold die Phantasie,

Und von einem Bild, dir ähnlich,
Hört' ich nie und schaut' es nie.

Als ich Herr zu werden hoffte,
Sucht' ich deine Knechtschaft mir;

Als ich Lust zu herrschen fühlte,
Wählte ich den Dienst bei dir.

Mit dem Nordwind um die Wette
Dich verfolgend, kam ich doch

Bis zum Staube der Zipresse
Deines Wuchses nimmer noch.

An des Lebens Tag verzweifeln
Hiess mich deiner Locken Nacht,

Und dem Herzenswunsch entsagen
Deines Mundes Herrschermacht.

Nur dein schwarzes Auge klag' ich
Und den schönen Nacken an,

Wenn ich, gleich dem scheuen Rehe
Fliehen muss vor Jedermann.

Wie viel Tropfen schon entlockte
Mir dein Quell, so süss und rein,

Und wie täuschte dein Rubin mich,
Der da Handel treibt mit Wein!

Und wie viele Wimpernpfeile
Schoss'st du auf mein wundes Herz,

Und wie trug nach deinem Gaue
Ich so viele Lasten Schmerz!

Bringe mir vom Gau des Freundes
Nur ein Stäubchen, Morgenluft!

Hoffnung gab dem blut'gen Herzen
Immer jener Erde Duft.

چو غنچه بر سرم از کوی او گذشت نسیمی
که پرده بر دل مسکین ببوی او بدریدم
بخاک پای تو سوگند و نور دیده حافظ
که بی رخ تو فروغ از چراغ دیده ندیدم

379

Wie an Knospen glitt ein Lüftchen
Seines Gau's an mir vorbei,

Und des armen Herzens Hölle
Riss bei seinem Duft entzwei.

Bei dem Staube deiner Füsse
Und Hafisen's Augenlicht!

Ohne deine Wange strahlte
Meines Auges Fackel nicht.

٦٨

ما بدین در نه پی حشمت و جاه آمده ایم
از بد حادثه اینجا بپناه آمده ایم
رهرو منزل عشقیم و ز سرحد عدم
تا باقلیم وجود این همه راه آمده ایم
سبزهٔ خط تو دیدیم و ز بستان بهشت
بطلبکاریٔ این مهر گیاه آمده ایم
با چنین گنج که شد خازن او روح امین
بگدائی بدر خانهٔ شاه آمده ایم
لنگر حلم تو ای کشتی توفیق کجاست
که درین بحر کرم غرق گناه آمده ایم
آب رو میرود ای ابر خطاشوی ببار
که بدیوان عمل نامه سیاه آمده ایم
حافظا این خرقهٔ پشمینه بینداز که ما
از پی قافله با آتش آه آمده ایم

68.

Ich kam ja nicht an diese Pforte
Auf dass ich Rang und Ruhm begehre:

Ich kam auf dass vor Missgeschicken
An diesem Ort ich sicher wäre.

Ich wandle nach dem Haus der Liebe,
Und fernher von des Nichtseins Strande

Kam ich den weiten Weg gegangen
Bis in des Daseins frohe Lande.

Ich sah den Flaum auf deiner Wange
Im frischen Grün, gleich einer Wiese,

Und kam, um dieses Kraut der Liebe
Zu holen, her vom Paradiese.

Mit einem solchen Schatz des Wissens,
Bewacht vom treuen Geist,[1] dem Horte,

Kam ich, so dürftig wie ein Bettler,
Zu eines Königshauses Pforte.

Wo ist der Anker deiner Milde,
O Segensschiff, lass mich ihn finden!

Denn auf dies Meer der Gnade kam ich
Ganz eingetaucht in meine Sünden.

Der Glanz vergeht. O Wolke, tilge
Das Unrecht das ich mochte üben!

Ich kam ja, in das Buch der Thaten
Mit schwarzen Lettern eingeschrieben.

Hafis, befreie dich für immer
Von diesem wollenen Gewande:

Denn dieser Karawane folgend,
Kam ich mit einem Feuerbrande.[1]

٦٩

ما نگوییم بد و میل بناحق نکنیم
روی کس را سیه و دلق خود ازرق نکنیم
عیب درویش و توانگر بکم و بیش بد است
کار بد مصلحت آنست که مطلق نکنیم
خوش برانیم جهان در نظر راه روان
فکر اسب سیه و زین مغرق نکنیم
رقم مغلطه بر دفتر دانش نکشیم
سر حق با ورق شعبده ملحق نکنیم
زاهد ار منع من از باده کند آن بهتر
کالتفاتش بمی صاف مروق نکنیم
شاه اگر جرعهٔ رندان نه بحرمت نوشد
ایچ کارش ز سر صدق برونق نکنیم
آسمان کشتی ارباب هنر میشکند
تکیه آن به که برین بحر معلق نکنیم
گر بدی گفت حسودی و رفیقی رنجید
گو تو خوش باش که ما گوش باحمق نکنیم
حافظ ار خصم خطا گفت نگیریم برو
ور بحق گفت جدل با سخن حق نکنیم

69.

Ich spreche Böses nicht, und neige
Mich nicht zur Ungerechtigkeit;

Ich schwärze keines Menschen Wange,
Und bläue nicht das eig'ne Kleid.[1]

Schlecht ist es, Arme oder Reiche
Mehr oder weniger zu schmäh'n.

Und das Gerathenste ist immer,
Nie böse Thaten zu begeh'n.

Ich schreite schön einher zu Fusse
In aller Wand'rer Angesicht,

Und kümm're mich um schwarze Pferde
Und um geschmückte Sättel nicht.

Ich schreibe in das Buch des Wissens
Nie eine falsche Stelle ein,

Und füge das Geheimniss Gottes
Nicht zu dem Blatt der Gaukelei'n.

Am Klügsten ist's, dass, wenn der Frömmler
Mir den Genuss des Weines wehrt,

Ich ihn mit keinem Weine ehre,
Der lauter ist und rein geklärt;

Und setzt der König ohne Achtung
Die Zecherhefe an den Mund,

So gebe ich in keinem Falle
Ihm Lauterkeit und Treue kund.

Den Schiffbruch der verdienten Männer
Begünstiget der Himmel sehr:

Am Klügsten ist, mich nicht zu stürzen
Auf dieses aufgehang'ne Meer;

Und sprach ein Neider irgend Böses,
Und zürnet der Gefährte dann,

So sprich zu ihm: „Sei guten Muthes!
„Wir hören keinen Dummen an."

Hafis, hat sich der Feind geirret,
Lass mich darum ihn schelten nicht,

Und sprach er wahr, lass mich nicht streiten
Mit Einem der da Wahrheit spricht.

۷۰

مرا عهدیست با جانان که تا جان در بدن دارم
هواداران کویش را چو جان خویشتن دارم
صفای خلوت خاطر از آن شمع چگل جویم
فروغ چشم و نور دل از آن ماه ختن دارم
بکام و آرزوی دل چو دارم خلوتی حاصل
چه فکر از خبث بدگویان میان انجمن دارم
گرم صد لشکر از خوبان بقصد دل کمین سازند
بحمد الله و المنه بتی لشکرشکن دارم
خدارا ای رقیب امشب زمانی دیده بر هم نه
که من با لعل خاموشش نهانی صد سخن دارم
چو در گلزار اقبالش خرامانم بحمد الله
نه میل لاله و نسرین نه برگ نسترن دارم
الا ای پیر فرزانه مکن منعم ز میخانه
که من در ترک پیمانه دلی پیمان شکن دارم
شراب خوشگوارم است و یاری چون نگارم است
ندارد هیچکس یاری چنین یاری که من دارم

70.

Ich versprach dem Holden, dass, so lange
Seel' und Leib in mir vereinigt blieben,

Ich die Freunde seines theuren Gaues
Wie die eig'ne Seele würde lieben.

Freuden, die ich einsam still geniesse,
Hat mir jenes Licht Tschigil's gewähret;

Augenschimmer so wie Herzenshelle
Hat mir jener Mond Chotens bescheret.[1]

Da ich nun, nach Wunsch und Lust des Herzens,
Die ersehnte Einsamkeit errungen,

Acht' ich's nicht, wenn in des Haufens Mitte,
Mich verläumden böse Lästerzungen.

Wenn auf mich auch hundert Heere Schöner
Hinterlistig einen Angriff wagen,

Preis' ich Gott; mir wurde ja ein Götze
Der im Stand ist jedes Heer zu schlagen.[2]

Neider! Schliess' heut Nacht um Gotteswillen
Deine Augen nur für Eine Stunde,

Denn zu sprechen hab' ich hundert Worte
Insgeheim mit Seinem stummen Munde.

Wenn ich Seines Glückes Rosengarten
Froh durchwandle, dann, Gottlob, vermisse

Ich die Tulpe und die weisse Rose
Und das zarte Blatt nicht der Narcisse.

Kluger Greis, du darfst mir nicht verwehren
In der Schenke fürder einzusprechen,

Denn mein Herz, entsagt' ich dem Pocale,
Würde schmählich die Verträge brechen.

Wein besitz' ich, den man leicht verdauet,
Einen Freund, der einem Bilde gleichet;

Traun, kein Sterblicher ist im Besitze
Eines Freund's, der an den Meinen reichet!

مرا در خانه سروی است کاندر سایهٔ قدش
فراغ از سرو بستانی و شمشاد چمن دارم
سزد کز خاتم لعلش زنم لاف سلیمانی
چو اسم اعظمم باشد چه باک از اهرمن دارم
برندی شهره شد حافظ پس از چندین ورع لیکن
چه غم دارم چو در عالم امین الدین حسن دارم

Ein Zipressenbaum schmückt meine Wohnung,
Und in seines hohen Wuchses Schatten

Kann des Hain's Zipresse ich entbehren
Und des Buchses auf den grünen Matten.

Mir gebührt's, durch Sein Rubinensiegel,
Eine Macht wie Salomon zu üben:

Im Besitz des allergrössten Namens
Kann kein Ahriman die Lust mir trüben.[3]

Zwar berüchtigt ist Hafis als Zecher,
Er, der mässig pflegte sonst zu leben;

Doch was fürcht' ich? Ward mir ja hienieden
Ein Émin-eddin Hássán[4] gegeben.

۷۱

من که باشم که بر آن خاطر عاطر گذرم
لطفها میکنی ای خاک درت تاج سرم
دلبرا بنده‌نوازیت که آموخت بگو
که من این ظن برقیبان تو هرگز نبرم
همتم بدرقهٔ راه کن ای طایر قدس
که درازست ره مقصد و من نوسفرم
ای نسیم سحری بندگی من برسان
که فراموش مکن وقت دعای سحرم
خرم آن روز کزین مرحله بر بندم رخت
و ز سر کوی تو پرسند رفیقان خبرم
راه خلوتگه خاصم بنما تا پس ازین
می‌خورم با تو و دیگر غم دنیا نخورم
پایهٔ نظم بلندست و جهانگیر بگو
تا کند پادشه بحر دهان پر گهرم
حافظا شاید اگر در طلب گوهر وصل
دیده دریا کنم از اشک و درو غوطه خورم

71.

Wer bin ich denn, dass deine Seele,
Die duftende, mich nicht vergisst?

Du Gnädiger, du, dessen Thürstaub
Die Krone meines Hauptes ist!

Wer lehrte dich dem Diener schmeicheln?[1]
O sag' es, Herzensräuber du!

Ich traue ähnliche Gefühle
Den Nebenbuhlern nimmer zu.

Lass deine Huld, o heil'ger Vogel,
Mich freundlich leiten auf der Bahn!

Lang ist der Weg; ich aber trete
Die allererste Reise an.

O Morgenlüftchen überbringe
Den Ausdruck ihm der Dienstbarkeit!

Er möge meiner nicht vergessen
In dem Gebet der Morgenzeit.

Des frohen Tag's, an dem ich endlich
Von diesem Orte scheiden kann,

Und mich die Weggefährten fragen
Ob deinem Gaue schon wir nah'n!

O wolle mir die Pfade zeigen
Nach deiner trauten Einsamkeit,

Auf dass ich Wein nur mit dir trinke,
Und nimmer trinke Erdenleid![2]

Erhaben ist der Dichtkunst Würde,
Und sie besiegt das Erdenrund:

Es fülle d'rum des Meeres Kaiser[3]
Mit hellen Perlen mir den Mund!

Willst du der Liebe Perle fischen,
Hafis, so habe auch den Muth

Das Aug' zum Thränenmeer zu machen,
Und dann zu tauchen in die Fluth.

۷۲

مرا می‌بینی و هر دم زیادت میکنی دردم
ترا می‌بینم و میلم زیادت میشود هر دم
بسامانم نمی‌پرسی نمیدانم چه سر داری
بدرمانم نمی‌کوشی نمیدانی مگر دردم
نه راهست اینکه اندازی مرا بر خاک و بگذاری
گذاری آر و بازم پرس تا خاک رهت گردم
ندارم دستت از دامن مگر در خاک و آندم هم
که بر خاکم روان گردی بگیرد دامنت گردم
فرو رفت از غم عشقت دمم دم میدهی تا کی
دمار از من بر آوردی نمیگوئی بر آوردم
شبی دلرا بتاریکی ز زلفت باز میجستم
رخت میدیدم و جامی ز لعلت باز میخوردم
کشیدم در برت ناگاه و شد در تاب گیسویت
نهادم بر لبت لب را و جان و دل فدا کردم
بعزم سبزه و صحرا چو میکردی روان بی ما
سرشک سرخ میکردم روان بر چهرهٔ زردم
تو خوش میباش با حافظ برو گو خصم جان میده
چو گرمی از تو می‌بینم چه غم از خصم دم سردم

72.

Du blick'st auf mich, und meine Leiden
Vermehr'st du augenblicklich mir.

Ich blick' auf dich, und augenblicklich
Vermehrt sich meine Lust nach dir.

Du frägst nicht nach, wie es mir gehe?
Was hast du denn im Sinne? sprich!

Du müh'st dich nicht um meine Heilung:
Wie? weisst du denn nicht leidend mich?

Ist's Recht, mich in den Staub zu schleudern?
Und dann vorbei zu geh'n an mir?

O komm' und frage wie's mir gehe!
Dann werde ich zum Wegstaub dir.

Ich lasse deinen Saum nicht fahren
Als nur im Grabe, und auch dann

Hängt — kömmst am Grabe du vorüber —
Mein Staub sich deinem Saume an.

Dein Liebesgram hemmt mir den Athem:
Sprich, bis wie lang bethörst du mich?

Du liessest mich zu Grunde gehen
Und sagtest nicht: „Erhole dich!"

Ich forderte von deiner Locke
Zur Nachtzeit einst mein Herz zurück,

Da sah ich dein Gesicht, und schlürfte
Aus deines Mundes Glas das Glück;

Flugs zog ich dich an meinen Busen:
Da kräuselte sich hold dein Haar,

Und, meine Lippe an der deinen,
Bracht' ich dir Herz und Seele dar;

Und als du auf die grünen Felder
Lustwandeln gingest ohne mich,

Da löste eine rothe Thräne
Von meiner gelben Wange sich.

Sei du nur freundlich mit Hafisen,
Mag dann der Feind erblassen auch:

Wenn nur bei dir ich Wärme finde,
Was liegt am kalten Feindeshauch?

۷۳

من نه آن رندم که ترک شاهد و ساغر کنم
محتسب داند که من کاری چنین کمتر کنم
من که عیب توبه‌کاران کرده باشم سالها
توبه از می وقت گل دیوانه باشم گر کنم
عشق دردانه است و من غواص و دریا میکده
سر فرو بردم در آنجا تا کجا سر بر کنم
من که از یاقوت و در اشک دارم گنجها
کی طمع در فیض خورشید بلنداختر کنم
من که دارم در گدائی گنج سلطانی بدست
کی طمع در گردش گردون دون پرور کنم
لاله ساغرگیر و نرگس مست و بر من نام فسق
داوری دارم بسی یا رب کرا داور کنم
وقت گل گوئی که زاهد شو بچشم و سر ولی
میروم تا مشورت با شاهد و ساغر کنم
عاشقانرا گر در آتش می پسندد لطف دوست
تنگ چشمم گر نظر در چشمهٔ کوثر کنم

73.

Bin nicht der Zecher der's versuchte
Dem Wein und Schönen zu entsagen;

Auch weiss der Vogt dass ich wohl nimmer
Solch' eine Handlung würde wagen.

Ich, der so lang auf Jene schmähte
Die es verschworen Wein zu trinken,

Ich wäre toll, verschwör' ich selber
Den Wein zur Zeit wo Rosen winken.

Die Liebe gleicht dem Perlenkorne:
Ich tauche d'rum in's Meer der Schenke;

Wo wird das Haupt zum Vorschein kommen,
Das Haupt, das ich darein versenke?

Ich, der ich einen Schatz besitze
An Perlen- und Rubinenthränen,

Ich sollte mich nach Segensspenden
Der hochgestirnten Sonne sehnen?

Ich, der, als Bettler, Schätze habe
Die eines Herrschers würdig wären,

Ich sollte auf den Himmel hoffen
Der nur Gemeine pflegt zu nähren?

Narcissen zechen, Tulpen bechern!
Und mich, mich will man Wüstling nennen?

Ich hab', o Herr, der Händel viele:
Wen soll als Richter ich erkennen?

„Sei fromm!“ sprichst du zur Zeit der Rosen;
„Von ganzem Herzen“ würd' ich sagen,

Müsst' ich nicht erst um ihre Meinung
Die Schönen und den Becher fragen.

Wenn Freundesgnade die Verliebten
Zur Feuerqual verdammen sollte,

Soll ich erblinden, wenn mein Auge
Nach Himmelsquellen spähen wollte;

گر چه بید بی ثمر تا که چنین صافی شوم
بعد ازین از شرم روی گل کجا سر بر کنم
چون صبا مجموعهٔ گلرا بآب لطف شست
کج دلم خوان گر نظر در صفحهٔ دفتر کنم
گرچه گرد آلود فقرم شرم باد از همتم
گر بآب چشمهٔ خورشید دامن تر کنم
عهد و پیمان فلکرا نیست چندان اعتبار
عهد با پیمانه بندم شرط با ساغر کنم
باز کش یکدم عنان ای ترک شهر آشوب من
تا ز اشک و چهره راهت پر زر و گوهر کنم
شیوهٔ رندی نه لایق بود وضعمرا کنون
چون در افتادم چرا اندیشهٔ دیگر کنم
دوش میگفتی لعلت قند میبخشد ولی
تا نبینم در دهان خود کجا باور کنم
گوشهٔ محراب ابروی تو میخواهم ز بخت
تا در آنجا صبح و شام درس عشق از بر کنم
من که امروزم بهشت نقد حاصل میشود
وعدهٔ فردای واعظ تا کجا باور کنم
من غلام شاه منصورم نباشد دور اگر
از سر تمکین تفاخر بر شه خاور کنم

Und würd' ich plötzlich eine Weide,
Und leer wie sie, die Früchtelose!

Wie sollt' ich dann das Haupt erheben
Aus Scham vor dem Gesicht der Rose!

Und wusch das Sammelbuch der Rose
Der Morgenwind im Gnadenthaue,

So soll mein Herz ein falsches heissen:
Wenn ich auf Bücherblätter schaue.

Zwar mich befleckt der Staub der Armuth;
Doch müsst' ich vor mir selbst erröthen,

Hätt' ich, um mir den Saum zu netzen,
Das Nass des Sonnenquell's vonnöthen; [*]

Und weil Vertrag und Bund des Himmels
Nicht die gehoffte Achtung finden,

Schliess' ich mit dem Pocal Verträge,
Und will mich mit dem Glas verbinden.

Den Zaum ein wenig angehalten,
Mein Türke, Aufruhr du der Städte,

Dass Wangengold und Thränenperlen
Ich auf die Reisebahn dir bette!

Ein Minnespiel, nach Art der Zecher,
Kann meinem Handeln jetzt nicht frommen;

Doch sollt' ich — einmal d'rein verfallen —
Auf andere Gedanken kommen?

Aus dem Rubin — so sprach man gestern —
Strömt Kandel dir; allein bedenke

Dass, bis mein Mund ihn nicht verkostet,
Ich jenem Wort nicht Glauben schenke.

Die Altarnische deiner Braue
Begehr' ich von der Gunst der Sterne,

Damit ich dort so Früh als Abends
Die Wissenschaft der Liebe lerne.

Ich, der des wahren Paradieses
Schon heute freudig kann geniessen,

Ich sollte einem Pred'ger glauben
Der mir's erst morgen will erschliessen?

Ein Sclav' bin ich Mansur's, des König's,
Doch dürfte es ganz nahe liegen,

Dass ich des Ostens lieben König
Durch Kraft vermöge zu besiegen. [*]

دوش لعلت عشوهٔ میداد حافظرا ولی

من نه آنم کز وی این افسانها باور کنم

زهد وقت گل چه سودانیست حافظ گوش دار

تا امروزی خوانم و اندیشهٔ دیگر کنم

Gescherzt hat gestern mit *Hafisen*
Dein Mundrubin; allein bedenke

Ich sei es nicht der solchen Mährchen
Von seiner Seite Glauben schenke.

Zur Zeit der Rosen Tugend üben?
— Sei klug *Hafis* — welch ein Beginnen!

Ein „*Zu dir flücht' ich*" will ich beten,
Und eines Ander'n mich besinnen."

۷۴

مژده وصل تو کو کز سر جان بر خیزم
طایر قدسم و از دام جهان بر خیزم
بولای تو که گر بنده خویشم خوانی
از سر خواجگی کون و مکان بر خیزم
یا رب از ابر هدایت برسان بارانی
پیشتر زانکه چو گردی ز میان بر خیزم
بر سر تربت من بی می و مطرب منشین
تا ببویت ز لحد رقص کنان بر خیزم
گرچه پیرم تو شبی تنگ در آغوشم گیر
تا سحرگه ز کنار تو جوان بر خیزم
خیز و بالا بنمای ای بت شیرین حرکات
که چو حافظ ز سر جان و جهان بر خیزم

74.

Wo weilt die *frohe* Kunde deiner Liebe,
Dass ich beseligt ihr entgegen ziehe
Und, als ein Vogel heiliger Gefilde,
Dem Netze dieser Erdenwelt entfliehe?

Bei deiner Liebe sei es hier geschworen!
Willst du als deinen Diener mich erkennen,
So will ich freudig dem Gelüst entsagen
Gebieter mich von Zeit und Raum zu nennen.

Dass du den **Regen** deiner Leitungswolke
Herab mir sendest, Herr, ist meine Bitte,
Eh der Moment erscheint wo ich, als **Stäubchen**
Empor mich schwinge aus der Menschen Mitte.

Nie ohne Wein und nie auch ohne Sänger
Verfüge auf mein Grab dich zum Besuche,
Auf dass ich mich, bei deinem süssen Dufte,
Zum Tanz erhebe aus dem Leichentuche.

Bin ich gleich alt, so magst du doch nicht minder
Mich einmal Nachts mit Innigkeit umfangen,
Auf dass ich jung mich deinem Arm entwinde
Wenn in der Früh die Sonne aufgegangen.

Erhebe dich, lass deinen Wuchs mich schauen,
O Götze du von lieblicher Geberde,
Auf dass, **Hafisen** ähnlich, ich entsage
Der eig'nen Seele und der Lust der Erde!

٧٥

نماز شام غریبان چو گریه آغازم
بمویهای غریبانه قصه پردازم
بیاد یار و دیار آنچنان بگریم زار
که از جهان ره و رسم سفر بر اندازم
من از دیار حبیبم نه از بلاد غریب
مهیمنا برفیقان خود رسان بازم
خدایرا مددی ای دلیل ره تا من
بکوی میکده دیگر علم بر افرازم
خرد ز پیری من کی حساب بر گیرد
که باز با صنمی طفل عشق میبازم
بجز صبا و شمالم نمی شناسد کس
عزیز من که بجز باد نیست دمسازم
هوای منزل یار آب زندگانی ماست
صبا بیار نسیمی ز خاک شیرازم
سرشکم آمد و عیبم بگفت روباروی
شکایت از که کنم خانگیست غمازم
ز چنگ زهره شنیدم که صبحدم میگفت
مرید حافظ خوش لهجه خوش آوازم

75.

Beginn' ich beim Abendgebete
Der Fremdlinge[1] weinend zu stöhnen,

Erzähl' ich gar selt'ne Geschichten
In fremden und klagenden Tönen;

Und weine, des Freund's in der Heimath
Gedenkend, so stark, dass auf Erden

Der Brauch und die Sitte des Weinens
Durch mich zur Unmöglichkeit werden.[2]

Ich bin ja dem Lande des Freundes,
Nicht fremdem Gebiete, entsprossen:

D'rum sende, allmächt'ger Beschützer,
Mich wieder zu meinen Genossen!

Beim einigen Gotte beschwör' ich
Dich, Führer, mir Hilfe zu bringen,

Um wieder im Gaue der Schenke
Die Fahne der Freude zu schwingen!

Wie könnte der rechnende Scharfsinn
Mich unter die Greise versetzen?

Ich spiele ja Spiele der Liebe
Mit einem noch kindischen Götzen.

Mich kennt nur der Ost und der Nordwind,
Und sonst kennt mich Niemand hienieden;

Mein Theurer, denn ausser dem Winde
Ward, ach, mir kein Trauter beschieden!

Die Luft in der Wohnung des Freundes
Ist Wasser, das Leben mir spendet:

O bringe mir, Ostwind, ein Düftchen
Schirâsischer Erde entwendet!

Die Thräne erschien, um die Schande
Mir offen in's Antlitz zu sagen:

Ein Hausfreund war's, der mich verrathen:[3]
Wen soll ich nun diesfalls verklagen?

Die Harfe Sohre's liess am Morgen
— Ich hört' es — die Worte erklingen:

„Ich bin aus der Schule Hafisens,
„Der lieblich kann sprechen und singen."

۷۶

هر چند پیر و خسته دل و ناتوان شدم
هرگه که یاد روی تو کردم جوان شدم
شکر خدا که هر چه طلب کردم از خدا
بر منتهای همت خود کامران شدم
در شاهراه دولت سرمد به تخت بخت
با جام می بکام دل دوستان شدم
ای گلبن جوان بر دولت بخور که من
در سایهٔ تو بلبل باغ جهان شدم
اول ز حرف و صوت جهانم خبر نبود
در مکتب غم تو چنین نکته‌دان شدم
از آن زمان که فتنهٔ چشمت بمن رسید
ایمن ز شر فتنهٔ آخر زمان شدم
آن روز بر دلم در معنی گشاده شد
کز ساکنان درگه پیر مغان شدم
قسمت حوالتم بخرابات میکند
چندانکه اینچنین زدم و آنچنان شدم

76.

Obgleich ich alt geworden bin
Und herzenskrank und schwach,

So ward ich doch stets wieder jung
Sobald ich von dir sprach.

Gottlob, dass noch ein jedes Ding
Das ich von Gott begehrt,

Wenn ernstlich ich darnach gestrebt,
Mir immer ward gewährt!

Am *Heerweg*[1] ew'gen Glückes stieg
Ich auf des Glückes *Thron*,

Und, wie die Freunde es gewünscht,
Mit einem Weinglas schon.

Geniesse, junger Rosenbaum,
Des Glückes Frucht, denn ich

Erhob zur Nachtigall der Welt
In deinem Schatten mich!

Bekannt war von der Welt mir einst
Kein Buchstab' und kein Laut:

In *deines* Grames Schule erst
Ward ich damit vertraut;

Und seit dein Schelmenblick mich traf,
Seit jener frohen Zeit,

Ward ich von jeder Schelmerei
Der künft'gen Zeit befreit.

Seit *jenem* Tag erschloss sich mir
Des Sinnes hohes Thor,

An dem des Wirthes Wohnhaus ich
Zum Aufenthalt erkor.

Das Schicksal weiset unbedingt
Mich an die Schenke an,

So sehr dagegen und dafür
Ich auch bisher gethan.

من پیر سال و ماه نیم یار بی وفاست
بر من چو عمر میگذرد پیر از آن شدم
دوشم نوید داد عنایت که حافظا
باز آ که من بعفو گناهت ضمان شدم

Mich macht' nicht Jahr und Monat alt,
Der falsche Freund allein

Der, gleich dem Leben, mir entflieht,
Gab mir des Alters Schein.

Die Huld des Herrn gab gestern Nacht
Die frohe Kunde mir:

H a f i s , bereue! für der Schuld
Vergebung bürg' ich dir.

۷۷

این چه شورست که در دور قمر می‌بینم
همه آفاق پر از فتنه و شر می‌بینم
دخترانرا همه جنگست و جدل با مادر
پسرانرا همه بدخواه پدر می‌بینم
ابلهانرا همه شربت زگلابست و شکر
قوت دانا همه از خون جگر می‌بینم
اسب تازی‌شده مجروح بزیر پالان
طوق زرین همه در گردن خر می‌بینم
پند حافظ بشنو خواجه برو نیکی کن
که من این پند به از گنج گهر می‌بینم

77.

Welche Verwirrung wohl ist's die im Laufe des Mondes ich sehe?

Voll ist von Tücke — ich seh's — so auch von Bosheit die Welt.

Mit den Müttern im Krieg und im Streite sind immer die Töchter,

Und den Vätern — ich seh's — wollen die Söhne nicht wohl.

Dumme nur trinken sich voll mit Sorbet aus Rosen und Zucker

Und die Weisen — ich seh's — nähren mit Herzblut sich nur.

Der arabische Zelter ward unter dem Sattel verwundet,

Und der Esel — ich seh's — trägt einen Halsring aus Gold.

Meister! Vernimm nun den Rath Hafisen's: „Geh' hin und thu' Gutes!"

Ist dieser Rath doch — ich seh's — mehr als ein Perlenschatz werth.

حرف النون

۱

افسر سلطان گل پیدا شد از طرف چمن
مقدمش یا رب مبارک باد بر سرو و سمن
خوش بجای خویشتن بود این نشست خسروی
تا نشیند هر کسی اکنون بجای خویشتن
خاتم جمرا بشارت ده بحسن خاتمت
کاسم اعظم کرد از و کوتاه دست اهرمن
تا ابد معمور باد این خانه کز خاک درش
هر نفس با بوی رحمان میوزد باد یمن
شوکت پور پشنگ و تیغ عالمگیر او
در همه شهنامها شد داستان انجمن
خنگ چوگانی چرخت رام شد در زیر زین
شهسوارا خوش بمیدان آمدی گوئی بزن
جویبار ملک را آب روان شمشیر تست
تو درخت عدل بنشان بیخ بدخواهان بکن

Der Buchstabe Nun.

1.

Der gekrönte Fürst der Rosen
Ist am Wiesenrand erschienen;

Herr, er möge Segen bringen
Den Zypressen und Jasminen! [1]

Schön ist und so ganz am Platze
Dieses König's Thronbesteigen;

Jeder wird sich wieder setzen
Auf die Stelle die ihm eigen.

Gib dem Siegel Dschem's die Kunde
Von dem freudenvollen Ende;

Denn es band der Namen grösster
Ahriman's verruchte Hände. [2]

Dieses Haus soll ewig blühen,
Denn vom Staube seiner Pforte

Trägt die Düfte des Erbarmers
Jemen's Wind an alle Orte! [3]

Was der Sohn Pischenk's geleistet,
Wie sein Schwert die Welt bezwungen,

Hat in den gesell'gen Kreisen
Manches Königsbuch besungen. [4]

Deinen Sattel hat des Himmels
Schlägelschimmel selbst getragen; [5]

Auf den Rennplatz kamst du, Reiter,
Sollst nun kühn den Ball auch schlagen!

In des Reiches breitem Strome
Ist dein Schwert ein fliessend Wasser; [6]

Pflanze drum den Baum des Rechtes
Und entwurzle seine Hasser!

بعد ازین نشگفت اکر با نکهت خلق خوشت
خیزد از صحرای ایذج نافهٔ مشک ختن
کوشه کیران انتظار جلوهٔ خوش میکنند
بر شکن طرف کلاه و برقع از رخ بر فکن
مشورت با عقل کردم کفت حافظ باده نوش
ساقیا می ده بقول مستشار مؤتمن
ای صبا بر ساقیٔ بزم اتابک عرضه دار
تا از آن جام زر افشان جرعهٔ بخشد بمن

Künftig wird man nicht mehr staunen,
Wenn, bei'm Wohlduft deiner Milde,

Moschusduft Îrêdsch[1] durchwebet,
Wie nur sonst Chôtên's Gefilde.

Deiner freundlichen Geberde
Harrt der stille Klausner bange:

Nimm die Mütze von dem Haupte
Und entschlei're deine Wange!

Den Verstand zog ich zu Rathe,
Der „Hafis trink' Wein!" mir sagte;

Schenke, gib mir Wein! Vertrauen
Heischet der um Rath Befragte.[2]

Ost! Ersuche doch den Schenken
An des Atabeg's Gelage,

Dass er jenes gold'nen Bechers
Bodensatz mir nicht versage.

۲

ای نور چشم من سخنی هست گوش کن
چون ساغرت پرست بنوشان و نوش کن
پیران سخن ز تجربه گویند گفتمت
هان ای پسر که پیر شوی پند گوش کن
بر هوشمند سلسله ننهاد دست عشق
خواهی که زلف یار کشی ترک هوش کن
تسبیح و خرقه لذت مستی نبخشدت
همت درین عمل طلب از میفروش کن
با دوستان مضایقه در عمر و مال نیست
صد جان فدای یار نصیحت نیوش کن
در راه عشق وسوسهٔ اهرمن بسیست
هش دار و گوش دل به پیام سروش کن
برگ و نوا تبه شد و ساز طرب نماند
ای چنگ ناله برکش و ای دف خروش کن
ساقی که جامت از می صافی تهی مباد
چشم عنایتی بمن دردنوش کن
سرمست در قبای زرافشان چو بگذری
یک بوسه نذر حافظ پشمینه پوش کن

2.

Will dir jetzt ein Wörtchen sagen,
Hör' es an, mein Augenlicht:

„Ist dein Glas gefüllt so trinke;
„Doch verwehr's auch Ander'n nicht!"

Alle sprechen aus Erfahrung
Und so sprach auch ich zu dir:

Dass du alt auch werdest, Knabe,
Horche, wenn ich rathe, mir!

Den Verständigen schlug in Ketten
Nimmer noch der Liebe Hand:

Willst du Freundeslocken streicheln,
So entsage dem Verstand!

Rosenkranz und Kutte bieten
Dir die Lust des Rausches nie:

Willst du sie erstreben, ford're
Von dem Weinverkäufer sie.

Sparen darf man bei den Freunden
Gut und Leben nimmermehr;

Weih' dem Freunde hundert Seelen,
Hört auf die Ermahnung er.

Auf der Liebe Bahn versuchet
Ahriman uns oft; allein

Merke dir's, nur Engelkunden
Darfst des Herzens Ohr du leih'n!

Blatt und Frucht sind ganz verdorben,
Und der Freude Ton blieb aus:

Harfe, lass die Klage schallen,
Pauke, schalle mit Gebraus!

Dessen Glas von reinem Weine
Leer nie werde, Schenke du,

Sende mir, dem Hefentrinker,
Einen Blick der Gnade zu!

Zieh'st du trunken hin, im Kleide
Reich mit Golde ausgelegt,

So gelobe nur Ein Küsschen
Dem Hafis, der Wollstoff trägt!

۳

بالا بلند عشوه‌گر نقشباز من
کوتاه کرد قصهٔ زهد دراز من
دیدی دلا که آخر پیری و زهد و علم
با من چه کرد دیدهٔ معشوقه باز من
از آب دیده بر سر آتش نشسته‌ام
کو فاش کرد در همه آفاق راز من
گفتم بدلق زرق بپوشم نشان عشق
غماز بود اشک و عیان کرد راز من
مست است یار و یاد حریفان نمیکند
ذکرش بخیر ساقی مسکین نواز من
می‌ترسم از خرابی ایمان که می‌برد
محراب ابروی تو حضور نماز من
بر خود چو شمع خنده زنان گریه میکنم
تا با تو سنگدل چه کند سوز و ساز من
نقشی بر آب میزنم از گریه حالیا
تا کی شود قرین حقیقت مجاز من

3.

Mein schlankes Lieb, das freundlich koset,
Und das zu spielen pflegt mit Bildern,[1]
Hat *abgekürzt* mir die Geschichten
Die meine *lange* Tugend schildern.

Sah'st du, o Herz, als Alter, Tugend
Und selbst Verstand zu Ende gingen,
Was mir gethan ward von den Augen,
Die stets an der Geliebten hingen?

Ich sitze, durch der Augen *Wasser*
Nunmehr an eines *Feuers* Rande:[2]
Dies Wasser war's das mein Geheimniss
Verkündet hat durch alle Lande.

Ich sagte: „Mit der Gleissnerkutte
„Will decken ich die Spur der Liebe“:
Doch es verrieth mich meine Thräne,
Enthüllend die geheimen Triebe.

Der Freund ist trunken, und erinnert
Sich seiner Trinkgenossen nimmer;
Da lob' ich mir den holden Schenken
Er tröstet ja die Armen immer.

Ich werde — fürcht' ich — meinen Glauben
In Balde als Ruine schauen,
Denn des Gebetes Ruhe raubte
Der Hochaltar mir deiner Brauen;

Und über mich vergiess ich Thränen,
Indem ich, gleich der Kerze, lache;
Ob wohl auf dich, du Herz von Kiesel,
Mein Glüh'n und Schluchzen Eindruck mache?

Ich mal' in diesem Augenblicke
Ein Bild auf Wasser, durch mein Weinen:[3]
Wann wird was ich nur *bildlich* schaue
Als volle *Wahrheit* mir erscheinen?

یا رب کی آن صبا بوزد کز نسیم او
گردد شمامهٔ کرمش کارساز من
زاهد چو از نماز تو کاری نمیرود
هم مستی شبانه و سوز و نیاز من
حافظ ز غصه سوخت بگو حالش ای صبا
با شاه دوست‌پرور دشمن گداز من

Und wann, o Herr, fängt jener Ostwind
Zu wehen an, er, dessen Lüfte

Mein Unternehmen fördern sollen
Durch ihre süssen Gnadendüfte?

Und da, o Frömmler, durch dein Beten
Die Dinge nimmer vorwärts gehen,

Halt' ich den nächt'gen Rausch für besser
Und mein verliebtes Glüh'n und Flehen.

Der Gram verbrannte schon Hafisen,
Drum wolle, Ost, dies offenbaren

Dem König, der die Freunde nähret
Und schmelzen macht der Feinde Schaaren!

٤

چندانکه گفتم غم با طبیبان
درمان نکردند مسکین غریبان
درج محبت بر مهر خود نیست
یا رب مبادا کام رقیبان
آن گل که هردم در دست خاریست
گو شرم بادت از عندلیبان
یا رب امان ده تا باز بیند
چشم محبان روی حبیبان
ما درد پنهان با یار گفتیم
نتوان نهفتن درد از طبیبان
ای منعم آخر بر خوان وصلت
تا چند باشیم از بی نصیبان
حافظ نگشتی شیدای گیتی
گر می شنیدی پند ادیبان

4.

So oft ich auch den Ärzten
Mein Leiden mitgetheilet,

Die Fremdlinge, die armen,
Hat Keiner noch geheilet.

Des Liebeskästchens Siegel
Blieb nimmer unversehret:

Nie werde Nebenbuhlern,
O Herr, ein Wunsch gewähret!

Zur Rose die stets weilet
In eines Dornes Krallen

Sprich: „Mögest du erröthen
„Vor holden Nachtigallen!"

O Herr, lass mich nicht früher
Erliegen dem Geschicke

Als auf der Freunde Wange
Der Freunde Auge blicke!

Woran ich heimlich leide
Musst' ich dem Freund erzählen:

Unmöglich ist's dem Arzte
Sein Leiden zu verhehlen.

Soll länger noch, o Prasser,
Am Tische, der mit Gaben

Besetzt ist deiner Liebe,
Ich keinen Antheil haben?

Es hielten nicht die Menschen
Hafisen für bethöret,

Hätt' er auf die Ermahnung
Gebildeter gehöret.

۵

ای روی ماه منظر تو نوبهار حسن
خال و خط تو مرکز لطف و مدار حسن
در چشم پر خمار تو پنهان فسون سحر
در زلف بی قرار تو پیدا قرار حسن
ماهی نتافت همچو تو از برج نیکوئی
سروی نخاست چون قدت از جویبار حسن
خرم شد از ملاحت تو عهد دلبری
فرخ شد از لطافت تو روزگار حسن
از دام زلف و دانهٔ خال تو در جهان
یک مرغ دل نماند نگشته شکار حسن
گرد لبت بنفشه از آن تازه و ترست
کآب حیات میخورد از چشمه‌سار حسن
دائم بلطف دایهٔ طبع از میان جان
میپرورد بناز ترا در کنار حسن
حافظ طمع برید که بیند نظیر تو
دیار نیست جز رخت اندر دیار حسن

5.

Du dessen Antlitz, das dem Monde gleichet,
Den jungen Lenz der Schönheit in sich schliesst,

Und dessen Maal der Mittelpunkt der Anmuth,
Und dessen Flaum der Schönheit Schwerpunkt ist

Ein wahres Zaubermährchen liegt verborgen
In deinem weinberauschten Augenpaar;

Es macht in deiner *unbeständ'gen* Locke
Sich der *Bestand* der Schönheit offenbar.

Nie blickte aus dem Sternenhaus der Reise
Ein voller Mond so hell wie du hervor,

Und schlank wie du ragt' an der Schönheit Strome
Noch niemals ein Zipressenbaum empor.

Mit hoher Lust erfüllte deine Süsse
Den Lebenslauf der Liebenswürdigkeit,

Und deine Huld und Lieblichkeit erfüllte
Mit Seligkeit der Schönheit frohe Zeit;

Und durch die holden Netze deines Haares,
Und deines Maales Korn, so süss und zart,

Blieb auf der Welt kein Herzensvogel übrig
Der deiner Schönheit nicht zur Beute ward.

Die Veilchen, die die Lippe dir beschatten,
Sind desshalb nur beständig frisch und zart,

Weil sie das Wasser ew'gen Lebens trinken
Das deiner Schönheit reicher Quell bewahrt;

Und immer lässt die Amme des Gemüthes
Aus ihrer Seele Mitte, liebewarm,

Mit zartem Sinn dir Nahrung angedeihen
Und wiegt dich freundlich auf der Schönheit Arm.

Dass nimmer er dir Gleiches würde schauen,
Das hat *Hafis* verzweifelnd schon erkannt:

Gibt es doch *Keinen* der sich deiner Wange
Vergleichen liesse in der Schönheit *Land*.

٦

بهار و گل طرب انگیز گشت و توبه شکن
بشادی رخ گل بیخ غم ز دل بر کن
رسید باد صبا غنچه از هواداری
ز خود برون شد و بر خود درید پیراهن
طریق صدق بیاموز از آب صافی دل
براستی طلب آزادگی ز سرو چمن
عروس غنچه بدین زیور و تبسم خوش
بعینه دل و دین میبرد بوجه حسن
صفیر بلبل شوریده و نفیر هزار
برای وصل گل آمد برون ز بیت حزن
ز دست برد صبا گرد گل کلاله نگر
شکنج گیسوی سنبل ببین بروی سمن
حدیث قصه دوران ز جام جو حافظ
بقول مطرب و فتوای پیر صاحب فن

6.

Vergnügen wecken Lenz und Rose,
Und brechen der Gelübde Macht;

Reiss' dir den Kummer aus dem Herzen,
Und freue dich der Rosenpracht!

Schon kam der Ostwind, und die Knospe
Trat in verliebter Schwärmerei

Heraus aus ihrem eig'nen Wesen,
Und riss sich selbst das Kleid entzwei.

Der Treue Pfad zu wandeln lerne,
O Herz, vom reinen Wasser nur;

Den Gradsinn und die Freiheit suche
Nur bei Zipressen auf der Flur.

Die Knospenbraut, so schön geschminket,
So freundlich lächelnd und so zart,

Raubt Glaub' und Herz vor aller Augen,
Und thut es auf gar schöne Art.

Der liebevollen Sprosser Klage;
Der Nachtigallen Wirbelton

Erschallt, in Sehnsucht nach der Rose,
Aus ihrem Trauerhause[1] schon.

Sieh wie des Ostes Hand die Rose
Mit krausen Locken rings umflicht,

Und wie das Haar der Hyacinthe
Sich wiegt auf des Jasmin's Gesicht.[2]

Der Zeitgeschichte Überliefrung
Verlange vom Pocal, Hafis,

So wie es dich das Wort des Sängers
Und das Fätwâ des Weisen hiess.

۷

چو گل هر دم به بویت جامه در تن
کنم چاک از گریبان تا به دامن
تنت را دید گل گویی که در باغ
چو مستان جامه را بدرید بر تن
من از دست غمت مشکل برم جان
ولی دل را تو آسان بردی از من
بقول دشمنان برگشتی از دوست
نگردد هیچ کس با دوست دشمن
مکن کز سینه‌ام آه جگر سوز
برآید همچو دود از راه روزن
تنت در جامه چون در جام باده
دلت در سینه چون در سیم آهن
ببار ای شمع اشک از دیده چون میغ
که شد سوز دلت بر خلق روشن
دلم را مشکن و در پا مینداز
که دارد در سر زلف تو مسکن
چو دل در زلف تو بستست حافظ
بدین سان کار او در پا میفکن

7.

Stets zerreiss' ich, gleich der Rose
— Weil's an deinen Duft mich mahnt —

Mir vom Kragen bis zum Saume
An dem Leibe das Gewand.

Deinen Leib erblickt' die Rose,
Und im Garten schien sie nun

Sich das Kleid vom Leib zu reissen,
Wie es die Berauschten thun.

Schwer entzieh' ich meine Seele
Deiner Hand, der Quälerin;

Du hingegen, du vermochtest
Leicht das Herz mir zu entzieh'n.

Auf die Rede schnöder Feinde
Wandtest du dich ab vom Freund:

Werde nie ein Mensch hienieden
Seinem Freunde so zum Feind!

Mache nicht dass, herzverbrennend,
Meiner Brust ein Seufzerhauch

Auf dieselbe Art entsteige
Wie dem Schornstein heisser Rauch!

Und dein Leib, so zart umhüllet,
Gleicht dem Wein im Glaspocal.

Und dir ruht das Herz im Busen
Wie in Silber harter Stahl.

Träufle, Kerze, aus dem Auge
Thränen, wie die Wolke thut,

Denn schon wurde klar dem Volke
Deines Herzens heisse Gluth!

Brich das Herz mir nicht in Stücke,
Wirf's nicht vor die Füsse gar:

Seinen Wohnsitz aufgeschlagen
Hat es ja in deinem Haar.

Da Hafis sein Herz gebunden
An dein Haar, mit treuem Sinn,

O so wirf auf gleiche Weise
Nicht zu deinen Füssen ihn!

۸

چون شوم خاک رهش دامن بیفشاند ز من
ور بگویم دل بگردان رو بگرداند ز من
عارض رنگین به هر کس مینماید همچو گل
ور بگویم باز پوشان باز پوشاند ز من
گر چو شمعش پیش میرم بر غمم خندد چو صبح
ور برنجم خاطر نازک برنجاند ز من
دیده را گفتم که آخر یک نظر سیرش ببین
گفت میخواهی مگر تا جوی خون راند ز من
او بخونم تشنه و من بر لبش تا چون شود
کام بستانم از و یا داد بستاند ز من
دوستان جان دادم از بهر دهانش بنگرید
کو بچیزی مختصر چون باز میماند ز من
گر چو فرهادم بتلخی جان بر آید باک نیست
بس حکایتهای شیرین باز میماند ز من
ختم کن حافظ که گر زین گونه خوانی درس عشق
عشق در هر گوشه افسانه خواند ز من

8.

Werd' ich zum Staub des Weges den Er wandelt,
Ermangelt Er mich abzuschütteln nicht,

Und sage ich: „Du sollst das Herz verwenden"
Verwendet Er — von mir das Angesicht.

Stets zeigt Er Seine holdgefärbte Wange,
Der Rose ähnlich, allen Leuten hier,

Und sag' ich Ihm: „Du solltest sie verhüllen"
Verhüllt Er sie — doch immer nur vor mir;

Und sterbe ich vor Ihm, gleich einer Kerze,
Lacht meines Gram's Er, wie der Morgen lacht;

Und zürn' ich d'rob, so wird sein zartes Wesen
Nun gegen mich zum Zorne angefacht.

„Blick' hin auf Ihn" — sprach ich zu meinem Auge
„Bis du dich endlich satt an Ihm geseh'n!"

Und es erwiederte: „Du scheinst zu wollen
„Es mög' aus mir ein blut'ger Bach entsteh'n."

Nach meinem Blute dürstet Er; ich aber
Nach Seiner Lippe. Wer entscheidet hier?

Nehm' ich von Ihm mir das was ich verlange,
Wie, oder nimmt Er Rache gar an mir?

Ich opferte die Seele Seinem *Munde*;
O theure Freunde, seht es selbst mit an,

Wie wegen eines *winzig kleinen Dinges*
Er nimmer sich mit mir vergleichen kann.

Was liegt daran wenn mich, wie einst Ferhaden,
Dem Tode weiht ein *bitteres* Geschick?

Es bleibt dafür so manches *süsse* Mährchen
In der Erinnerung von mir zurück.

Doch ende nun, *Hafis*; denn gibst du ferner
Auf diese Art in Liebe Unterricht,

Erzählt in jedem Winkelchen die Liebe
Ein Zaubermährchen das von mir nur spricht.

٩

خدارا کم نشین با خرقه پوشان
رخ از رندان بی سامان مپوشان
درین خرقه بسی آلودگی هست
خوشا وقت قبای باده نوشان
تو نازک طبعی و طاقت نداری
گرانیهای مشتی دلق پوشان
درین صوفی وشان دردی ندیدم
که صافی باد عیش دردنوشان
بیا وز غبن این سالوسیان بین
صراحی خون دل و بربط خروشان
چو مستم کرده مستور منشین
چو نوشم داده زهرم منوشان
لب میگون و چشم مست بگشای
که از شوقت می لعلست جوشان
ز دل گرمی حافظ بر حذر باش
که دارد سینه چون دیگ جوشان

9.

Weile doch, um Gotteswillen,
Bei den Kuttenträgern nicht;
Doch den unverständ'gen Zechern
Zeige frei dein Angesicht!

Denn auf dieser Kutte haftet
Gar so viel Unreinigkeit;
Doch das off'ne Kleid der Zecher
Lebe hoch für alle Zeit!

Bist du doch ein zartes Wesen,
Und erträgst es nimmermehr,
Dass ein Haufe Kuttenträger
Dich belaste drückend schwer.

Diese Ssofigleichen Männer
Hab' ich nie betrübt geseh'n;
Doch nur Hefentrinkern möge
Reine Lust zur Seite steh'n!

Komm und sieh wie die Verruchtheit
Dieser Heuchlerrotte schon
Bluten macht das Herz der Flasche,
Brausen macht das Barbiton!

Nun du mich ganz trunken machtest,
Setz' dich nicht so nüchtern her!
Nun du Süsses mir gegeben,
Reich' mir keinen Gifttrank mehr!

Öffne das berauschte Auge
Und die Lippe, roth wie Wein,
Denn schon gährt der Wein aus Sehnsucht
Bald mit dir vereint zu sein.

Vor Hafisen's heissem Herzen
Nimm gar sorgsam dich in Acht!
Seine Brust gleicht einem Topfe
Der zum Sude ward gebracht.

۱۰

خوشتر از فکر می و جام چه خواهد بودن
تا ببینم که سرانجام چه خواهد بودن
غم دل چند توان خورد که ایام نماند
گو نه دل باش و نه ایام چه خواهد بودن
باده خور غم مخور و پند مقلد مشنو
اعتبار سخن عام چه خواهد بودن
مرغ کم حوصله را گو غم خود خور که برو
رحم آن کس که نهد دام چه خواهد بودن
دست رنج تو همان به که شود صرف بکام
دانی آخر که بناکام چه خواهد بودن
پیر میخانه همی خواند معمایی دوش
از خط جام که فرجام چه خواهد بودن
بردم از ره دل حافظ بدف و چنگ و غزل
تا جزای من بدنام چه خواهد بودن

10.

Gibt es frohere Gedanken
Als an Becher und an Wein?

Und durch sie möcht' ich ergründen
Was das Ende werde sein?

Soll das Herz noch lang sich grämen
Weil die Tage schnell vergeh'n?

Mögen Herz und Tage schwinden!
Doch was wird wohl dann gescheh'n?

Trinke Wein, nicht Gram, und höre
Auf den Rath des Gauklers nicht;

Soll man auf die Worte achten
Die der nied're Pöbel spricht?

Sag' dem kraftberaubten Vogel:
„Gräme selbst dich über dich!"

„Wird, wer Netze aufgerichtet,
„Deiner je erbarmen sich?"

Klug ist's, wenn du nach Gewünschtem
Strebest mit der Mühe Hand:

Dass dann Ungewünschtes folge,
Ist dir nur zu wohl bekannt.

Gestern las der Greis der Schenke
Uns dies Räthsel vor; — im Glas

War es deutlich eingegraben —:
„Welches Ende nimmt wohl das?"

Mittels Pauke, Lied und Harfe
Ward Hafis durch mich verführt;

Welcher Lohn mir, dem Verruf'nen,
Für dies Treiben wohl gebührt?

١١

دانی که چیست دولت دیدار یار دیدن
در کوی او گدائی بر خسروی گزیدن
از جان طمع بریدن آسان بود و لیکن
از دوستان جانی مشکل توان بریدن
خواهم شدن ببوستان چون غنچه با دل تنگ
و آنجا بنیکنامی پیراهنی دریدن
گه چون نسیم با گل راز نهفته گفتن
که سرّ عشقبازی از بلبلان شنیدن
بوسیدن لب یار اوّل ز دست مگذار
کآخر ملول گردی از دست و لب گزیدن
فرصت شمار صحبت کز این دو راهه منزل
چون بگذریم دیگر نتوان بهم رسیدن
گوئی برفت حافظ از یاد شاه منصور
یا رب بیادش آور درویش پروریدن

II.

Weisst du wohl was Glück man nenne?
Das Gesicht des Freundes schau'n;

Lieber, als ein König heissen,
Bettler sein in seinen Gau'n!

Seine Seele aufzugeben
Fällt dem Menschen leicht; allein

Trennung von den Seelenfreunden
Kann nur schwer erduldbar sein.

Herzbeklommen; gleich der Knospe,
Eil' ich in den Garten fort,

Und das Hemd des guten Rufes
Will ich mir zerreissen dort;

Will bald, wie der West, der Rose
Das Verborg'ne machen kund,

Bald des Liebesspiel's Geheimniss
Hören aus des Sprossers Mund.

Drück' erst auf des Freundes Lippe
Einen Kuss, wenn du's vermagst,

Weil du sonst im Schmerz der Reue
Hand und Lippe dir zernag'st.

Nütze die gesell'gen Freuden,
Denn wir bleiben vom Moment

Wo wir dieses Haus' verlassen
Von einander stets getrennt.

Aus Mânsûr's, des Königs, Sinne
Schwand Hafis, behauptest du;

Führ', o Herr, des Bettlers Pflege
Wieder seinem Sinne zu!

١٢

ز در درآ و شبستان ما منور کن
هوای مجلس روحانیان معطر کن
بچشم و ابروی جانان سپرده‌ام دل و جان
بیا بیا و تماشای طاق منظر کن
ز خاک مجلس ما ای نسیم باغ بهشت
ببر شمامه بفردوس و عود مجمر کن
حجاب دیده ادراک شد شعاع جمال
بیا و خرگه خورشید را منور کن
ستاره شب هجران نمی‌فشاند نور
ببام قصر برآ و چراغ مه برکن
چو شاهدان چمن زیر دست حسن تو اند
کرشمه بر سمن و ناز بر صنوبر کن
فضول نفس حکایت بسی کند ساقی
تو کار خود مده از دست و می بساغر کن
طمع بنقد وصال تو حد ما نبود
حوالتیم بدان لعل همچو شکر کن

12.

Tritt zur Thür herein, erhelle
Uns're Nacht durch deinen Strahl.

Und mit Wohlgeruch erfülle
Dann die Luft im Geistersaal.

Seel' und Herz weih' ich des Lieblings
Augenpaar und Augenbrau'n;

Komm, o komm die hohen Bogen
Und die Fenster[1] anzuschau'n!

Trag' ein Stäubchen uns'res Saales,
Da des Himmelsgartens Luft,

Hin in's Paradies, durchräuchernd
Es mit süssem Aloëduft.

Schönheitsschimmer fällt als Schleier
Vor das Auge des Verstand's;

Komm und mach' das Zelt der Sonne
Lichter noch durch deinen Glanz!

Sterne in der Nacht der Trennung
Leuchten und erhellen nicht!

Steig' denn du auf's Dach des Schlosses
Statt des Mondes Fackellicht!

Deiner Reize Macht erkennen
Alle Schönen auf der Flur;[2]

Blick auf Pinien und Jasmine
D'rum mit sprödem Trotze nur.

Aufgeblasenheit erzählet
Mährchen ohne Unterlass;

Thu' indess was deines Amtes,
Schenke! giessend Wein in's Glas.

Nimmer wag' ich's zu begehren
Deiner Liebe bares Geld:

Gib mir auf die Zuckerlippe
Einen Wechsel ausgestellt!

لب پیاله ببوس آنگهی بمستان ده
بدین دقیقه دماغ خرد معنبر کن
اگر فقیه نصیحت کند که عشق مباز
پیاله‌ای بدهش گو دماغرا تر کن
ازآن شمایل و الطاف خلق خوش که تراست
میان بزم حریفان چو شمع سر بر کن
ازین مزوّجه و خرقه نیک در تنگم
بیک کرشمهٔ صوفی‌کشم قلندر کن
پس از ملازمت عیش و عشق مهرویان
ز کارها که کنی شعر حافظ از بر کن

Küsse erst des Glases Lippe;
Gib's dem Trunk'nen in die Hand.

Und mit dieser Zartheit würze
Das Gehirn du dem Verstand!"

Räth der Liebe Spiel zu meiden
Dir der rechtsgelehrte Mann,

Reiche ihm den Becher, sprechend:
„Feuchte das Gehirn dir an!"

Mögest du durch edle Gaben
Und durch Reize immerdar

Hoch empor als Kerze ragen
In der Trinkgenossen Schaar!

Dieser Kopfbund, diese Kutte,
Sie beengen mich gar sehr:

Durch den Blick, der Seelen tödtet,
Mache mich zum Cälĕndĕr!"

Wenn der Liebe Lust genossen
Du mit einem Mondgesicht,

Dann erlerne und behalte
Ein hafisisches Gedicht.

۱۳

شراب لعل کش و روی مه‌جبینان بین
خلاف مذهب آنان جمال اینان بین
بزیر دلق ملمع کمندها دارند
درازدستی این کوته‌آستینان بین
بخرمن دو جهان سر فرو نمی‌آرند
دماغ و کبر گدایان خوشه‌چینان بین
گره ز ابروی پرچین نمی‌گشاید یار
نیاز اهل دل و ناز نازنینان بین
حدیث عهد محبت ز کس نمی‌شنوم
وفای صحبت یاران و همنشینان بین
اسیر عشق شدن چارهٔ خلاص منست
ضمیر عاقبت‌اندیش پیش‌بینان بین
غبار خاطر حافظ ببرد صیقل عشق
صفای آینهٔ پاک پاک‌دینان بین

13.

Sieh, wenn du Rubinenwein genossest,
Mondeswangigen in's Angesicht.

Und, der Seele Jener[1] widerstrebend,
Sieh nur stets auf Dieser Schönheitslicht!

Sie verbergen schlau gar manche Schlinge
Unter'm abgeflickten Mönchsgewand:

Sieh wie diese Träger kurzer Aermel
Werke üben einer langen Hand![2]

Um die reichen Garben beider Welten
Neigen sie ihr Haupt zu Boden nicht:

Sieh den Stolz und Hochmuth der aus Bettlern,
Der aus armen Ährenlesern spricht!

Nimmer löst der holde Freund den Knoten
Der auf seiner falt'gen Braue ruht:

Sieh wie hochbegabte Männer bitten,
Und wie spröd die Schaar der Zarten thut!

Ist denn Niemand der vom Freundschaftsbunde
Die Erzählung mir zu hören gibt?

Sieh wie alle Freunde und Genossen
Der gehofften Treue Pflicht geübt!

Das Gefangenwerden durch die Liebe
Gibt mir Mittel mich befreit zu seh'n:

Sieh wie Jene auf ihr Heil nur denken
Die mit Vorsicht stets zu Werke geh'n!

Liebe ist's die, ähnlich einer Feile,
Frei von Rost gemacht Hafisens Brust:

Sieh wie rein der Spiegel[3] Jener glänzet,
Die sich reinen Glaubens sind bewusst.

١٤

نکتهٔ دلکش بگویم خال آن مه‌رو ببین
عقل و جان را بستهٔ زنجیر آن گیسو ببین
عیب دل کردم که وحشی وضع و صحرایی مباش
گفت چشم نیم مست ترک آن آهو ببین
حلقهٔ زلفش تماشاخانهٔ باد صباست
جان صد صاحب دل آنجا بستهٔ هر مو ببین
عابدان آفتاب از دلبر ما غافلند
ای ملامت‌گو خدا را رو مبین و رو ببین
زلف دل‌دزدش صبا را بند بر گردن نهاد
با هواخواهان رهرو حیلهٔ هندو ببین
آنکه من در جست و جوی او ز خود یکسو شدم
کس ندیدست و نبیند مثلش از هر سو ببین
حافظ ار در گوشهٔ محراب رو نالد رواست
ای ملامت‌گو خدا را آن خم ابرو ببین
از مراد شاه منصور ای فلک سر بر متاب
تیزی شمشیر بنگر قوت بازو ببین

14.

Ein gar zartes Wort will ich nun sprechen:
„Sieh das Maal auf jenen Mondeswangen,

„Sieh wie fest geknüpft Verstand und Seele
„An den Ketten jenes Haares hangen!"

Und ich schalt das Herz, indem ich sagte,
Dass sein wildes Schüchternsein nicht tauge;

Und es sprach: „O sieh nur jenes Hirschen
„Halbberauschtes, türkengleiches Auge!"

Jener Ring, geformt aus Seinem Haare,
Dient zum Schauplatz sanften Morgenwinden:

Sieh wie Hunderte von Herzbesitzern,
Dort die Seel' an jedes Härchen hingen!

Meinen Liebling kennt nicht wer die Sonne
Anzubeten nähret das Verlangen:

Sieh, o Tadler, doch um Gotteswillen
Nicht auf ihre, sieh auf seine Wangen!

Dando legte um des Ostes Nacken
Sein gelocktes Haar, das Herzen raubet:

Sieh das schlaue Spiel das sich der Inder
Mit dem lust'gen Wanderer ' erlaubet!

So ein Lieb wie ich's so eifrig suche,
Dass ich d'rüber aus mir selber schreite,

Schaute Keiner, wird auch Keiner schauen:
Sieh dich kühn nur um nach jeder Seite!

Reibt Hafis sich an des Altar's Ecke
Das Gesicht, so muss man Recht ihm geben:

Sieh, o Tadler! doch um Gotteswillen
Jener Braue Wölbung dort sich heben!

Himmel, weig're dich nicht zu erfüllen
Das was Schah Mansur von dir begehret!

Sieh die scharfe Klinge seines Schwertes,
Und die Kraft die seinen Arm bewahret!

۱۵

شاه شمشاد قدان خسرو شیرین دهنان
که بمژگان شکند قلب همه صف شکنان
مست بگذشت و نظر بر من درویش انداخت
گفت کای چشم و چراغ همه شیرین سخنان
تاکی از سیم و زرت کیسه تهی خواهد بود
بندهٔ من شو و بر خور ز همه سیم تنان
کمتر از ذره نهٔ پست مشو مهر بورز
تا بخلوتگه خورشید رسی چرخ زنان
بر جهان تکیه مکن ور قدحی می داری
شادی زهره جبینان خور و نازک بدنان
پیر پیمانه کش ما که روانش خوش باد
گفت پرهیز کن از صحبت پیمان شکنان
بصبا در چمن لاله سحر میگفتم
که شهیدان که اند این همه خونین کفنان
گفت حافظ من و تو محرم این راز نه ایم
ز می لعل حکایت کن سیمین ذقنان
دامن دوست بدست آر ز دشمن بگسل
مرد یزدان شو و ایمن گذر از اهرمنان

15.

Der Monarch der buchsbaumgleichen Schönen,
Der Chôsrêw süsslipp'ger Kinder, er

Dessen Wimper stets das Herz durchbrochen
Auch dem kühnsten Reihdurchbrecherheer,[1]

Warf, indem berauscht vorbei er eilte;
Einen Blick mir, dem Dêrwîsche, zu,

Sprechend: „Aller süssberedten Männer
„Augenlicht und helle Fackel du!

„Bis wie lange sollte noch dein Beutel
„Leer von Gold und blankem Silber sein?

„Werde erst mein Diener, und die Schönen
„Mit dem Silberleib sind alle dein!

„Nied'rer bist du nicht als Sonnenstäubchen:
„Auf! und wenn du treu geliebet hast,

„So erhebst du dich im Radesschwunge
„Zu der Sonne einsamen Palast.

„Lass die Welt dir nicht zur Stütze dienen,
„Sondern trinke, hast im Glas du Wein,

„Auf das Wohl der Reisenden mit Stirnen
„Wie Sôhrê und Leibern zart und fein!"

Unser Greis, der gern den B e c h e r leeret,
— Seiner Seele mög' es wohl ergeh'n! —

Sprach: „Vermeide Jene die sich schmählich
„Einen B u n d zu brechen untersteh'n!"

Zu dem Oste auf der Tulpenwiese
Sprach ich, als der Morgen kaum gegraut:

„Wem zum Opfer fielen alle Jene
„Die im blut'gen Leichentuch man schaut?"[2]

„Ich und du, H a f i s — so sprach er — wissen
„Nicht zu deuten dieses Räthsels Sinn:

„Darum sprich nur vom Rubinenweine
„Und von Schönen mit dem Silberkinn!"

Greife nach dem Saume deines Freundes,
Doch dem Feinde hange nimmer an;

Werde Gottes Mann; und sicher wandelst
Du vorüber selbst an Ahriman.

۱۶

گلبرگرا ز سنبل مشکین نقاب کن
یعنی که رخ بپوش و جهانی خراب کن
بفشان عرق ز چهره و اطراف باغرا
چون شیشهای دیدهٔ ما پرگلاب کن
بگشا بشیوه نرگس پرخواب مسترا
و ز رشک چشم نرگس رعنا بخواب کن
ایام گل چو عمر برفتن شتاب کرد
ساقی بدور بادهٔ گلگون شتاب کن
بوی بنفشه بشنو و زلف نگار گیر
بنگر برنگ لاله و عزم شراب کن
همچون حباب دیده بروی قدح گشا
وین خانه‌را قیاس اساس از حباب کن
ز آنجا که رسم و عادت عاشق‌کشی تست
با دشمنان قدح‌کش و با ما عتاب کن
حافظ وصال میطلبد از ره دعا
یا رب دعای خسته‌دلان مستجاب کن

16.

In Moschushyacinthen hülle
Das zarte Blatt der Rose ein,

Das heisst: Verbirg die holde Wange,
Und mach' aus Welten Wüstenei'n! [1]

Lass Schweiss vom Angesichte träufeln,
Und mach' der Fluren weites Reich

Von Rosenwasser überfliessen,
Den Flaschen meiner Augen gleich!

Erschliesse freundlich die Narcisse
Die voll von Schlummer ist und Wein

Und schläf're der Narcisse Auge,
Das Eifersucht ermattet, ein!

Dem Leben eines Menschen ähnlich
Ist schnell die Rose auch verblüht;

D'rum gib, o Schenke, rasch im Kreise
Den Wein herum, der rosig glüht,

Und labe dich am Veilchendufte,
Und greife nach des Liebling's Haar.

Und blicke auf der Tulpen Farbe,
Und Wein verlange immerdar!

Wirf auf das Angesicht des Glases
Das Auge, wie's das Bläschen thut,

Und schliess' vom Bläschen auf die Stützen,
Auf welchen dies Gebäude [2] ruht;

Und weil die Liebenden zu morden
Zum Brauch dir und zur Sitte ward;

So leer' ein Gläschen mit den Feinden, [3]
Und tadle dann mich streng und hart!

Es fleht auf des Gebetes Wege
Hafis um des Genusses Glück;

Das Fleh'n der herzenskranken Männer,
O weise, Herr, es nicht zurück!

۱۷

صبح است ساقیا قدحی پر شراب کن
دور فلک درنگ ندارد شتاب کن
زآن پیشتر که عالم فانی شود خراب
ما را ز جام بادهٔ گلگون خراب کن
خورشید می ز مشرق ساغر طلوع کرد
گر برگ عیش میطلبی ترک خواب کن
روزی که چرخ از گل ما کوزها کند
زنهار کاسهٔ سر ما پر شراب کن
ما مرد زهد و توبه و طامات نیستیم
با ما بجام بادهٔ صافی خطاب کن
کار صواب باده‌پرستیست حافظا
بر خیز و روی عزم بکار صواب کن

17.

Morgen ist's; darum, o Schenke,
Fülle mir mit Wein ein Glas!

Spute dich, denn auch der Himmel
Kreiset ohne Unterlass!

Lass, bevor die Welt, die schnöde,
Gänzlich wird verwüstet sein,

Mich auch ganz verwüstet werden
Durch den rosenfarben Wein!

Aus dem Orient des Bechers
Stieg des Weines Sonnenlicht:

Willst du des Genusses Früchte,
Leiste auf den Schlaf Verzicht!

Wenn dereinst aus meinem Thone
Krüge formt des Himmels Hand,

O dann fülle mir den Schädel
Voll mit Weine bis zum Rand!

Nein, ich bin kein tugendhafter,
Bin kein reuig frommer Mann:

Sprich darum nur mit dem Becher
Voll von reinem Wein mich an!

Eine fromme Handlung übet
Wer, Hafis, den Wein verehrt:

Auf denn! Einer frommen Handlung
Sei dein Vorsatz zugekehrt!

۱۸

فاتحهٔ چو آمدی بر سر خستهٔ بخوان
لب بگشا که میدهد لعل لبت بمرده جان
آنکه بپرسش آمد و فاتحه خواند و میرود
گو نفسی که روح را میکنم از پیش روان
ای که طبیب خستهٔ روی زبان من ببین
کین دم و دود سینه‌ام بار دلست بر زبان
گرچه تب استخوان من کرد ز مهر گرم و رفت
همچو تبم نمیرود آتش مهر از استخوان
حال دلم چو خال تو هست بر آتشش وطن
جسمم از آن چو چشم تو خسته شدست و ناتوان
باز نشان حرارتم ز آب دو دیده و ببین
نبض مرا که میدهد هیچ ز زندگی نشان
آنکه مدام شیشه‌ام از پی عیش داده بود
شیشه‌ام از چه می برد پیش طبیب هر زمان
حافظ از آب زندگی شعر تو داد شربتم
ترک طبیب کن بیا نسخهٔ شربتم بخوان

18.

Trittst du hin zum Haupte des Erkrankten
Bete fromm ein Fâtihâ[1] für ihn,

Und erschliess den Mund, denn neues Leben
Spendet Todten deines Mund's Rubin!

Dem der zum Besuche kam und gebet
Wenn zuvor ein Fâtihâ er sprach,

Sage du, er zög're noch ein wenig,
Denn ich sende schnell den Geist ihm nach.

Der ein Arzt du heissest der Erkrankten,
O besehe meine Zunge dir.

Denn, als Herzenslast, belegt die Zunge
Dieser Hauch und Rauch des Busens mir!

Mehr als sonnenheiss durchglühte Fieber
Mein Gebein, bis dass es endlich schwand;

Doch es schwindet mir aus dem Gebeine,
Gleich dem Fieber, nicht der Liebe Brand.

Deinem Maal gleicht meines Herzens Lage,
Denn das Feuer ist ihr Vaterhaus:[2]

Krank und schmachtend, deinem Auge gleichend,
Sieht darum mein ganzer Körper aus.

Lösche denn, durch beider Augen Wasser,
Jene Gluth die mir im Innern wühlt,

Greife dann den Puls mir, um zu sehen
Ob man d'rin ein Lebenszeichen fühlt.

Jener der beständig mir die Flasche
Sonst gereicht mit lusterfülltem Sinn,

Warum trägt er alle Augenblicke
Meine Flasche jetzt zum Arzte hin?[3]

Mir, Hafis, mir gossen deine Lieder
Die Arznei des Lebenswassers ein:

Lass den Arzt denn fahren, komm und lese
Die Recepte meiner Arzenei'n![4]

۱۹

منم که شهرهٔ شهرم به عشق ورزیدن
منم که دیده نیالوده‌ام به بد دیدن
وفا کنیم و ملامت کشیم و خوش باشیم
که در شریعت ما کافریست رنجیدن
به پیر میکده گفتم که چیست راه نجات
بخواست جام می و گفت راز پوشیدن
مراد ما ز تماشای باغ عالم چیست
به دست مردم چشم از رخ تو گل چیدن
به می‌پرستی از آن نقش خود بر آب زدم
که تا خراب کنم نقش خود پرستیدن
به رحمت سر زلف تو واثقم ورنی
کشش چو نبود از آن سو چه سود کوشیدن
ز خط یار بیاموز مهر با رخ خوب
که گرد عارض خوبان خوشست گردیدن
عنان به میکده خواهیم تافت زین مجلس
که وعظ بی‌عملان واجبست نشنیدن
مبوس جز لب معشوق و جام می حافظ
که دست زهدفروشان خطاست بوسیدن

19.

Bin's, der durch verliebtes Treiben
Ruhm erlangte in der Stadt;

Bin's, der durch den Blick auf Böses
Nie sein Aug' besudelt hat.

Treu bin ich, ertrage Tadel,
Und bin wohlgemuth dabei:

Denn nach meiner Satzung heisset
Menschen quälen -- Ketzerei.

Zu dem alten Wirthe sprach ich:
„Wie gelangt zum Heile man?"

Und, den Becher fordernd, sprach er:
„Wenn man weislich schwelgen kann."

Weshalb wandle ich beschauend
Auf der Erde Blumenland?

Deiner Wange Rosen pflücken
Will ich mit des Auges Hand.

Weinverehrend malt' auf Wasser
Desshalb nur mein Bild ich hin,

Weil das Bild der Selbstverehrung
Ich zu tilgen Willens bin.

Auf das Mitleid deiner Locke
Baue ich mit Zuversicht:

Wenn nicht *sie* mich angezogen,
Nützt mir alles Streben nicht.

Liebe zu der Schönen Wangen
Lerne von des Freundes Flaum,

Denn gar herrlich ist's zu kreisen
Rings um Schöner Wangensaum.

Hin zur Schenke will die Zügel
Lenken ich aus diesem Kreis:

Pflicht ist's, nicht auf *den* zu hören
Der da nicht zu handeln weiss.

Küsse nur des Liebling's Lippe
Und den Weinpocal, *Hafis*!

Denn der Gleissner Hand zu küssen
Wäre Sünde ganz gewiss.

۲۰

میفکن بر صف رندان نظری بهتر ازین
بر در میکده میکن گذری بهتر ازین
در حق من لبت این لطف که میفرماید
سخت خوبست ولیکن قدری بهتر ازین
آنکه فکرش گره از کار جهان بگشاید
گو درین نکته بفرما نظری بهتر ازین
دل بدان رود گرامی چه کنم گر ندهم
مادر دهر نزاید پسری بهتر ازین
ناصحم گفت که جز غم چه هنر دارد عشق
گفتم ای خواجهٔ عاقل هنری بهتر ازین
من که گویم که قدح گیر و لب ساقی بوس
بشنو ای جان که نگوید دگری بهتر ازین
کلک حافظ شکرین میوه نباتیست بچین
که درین باغ نبینی ثمری بهتر ازین

20.

Einen besser'n Blick als diesen
Schleud're auf der Zecher Chor,

Und mit besser'm Schritt als diesem
Geh' vorbei am Schenkenthor!

Was an Huld mir deine Lippe
Freundlich bietet, ist gewiss

Ganz vortrefflich; doch ein wenig
Bess'res wünscht' ich noch als dies.

Jenem, dessen Scharfsinn löset
Das verworrene Geschick,

Sage du: „In diesem Punkte
„Wünscht' ich einen besser'n Blick."

Wie? ich gäb' mich nicht vom Herzen
Jenem theuren Knaben hin?

Nie gebiert ja Mutter Erde
Einen besser'n Sohn als ihn.

Mein Ermahner sprach: „Nur Kummer
„Trägt die Kunst der Liebe ein."

Und ich sagte: „Weiser Lehrer!
„Welche Kunst kann besser sein?"

Sag' ich: „Nimm das Glas und drücke
„Küsse auf des Schenken Mund"

O dann höre mich, o Seele!
Bess'res thut dir Niemand kund!

Zuckerfrüchte trägt Hafisens
Schreibe-Rohr; d'rum pflücke sie:

Bess'res Obst erblickt dein Auge
Wohl in diesem Garten nie!

۲۱

می‌سوزم از فراقت روی از جفا بگردان

هجران بلای ما شد یارب بلا بگردان

مه جلوه مینماید بر سبز خنگ گردون

تا او بسر در آید بر رخش پا بگردان

یغمای عقل و دین را بیرون خرام سرمست

بر سر کلاه بشکن در بر قبا بگردان

مرغول را برافشان یعنی برغم سنبل

گرد چمن بخوری همچون صبا بگردان

ای نور چشم مستان در عین انتظارم

چنگ حزین و جامی بنواز یا بگردان

دوران چو مینویسد بر عارضت خطی خوش

یارب نوشتهٔ بد از یار ما بگردان

حافظ ز خوبرویان بختت جز آن قدر نیست

گر نیستت رضایی حکم قضا بگردان

21.

Ich verbrenne, weil du mich verlassen;
Wende ab von Grausamkeit den Blick!

Trennung ward mein Missgeschick hienieden:
Wende ab, o Herr, das Missgeschick!

Auf dem grünen Gaul des Firmamentes
Glänzet hell der Mond in seinem Lauf;

Doch, damit er schnell zu Boden stürze,
Schwinge du dich auf dein Pferd hinauf! [1]

Tritt, um Glauben und Verstand zu plündern,
Aus dem Haus in holder Trunkenheit;

Setze schief dir auf das Haupt die Mütze,
Und verschiebe auf der Brust das Kleid!

Schüttle das gelockte Haar! Ich meine:
Trotze selbst den Hyacinthen dreist,

Mit dem Rauchfass [2] kreisend um die Wiese
Wie um sie das Morgenlüftchen kreist.

Du o Licht der Augen der Berauschten!
Ich verschmachte in des Harrens Qual:

Streichle denn die Harfe, die betrübte,
Oder mache kreisen den Pokal!

Da der Zeitlauf auf die hohle Wange
Eine schöne Schrift [3] geschrieben dir,

O so wende, Herr, der Bosheit Lettern [4]
Ab von Jenem, der so theuer mir!

Nur so viel, nicht mehr ist's, was die Schönen
Dir, Hafis, bestimmten als dein Loos;

Bist du aber nicht damit zufrieden,
Änd're denn was das Geschick beschloss.

۲۲

کرشمه کن و بازار ساحری بشکن
بغمزه رونق ناموس سامری بشکن
بباده ده سر و دستار عالمی یعنی
کلاه گوشه بآیین دلبری بشکن
بزلف گوی که آیین سرکشی بگذار
بغمزه گوی که سپاه ستمگری بشکن
برون خرام و ببر گوی خوبی از همه کس
سزای حور بده رونق پری بشکن
بآهوان نظر شیر آفتاب بگیر
بابروان دوتا قوس مشتری بشکن
چو عطرسای شود زلف سنبل از دم باد
تو قیمتش بسر زلف عنبری بشکن
چو عندلیب فصاحت فروشد ای حافظ
تو قدر او بسخن گفتن دری بشکن

22.

Brich mit Einem holden Blicke
Flugs den Markt der Zauberei,[1]

Schlage mit dem Wimpernwinke
Allen Ruhm Sâmir's[2] entzwei!

Weih' den Winden Haupt und Turban
Einer ganzen Welt, das heisst:

Setz', wie Schöne thun, die Mütze
Unternehmend auf und dreist!

Sprich zu deinem Lockenhaare:
„Sträube dich nicht länger mehr!"

Sprich zu deinem Wimpernschwerte:
„Schlage das Tirannenheer!"

Komm heraus, und über alle
Trag' der Schönheit Ball[3] davon;

Nimm den Peris ihren Schimmer,
Gib den Huris ihren Lohn!

Mit den Hirschen deiner Blicke
Bändige den Sonnenleu;

Brich dem Müschterî den Bogen
Mit der Doppelbrau' entzwei![4]

Wenn das Haar der Hyacinthe
Duftet durch den Hauch der Luft,

So beraub' es allen Werthes
Durch des Haares Ambraduft!

Wenn, Hafis, der Sprosser prahlet,
Dass sein Lied so lieblich klang,

So besiege und beschäme
Ihn durch persischen Gesang!

۲۳

مرغ دلم طایریست قدسی عرش آشیان
از قفس تن ملول سیر شده از جهان
از سر این خاکدان چون بپرد مرغ جان
باز نشیمن کند بر در آن آستان
چون بپرد مرغ دل سدره بود جای او
تکیه که باز ما کنگرهٔ عرش دان
سایهٔ دولت فتد بر سر عالم همی
گر بکشد مرغ ما بال و پری بر جهان
در دو جهانش مکان نیست بجز فوق چرخ
جسم وی از معدنست جان وی از لا مکان
عالم علوی بود جلوه‌که مرغ ما
آبخور او بود گلشن باغ جنان
تا دم وحدت زدی حافظ شوریده حال
خامهٔ توحید کش بر ورق انس و جان

23.

Es ist mein Herz ein heil'ger Vogel
Der nistet auf dem Himmelsthron;

Des Körpers Käfich macht ihm bange
Und satt ist er der Erde schon;

Und fliegt dereinst der Seelenvogel
Aus diesem Staubgefäss[1] empor,

So wählet er zum zweiten Male
Ein Plätzchen sich an jenem Thor;

Und fliegt empor der Herzensvogel,
So sitzt er auf dem Sidra[2] auf:

D'rum wisse, uns'res Falken Stelle
Ist nur des Himmelsthrones Knauf.

Der Schatten ist's des höchsten Glückes
Der auf das Haupt der Erde fällt,

Wenn unser Vogel seinen Fittich
Ausbreitet über diese Welt;

Er hat nur über'm Himmelsrade
In beiden Welten seinen Stand;

Sein Leib entstammt dem Geisterschachte,
Und seine Seele kennt kein Land.

Der Ort, wo unser Vogel glänzet,
Sind höh're Welten nur allein,

So wie ihm Kost und Trank nur bietet
Des Paradieses Rosenhain.

Hafis, du Wirrer, du der immer
Von Einheit nur gesprochen hat,

Durchstreiche mit der Einheit Rohre
Der Menschen und der Geister Blatt![3]

یا رب آن آهوی مشکین بختن باز رسان
و آن سهی سرو روان را بچمن باز رسان
نکهت پژمردهٔ ما را بنسیمی بنواز
یعنی آن جان ز تن رفته بتن باز رسان
ماه و خورشید بمنزل چو بامر تو رسند
یار مهروی مرا نیز بمن باز رسان
دیدها در طلب لعل یمانی خون شد
یا رب آن کوکب رخشان بیمن باز رسان
سخن اینست که ما بی تو نخواهیم حیات
بشنو ای پیک خبرگیر سخن باز رسان
برو ای طایر میمون همایون آثار
پیش عنقا سخن زاغ و زغن باز رسان
آنکه بودی وطنش دیدهٔ حافظ یا رب
بمرادش ز غریبی بوطن باز رسان

24.

Bring', o Herr, doch jenen Moschushirschen
Wieder auf Chotän's Gebiet,

Bringe jene wandelnde Zipresse
Wieder auf das Wiesenrieth! [1]

Schmeichle sanft mit einem Abendlüftchen
Meinem welkgeword'nen Glück,

Bringe — sag' ich — die entfloh'ne Seele
Wieder in den Leib zurück!

Mond und Sonne kommen an am Ziele
Auf ein Machtgebot von dir!

Bringe meinen vollmondgleichen Liebling
Wieder gütig her zu mir!

Meine Augen, schon ganz blutig, suchen
Den Rubin aus Jemen nur:

Bringe, Herr, den glänzendsten der Sterne
Wieder heim auf Jemen's [2] Flur!

Ohne dich — dies Wort bleibt ausgesprochen —
Wünsch' ich nicht zu leben mehr:

Bringe — hör' es, du o kund'ger Bote —
Wieder eine Nachricht her!

Eile, sel'ger Vogel, dessen Spuren
Deuten auf der Herrschaft Glück?

Bring' das Wort der Krähe und des Raben
Wieder dem Ănkâ zurück!

Jenen, Herr, der in Hafisens Auge
Seine stete Heimath fand, [3]

Bring' nach seinem Wunsche aus der Fremde
Wieder in der Heimath Land!

۲۵

در بدخشان لعل اگر از سنگ می آید برون
آب رکنی چون شکر از تنگ می آید برون
در درون شهر شیراز از در هر خانه‌ای
دلبری رعنای شوخ و شنگ می آید برون
از سرای قاضی و مفتی و شیخ و محتسب
باده‌ای بی غش دگرنگ می آید برون
بر سر منبر بوقت وجد و زراقی حال
از سر دستار واعظ بنگ می آید برون
در درون باغها ز آواز مطرب صبح و شام
وای بلبل با نوای چنگ می آید برون
در چنین شهری بجز یار و اندوه فراق
حافظا از خانه چنین دلتنگ می آید برون

25.

Bedachschân ist's, wo aus Steinen
Der Rubin zum Vorschein kömmt,
Wie der Rokna, gleich dem Zucker,
Einem engen Sack entströmt,[1]

In Schîrâs tritt allenthalben
Schelmisch, hold und wunderlich
Aus dem Thore jedes Hauses
Ein gar schöner Herzensdieb.

Aus des Richters und des Mufti's,
Aus des Scheich's und Vogtes Haus
Kommen unverfälschte Weine,
Rosenroth gefärbt, heraus.

Wenn Begeist'rung auf der Kanzel
Sich mit Gleissnerei verband,
Kömmt das Kräutchen Beng[2] zum Vorschein
An des Pred'gers Mützenrand.

In der Gärten inner'm Raume
Tönet durch des Sängers Sang
Früh und spät des Sprossers Klage
Zu der Harfe sanftem Klang;

Und, in einer Stadt wie diese,
Tritt Hafis aus seinem Haus,
Trauernd ob des Freundes Trennung,
Ach, und herzbeengt, heraus!

حرف الواو

۱

ای قبای پادشاهی راست بر بالای تو
زینت تاج و نگین از گوهر والای تو
آفتاب فتح را هر دم طلوعی میدهد
از کلاه خسروی رخسار مه سیمای تو
گرچه خورشید فلک چشم و چراغ عالمست
روشنائی بخش چشم اوست خاک پای تو
جلوه‌گاه طایر اقبال گردد هر کجا
سایه اندازد همای چتر گردون سای تو
در رسوم شرع و حکمت با هزاران اختلاف
نکته‌ای هرگز نشد فوت از دل دانای تو
آب حیوانش ز منقار بلاغت میچکد
طوطی خوش لهجه یعنی کلک شکرخای تو
آنچه اسکندر طلب کرد و ندادش روزگار
جرعه‌ای بود از زلال جام جان افزای تو

Der Buchstabe Waw.

I.

Du, dessen hohem, schlankem Wuchse
Gar trefflich passt das Kaiserkleid!

Die Hoheit deines Wesens ist es
Die Schmuck dem Thron und Ring[1] verleiht.

Es lockt in jedem Augenblicke
Dein vollmondgleiches Angesicht

Aus deiner königlichen Krone
Des Sieges helles Sonnenlicht.

Heisst gleich das Sonnenlicht am Himmel
Die Fackel und das Aug' der Welt,

Ist's doch der Staub nur deiner Füsse
Der strahlend ihr das Aug' erhellt.

Voll Glanz erscheint des Glückes Vogel
An jedem Orte den zuvor

Der Huma deines Zelt's beschattet,
Das bis zum Himmel reicht empor.

Es gibt, bei tausend Widersprüchen
In Weisheit und Gesetz, kein Ding,

Und wär' es noch so fein gesponnen,
Das deiner Einsicht je entging'.

Auch strömt aus dem beredten Schnabel
Ein wahrer Lebensquell hervor

Dem Psittich mit der süssen Zunge,
Ich meine: deinem Zuckerrohr.[2]

Wonach einst Alexander strebte,
Und was das Loos ihm nicht gewährt,[3]

War Hefe nur aus deinem Glase,
Dess' süsse Fluth das Leben mehrt.

عرض حاجت در حریم حضرتت محتاج نیست
راز کس مخفی نماند با فروغ رای تو
خسروا پیرانه سر حافظ جوانی میکند
بر امید عفو جان‌بخش گنه‌بخشای تو

In deiner Hoheit heil'gen Räumen
Bedarf's der Bittgesuche nicht,

Da keines Sterblichen Geheimniss
Sich birgt vor deiner Weisheit Licht.

O Fürst! Das alte Haupt Hafisens
Erfüllt ein jugendlicher Geist,

Wenn du, beseelend und voll Milde,
So wie er hoffet, ihm verzeih'st.

۲

ای خونبهای نافهٔ چین خاک راه تو
خورشید سایه‌پرور طرف کلاه تو
نرگس کرشمه می‌برد از حد برون خرام
ای جان فدای شیوهٔ چشم سیاه تو
خونم بخور که هیچ ملک با چنین جمال
از دل نیایدش که نویسد گناه تو
آرام خلق و خواب جهان را سبب تویی
زان شد کنار دیده و دل تکیه‌گاه تو
با هر ستاره‌ای سر و کار است هر شبم
از حسرت فروغ رخ همچو ماه تو
یاران همنشین همه از هم جدا شدند
ماییم و آستانهٔ دولت‌پناه تو
حافظ طمع مبر ز عنایت که عاقبت
آتش زند بخرمن غم دود آه تو

2.

Du, dem der Moschushirsch von China
Den Strassenstaub bezahlt mit Blut,[1]

Und unter dessen schiefer Mütze
Der Sonnenball[2] im Schatten ruht!

Zu arg ward der Narcisse Äugeln;
So komm denn huldvoll du herbei.

Du, dessen schwarzen Auges Blicke
Die Seele selbst geopfert sei!

Trink' immerhin mein Blut; kein Engel
Ist, bei dem Anblick solcher Huld,

Im Stand es über's Herz zu bringen,
Und aufzuzeichnen deine Schuld.

Durch dich erfreut das Volk der Ruhe,
Erfreut des Schlummers sich die Welt:

D'rum wurde auch in Herz und Auge
Ein Ruheplätzchen dir bestellt.

Ich mache mir gar viel zu schaffen
Mit jedem Stern in jeder Nacht,

Aus Sehnsucht dein Gesicht zu schauen,
Das einem Monde gleicht an Pracht.

Die Freunde, die beisammen wohnten,
Sie trennten sammt und sonders sich:

Nur ich verblieb an deiner Schwelle,
Dem Zufluchtsort des Glück's für mich.

Hafis, nie mögest du verzweifeln
An Gottes Gnade, weil zuletzt

Der Seufzerrauch aus deinem Busen
Die Garben Gram's in Flammen setzt.

۳

ای آفتاب آینه‌دار جمال تو
مشک سیاه مجمره‌گردان خال تو
صحن سرای دیده بشستم ولی چه سود
کین گوشه نیست درخور خیل خیال تو
این نقطهٔ سیاه که آمد مدار نور
عکسیست در حدیقهٔ بینش ز خال تو
تا پیش بخت باز شوم تهنیت کنان
کو مژده‌ای ز مقدم عید وصال تو
تا آسمان ز حلقه‌بگوشان ما شود
کو عشوه‌ای ز ابروی همچون هلال تو
در اوج ناز و نعمتی ای آفتاب حسن
یا رب مباد تا بقیامت زوال تو
در چین زلفش ای دل مسکین چه گونه‌ای
کآشفته گفت باد صبا شرح حال تو
مطبوع‌تر ز نقش تو صورت نبست باز
طغرانویس ابروی مشکین مثال تو

3.

Du dessen Reizen sich die Sonne
Als Spiegelhälterin verdingt,

Vor dessen Maal der schwarze Moschus
Das Rauchgefäss im Kreise schwingt!

Ich wusch den Hofraum meines Auges:
Doch hat's mir Nutzen wohl gewährt?

Des Heeres deiner Wahngebilde
Ist so ein Winkel ja nicht werth.[1]

Und jener schwarze Punkt im Auge,
Des Lichtes Ausfluss, ist wohl nur

Ein Widerschein von deinem Maale
In meines Sehvermögens Flur.

Um vor dem Schicksal zu erscheinen
Glückwünschend, wie ich's sonst wohl that,

Fehlt leider noch die frohe Kunde
Dass deiner Liebe Fest genaht;[2]

Und um den Himmel selbst als Sclaven
Mit einem Ring im Ohr zu schau'n,

Fehlt leider noch das holde Winken
Von deinen neumondgleichen Brau'n.[3]

O Schönheitssonne! Du beherrschest
Der Anmuth und der Gnade Höh'n;

Herr, bis zum *Auferstehungstage*
Verspäte sich dein *Untergeh'n*!

Wie lebst du, armes Herz, gefangen
In Seinem *krausen* Lockenhaar?

Denn mir, mir stellte deine Lage
Der Ostwind gar *verworren* dar.

Ein hold'res Bild als deine Züge
Liess jener Künstler nie uns schau'n,

Der das Thügrâ dir ausgefertigt
Der *moschusgleichen* Augenbrau'n.[4]

برخاست بوی گل ز در آشتی در آی
ای نوبهار ما رخ فرخنده فال تو
در پیش خواجه عرض کدامین جفا کنم
شرح نیازمندی خود یا ملال تو
حافظ درین کمند سر سرکشان بسیست
سودای کج مپز که نباشد مجال تو

Schon heben sich der Rose Düfte:
So tritt denn freundlich bei mir ein,

Du dessen Wange, Glück verheissend,
Mein Frühling ist, mein Blumenhain!

Worüber soll ich Klage führen
Tret' ich vor den Gebieter hin?

Erklär' ich ihm die eig'ne Ohnmacht,
Wie, oder deinen harten Sinn?

H a f i s, es war der Liebe Schlinge,
In die schon mancher Starrkopf ging:

Lass falschen Wahn dich nicht bethören:
Ist deine Kraft doch zu gering.

٤

بجان پیر خرابات و حق صحبت او
که نیست در سر من جز هوای خدمت او

بهشت اگرچه نه جای گناهکاراست
بیار باده که مستظهرم برحمت او

چراغ صاعقهٔ آن سحاب روشن باد
که زد بخرمن ما آتش محبت او

بیار باده که دوشم سروش عالم غیب
نوید داد که عامست فیض رحمت او

بر آستانهٔ میخانه گر سری بینی
مزن بپای که معلوم نیست نیت او

مکن بچشم حقارت نگاه در من مست
که نیست معصیت و زهد بی مشیت او

نمیکند دل ما میل زهد و توبه ولی
بنام خواجه بکوشیم و فر دولت او

دلا طمع مبر از لطف بی نهایت دوست
که میرسد همه را لطف بی نهایت او

مدام خرقهٔ حافظ بباده در گروست
مگر ز خاک خرابات بود فطرت او

4.

Bei des alten Wirthes Seele
Und dem Dankgefühl für ihn!

And're Lust als ihm zu dienen
Kam mir niemals in den Sinn.

Bringe — wohnt auch nie ein Sünder
In des Paradieses Au'n —

Wein herbei! Auf Gottes Milde
Will ich d'rum nicht minder bau'n.

Strahlen könnte jener Wolke
Blitzesfackel nie genug

Die das Feuer Seiner Liebe
Hin auf meine Garbe trug!

Bringe Wein, denn frohe Kunde
Hat ein Engel gestern Nacht

Mir von Gottes Allerbarmen
Aus der Geisterwelt gebracht.

Kömmt an einer Schenke Schwelle
Dir ein Schädel zu Gesicht,

Tritt ihn ja nicht mit den Füssen:
Kennst ja seine Absicht nicht.[1]

Blick' mit der Verachtung Auge
Nicht auf meine Trunkenheit,

Denn nicht ohne Gottes Willen
Ist die Sünd' und Frömmigkeit.

Nicht zur Tugend noch zur Reue
Neiget sich mein Herz; allein

Durch des Meisters Glück und Namen
Tracht' ich ihnen mich zu weih'n.

Herz, verzweifle an des Freundes
Unbegrenzter Gnade nie!

Diese unbegrenzte Gnade
Über Alle waltet sie.

Weil das Mönchsgewand H a f i s e n s
S t e t s verpfändet ist dem W e i n,

Scheint es, nur aus Schenkenstaub
Könne er gebildet sein.

٥

تاب بنفشه میدهد طرهٔ مشکسای تو
پردهٔ غنچه میدرد خندهٔ دلگشای تو
ای گل خوش نسیم من بلبل خویشرا مسوز
کز سر صدق میکند شب همه شب دعای تو
دولت عشق بین که چون از سر فقر و احتشام
گوشهٔ تاج سلطنت میشکند گدای تو
من که ملول گشتمی از نفس فرشتگان
قال و مقال عالمی میکشم از برای تو
عشق تو سرنوشت من خاک درت بهشت من
مهر رخت سرشت من راحت من رضای تو
خرقهٔ زهد و جام می گرچه نه در خور هم‌اند
این همه نقش میزنم ازجهت هوای تو
دلق گدای عشق را گنج بود در آستین
زود بسلطنت رسد هر که بود گدای تو
شاهنشین چشم من تکیه‌گه خیال تست
جای دعاست شاه من بی تو مباد جای تو

5.

Das Veilchen kräuselt sich aus Neid
Schaut es dein Moschushaar;
Die Knospe, wenn du lachst, zerreisst
Sich ihren Schleier gar.

Gib, duft'ge Rose, nicht der Gluth
Mich, deinen Sprosser, preis,
Mich, der die Nacht, die ganze Nacht
Für dich nur betet heiss!

O sieh wie selig Liebe macht.
Denn, stolz und ruhmbeglückt,
Ist es dein Bettler, der sich kühn
Auf's Ohr die Krone drückt.[1]

Ich, den sonst schon ein Engelshauch
In Ungeduld versetzt,
Ertrage dir zu Liebe gern
Der Welt Gerede jetzt.

Dein Thürstaub ist mein Paradies,
Die Liebe mein Geschick,
Dein Wangenlicht mein Element,
Dein Beifall all' mein Glück.

Zwar passt der Tugend Kutte nicht
Zu vollen Gläsern Wein's,
Allein, in Leidenschaft zu dir,
Verschmelz' ich sie in Eins.

Des Liebesbettlers Kutte birgt
Im Ärmel einen Schatz,
Und, wer dein Bettler ist, besteigt
Im Nu den Herrscherplatz.

Der Wohnsitz deines Bildes ist
Mein Augen-Schähnischîn:[1]
Ein Betort ist es, o mein Schah;
Nie fehle du darin!

شور شراب و سر عشق آن نفسم رود ز سر
کین سر پرهوس شود خاک در سرای تو
خوش چمنیست عارضت خاصه که در بهار حسن
حافظ خوش کلام شد مرغ سخن‌سرای تو

Mir schwinden Rausch und Liebeslust
Nicht aus dem Haupt, bevor

Dies heisse Haupt als Staub nicht ruht
An deines Hauses Thor.

Dein Antlitz ist ein Wiesenfeld,
Besonders wenn Hafis

Im Lenze deiner Schönheit dich,
Als Sprosser, singend pries.

٦

خط عذار یار که بگرفت ماه ازو

خوش حلقه‌ایست لیک بدر نیست راه ازو

ابروی دوست گوشهٔ محراب دولتست

آنجا بمال چهره و حاجت بخواه ازو

ای جرعه‌نوش مجلس جم سینه پاک دار

کآئینه‌ایست جام جهان‌بین که آه ازو

کردار اهل صومعه‌ام کرد می پرست

این دود بین که نامهٔ من شد سیاه ازو

شیطان غم هر آنچه تواند بگو بکن

من برده‌ام بباده‌فروشان پناه ازو

ساقی چراغ می به ره آفتاب دار

گو بر فروز مشعلهٔ صبحگاه ازو

آبی بروزنامهٔ اعمال ما فشان

بتوان مگر سترد حروف گناه ازو

آیا درین خیال که دارد گدای شهر

روزی بود که یاد کند پادشاه ازو

حافظ که ساز مجلس عشاق راست کرد

خالی مباد عرصهٔ این بزمگاه ازو

6.

Der Flaum an meines Freundes Wange,
Verfinsternd selbst des Mondes Licht,

Ist zwar ein schöner Hof zu nennen,
Doch einen Ausweg beut er nicht.

Des Freundes Braue ragt als Nische
Des Glücksaltares hoch empor:

An ihr nur reibe deine Wange
Und ihr nur trage Bitten vor.

Bewahre dir, du Hefentrinker
An Dschem's Gelag, den Busen rein:

Dem Wunderglase, diesem Spiegel
Kann, ach, kein Ding verborgen sein.[1]

Dem Thun der Zellenmänner dank' ich's
Dass ich ein Weinverehrer bin;

Betrachte diesen Rauch:[2] es schwärzte
Mein Buch des Lebens sich durch ihn.

Nun treibe was er immer könne
Der böse Feind, genannt: der Gram,

Weil, Rettung suchend, meine Zuflucht
Ich zu den Weinverkäufern nahm.

O Schenke, mit des Weines Lichte
Beleuchte hell der Sonne Bahn,

Und sprich zu ihr: „An ihr nur zünde
„Der Morgenstunde Fackel an!"

Begiess das Tagbuch meiner Thaten
Mit Wasserfluthen; weil nur dann

Die Menge eingeschrieb'ner Sünden
Vielleicht daraus verschwinden kann.

Ob wohl bei jenen Träumereien,
In die der Bettler sich versenkt,

Ein Tag am Ende noch erscheine
An dem der Kaiser sein gedenkt?

Hafis hat zu dem Fest Verliebter
Die Instrumente aufgestellt.[3]

D'rum möge er auch niemals fehlen
Auf dieses Lustgelages Feld!

۷

گلبن عیش میدمد ساقی گلعذار کو
باد بهار میوزد باده خوشگوار کو
هر گل نو ز گلرخی یاد میدهد ولی
گوش سخن شنو کجا دیده اعتبار کو
مجلس بزم عیش را غالیه مراد نیست
ای دم صبح خوش نفس نافه زلف یار کو
حسن فروشی گلم نیست تحمل ای صبا
دست زدم بخون دل بهر خدا نگار کو
شمع سحر ز خیرگی لاف ز عارض تو زد
خصم زبان دراز شد خنجر آبدار کو
گفت مگر ز لعل من بوسه نداری آرزو
مردم ازین هوس ولی قدرت و اختیار کو
حافظا اگرچه در سخن خازن گنج حکمتست
از غم روزگار دون طبع سخن گذار کو

7.

Der Rosenbaum der Wonne blühet:
Wo ist der Rosige, der Schenke?

Des Frühlings laue Lüfte wehen:
Wo ist der Wein, dies Kraftgetränke?

An eine Rosenwange mahnet
Zwar jedes Röschen auf den Auen:

Doch, wo sind Ohren dies zu hören,
Und wo sind Augen dies zu schauen?

Es mangelt dem Gelag der Wonne
Der Zibet der den Wunsch durchdüfte:

Wo ist des Freundes Moschuslocke?
O sagt es mir, ihr Morgenlüfte!

Der Rose Prahlerei mit Schönheit
Soll mich in Zukunft nicht mehr drillen:

In's Herzensblut taucht' ich die Hände:
Wo ist das Wild,' um Gotteswillen!

Die Morgenkerze hat — verblendet
Mit deiner Wange Reiz geprahlet:

Der Feind verlängerte die Zunge:
Wo ist der Dolch der glänzend strahlet?"

Er sprach: „Du scheinest kein Verlangen
„Nach meiner Lippe Kuss zu hegen."

Mich hat die Lust darnach getödtet:
Wo ist die Wahl und das Vermögen?

Hafis steht in der Kunst des Wortes
Als Hüter bei dem Weisheitshorte:

Doch, durch die nied're Zeit gekränket,
Wo fände wer noch Lust zum Worte?

۸

مرا چشمیست خون افشان ز دست آن کمان ابرو
جهان پر فتنه خواهد شد ازآن چشم و از آن ابرو

غلام چشم آن ترکم که در خواب خوش مستی
نگارین گلشنش رویست و مشکین سایبان ابرو

هلالی شد تنم زین غم که با طغرای مشکینش
که باشد مه که بنماید ز طاق آسمان ابرو

تو کافر دل نمی بندی نقاب زلف و میترسم
که محرابم بگرداند خم آن دلستان ابرو

روان گوشه گیرانرا جبینش طرفه گلزاریست
که بر طرف سمن زارش همی گردد چمان ابرو

وفیست چشم مستت را کمان حسن در زه باد
که از شست تو تیر او کشد بر مه کمان ابرو

رقیبان غافل و ما را از آن چشم و جبین هردم
هزاران گونه پیغامست و حاجب درمیان ابرو

دگر حور و پری را کس نگوید با چنان حسنی
که اینرا اینچنین چشمست و آنرا آنچنان ابرو

اگرچه مرغ زیرک بود حافظ در هواداری
بتیر غمزه صیدش کرد چشم آن کمان ابرو

8.

Das Auge blutet mir durch Jenen
Der einen Bogen hat zur Braue,
Und jene Brau' und jenes Auge,
Sie droh'n Gefahr dem Weltenbaue.

Das Auge lieb' ich jenes Türken:
Wenn Schlaf sich seinem Rausch gesellte,
Wird ihm zum Rosenbeet die Wange,
Die Braue ihm zum Moschuszelte.

Zum Neumond ward mein Leib aus Kummer
Dass sich der Himmelsmond getraue,
Sein duftendes Thogra [1] nicht achtend,
Uns kühn zu zeigen seine Braue.

Du, Ketzerherz, willst dich nicht hüllen
In deine Locken, und ich zitt're,
Dass jene hochgewölbte Braue
Nicht meinen Hochaltar erschütt're. [2]

Sein Stirnblatt hat den frommen Klausnern
Ein zartes Rosenbeet geschienen,
An dessen Wiesenrand die Braue
Lustwandeln geht mit stolzen Mienen.

Den Schönheitsbogen halte immer
Dein trunk'nes Aug' straff angezogen:
Auf dass mit seinem Pfeil du treffest
Den Mond, der Brauen hat gleich Bogen.

Die Nebenbuhler merken nimmer,
Dass tausend Winke ich erschaue
Von jener Stirn' und jenem Auge,
Durch die Vermittlerin, die Braue.

Wer wär' es, der bei solchen Reizen
Noch Huris oder Peris priese?
Denn haben jene solche Augen,
Und eine solche Braue diese?

Stets war Hafis ein flinker Vogel
Wenn er der Liebe Luft durchflogen:
Doch traf ihn jetzt ein Pfeil aus Augen,
Die Brauen haben, ähnlich Bogen.

۹

ای پیک راستان خبر یار ما بگو
احوال گل به بلبل دستان‌سرا بگو
ما محرمان خلوت انسیم غم مخور
با یار آشنا سخن آشنا بگو
بر این فقیر نامه آن محتشم بخوان
با این گدا حکایت آن پادشا بگو
دلها ز دام طرّه چو بر خاک میفشاند
با این غریب ما چه گذشت از هوا بگو
گر دیگرت بدان در دولت گذر بود
بعد از ادای خدمت و عرض دعا بگو
در راه عشق فرق غنی و فقیر نیست
ای پادشاه حسن سخن با گدا بگو
هر کس که گفت خاک در دوست توتیاست
گو این سخن معاینه در چشم ما بگو
صوفی که منع ما ز خرابات میکند
گو در حضور پیر من این ماجرا بگو

9.

Sprich vom Freunde mir, o Rose,
Der nur wahre Kunde bringt;

Von der Rose sprich dem Sprosser
Der so schöne Lieder singt!

Sorge nicht; in das Geheimniss
Bin ich ja schon eingeweiht:

D'rum mit dem vertrauten Freunde
Sprich ein Wort der Traulichkeit!

Lies die Briefe jenes Reichen
Diesem armen Manne vor,

Und von jenem hohen Kaiser
Sprich zu dieses Bettlers Ohr!

Als Er aus dem Lockennetze
Herzen streute auf die Bahn,

Sprich wie's meinem armen Fremdling
In der Luft ergangen dann?

Führt an jenes Thor des Glückes
Wieder einst die Strasse dich,

So bezeig' erst deine Ehrfurcht,
Bringe Wünsche dar und sprich:

„Gleich sind Arme sich und Reiche
„Wandelnd auf der Liebe Bahn:

„Sprich darum, o Schönheitskaiser,
„Immerhin den Bettler an."

Jedem, der als Augenschminke
Seines Freundes Thürstaub preist,

Sage: „Sprich denn diese Worte
„Offen mir in's Aug' und dreist!"

Und dem Ssofi, der die Thore
Zu den Schenken mir verschliesst,

Sage: „Sprich von solchen Dingen
„Wenn mein Wirth zugegen ist."

آن می که در سبو دل صوفی بعشوه برد
کی در قدح کرشمه کند ساقیا بگو
بر هم چو میزد آن سر زلفین مشکبار
با ما سر چه داشت بیا ای صبا بگو
مرغ چمن ز نالهٔ من دوش میگریست
آخر تو واقفی که چه رفت ای صبا بگو
جان پرورست قصهٔ ارباب معرفت
رمزی برو بپرس و حدیثی بیا بگو
هر چند ما بدیم تو ما را بدان مگیر
شاهانه ماجرای گناه گدا بگو
حافظ گرت بمجلس او راه میدهند
می نوش و ترک زرق ز بهر خدا بگو

Jener Wein, der in dem Kruge
Jetzt des Ssofi Herz bestrickt,

Schenke, sprich, wann kömmt die Stunde
Wo er durch die Gläser blickt?

Als Er in Verwirrung brachte
Jenes moschusduft'ge Haar,

Ostwind, sprich was mich betreffend
Damals Seine Absicht war?[*]

Gestern weinte, als ich klagte,
Auch der Vogel auf der Flur;

Ostwind, sprich was vorgefallen?
Endlich weisst ja du es nur.

Die Erzählung weiser Männer
Ist es, die die Seele nährt:

Geh' und frag' und, wiederkehrend,
Sprich von dem was sie gelehrt.

Wäre ich auch noch so böse,
Schilt mich desshalb nicht zu hart:

Sprich von eines Bettlers Sünde
Nachsichtsvoll, nach Königsart!

Gibt, Hafis, man dir Erlaubniss
Ihm zu nah'n, so trinke Wein.

Und zum Trug sprich Gott zu Liebe:
„Nichts mehr haben wir gemein!"

۱۰

مزرع سبز فلک دیدم و داس مه نو
یادم از کشتهٔ خویش آمد و هنگام درو
گفتم ای بخت بخسبیدی و خورشید دمید
گفت با این همه از سابقه نومید مشو
گر روی پاک و مجرد چو مسیحا بفلک
از چراغ تو بخورشید رسد صد پرتو
تکیه بر اختر شب دزد مکن کین عیار
تاج کاوس ببرد و کمر کیخسرو
آسمان گو مفروش این عظمت کاندر عشق
خرمن مه بجوی خوشهٔ پروین بدو جو
گوشوار زر و لعل ارچه گران دارد گوش
دور خوبی گذرانست نصیحت بشنو
چشم بد دور ز خال تو که در عرصهٔ حسن
بیدقی راند که برد از مه و خورشید گرو
آتش زرق و ریا خرمن دین خواهد سوخت
حافظا این خرقهٔ پشمینه بینداز و برو

10.

Auf das grüne Saatenfeld des Himmels
Und des Neumond's Sichel fiel mein Blick,

Und ich dachte an die eig'nen Felder
Und die frohe Erntezeit zurück;

Und ich sprach: „O Glück, du liegst im Schlummer,
„Und doch strahlet schon der Sonne Licht!“

Und er sprach: „Trotz allem Vorgefall'nen
„Nähre Hoffnung und verzweifle nicht!“

Wenn du dich zum Himmel aufgeschwungen,
Dem Messias ähnlich, frei und rein,

Dann verleiht dein Fackellicht der Sonne
Einen hundertfachen Strahlenschein.

Baue nicht zu sehr auf die Gestirne,
Diese nächt'gen Diebe, die geraubt

Kofchosrewens königlichen Gürtel,
Und die Krone von Kjäwûsens Haupt.

Nicht so stolz gebehrde sich der Himmel,
Denn der Liebe sind für ihren Theil

Um ein Körnlein — lichte Mondesgarben,
Um zwei Körnlein — Plejasähren feil.

Zwar es lastet hindernd auf dem Ohre
Ein Gehäng von Gold und von Rubin:

Doch vergänglich ist die Zeit der Schönheit:
Rath ertheil' ich, und du höre ihn!

Deinem Maale nah' kein Bosheitsauge,
Denn, wo Schach um Schönheit wird gespielt,

Hat's den Stein so siegreich vorgeschoben,
Dass als Pfand es Sonn' und Mond erhielt.

Der Verstellung und der Falschheit Feuer
Setzt des Glaubens Garbe bald in Brand:

Zieh' denn hin, Hafis, doch früher schleud're
Weit von dir dies woll'ne Mönchsgewand!

گفتا برون شدی بتماشای ماه نو
از ماه ابروان منت شرم باد رو
عمریست تا دلت ز اسیران زلف ماست
غافل ز حفظ جانب یاران خود مشو
مفروش عطر عقل بهندوی زلف یار
کانجا هزار نافهٔ مشکین بنیم جو
تخم وفا و مهر درین کهنه کشتزار
آنگه شود عیان که رسد موسم درو
ساقی بیار باده که رمزی بگویمت
از سر اختر کهن و سیر ماه نو
شکل هلال هر سر مه میدهد نشان
از افسر سیامک و ترک کلاه زو
حافظ جناب پیر مغان مأمن وفاست
درس حدیث عشق برو خوان و زو شنو

11.

„Aus dem Hause tratst du — sprach Er —
„Um den Neumond zu erspähen;
„Sollst vor meiner Brauen Monde
„Schämen dich und weiter gehen.

„Schon durch Lebensfrist gefangen,
„Weilt dein Herz in meinen Haaren:
„Lass es nicht an Sorge fehlen
„Deine Freunde gut zu wahren!“

Gib für's Inder-Haar des Freundes
Nicht des Geistes duft'ge Gaben:
Dort sind hundert Moschusnabel
Um ein halbes Korn zu haben!

Auf dem alten Feld der Erde
Wird der treuen Liebe Samen
Wohl erst dann zum Vorschein kommen,
Wenn der Ernte Tage kamen.

Schenke, bringe Saft der Reben,
Denn ich will dir etwas sagen
Von des alten Stern's[1] Geheimniss,
Und des Neumond's Reisetagen.

„Am Beginne jeden Monats
„Lässt der neue Mond uns sehen
„Was mit Sĭāmĕk's Tiare
„Und der Krone Schew's geschehen.“[1]

Eine sich're Burg der Treue
Ist, Hafis, des Wirthes Schwelle:
Geh' und lies der Liebe Kunden,
Er erklärt dir jede Stelle.

حرف الها

۱

ای که با سلسلهٔ زلف دراز آمده‌ای
فرصتت باد که دیوانه نواز آمده‌ای

ساعتی ناز مفرما و بگردان عادت
چون بپرسیدن ارباب نیاز آمده‌ای

پیش بالای تو میرم چه بصلح و چه بجنگ
که بهر حال برازندهٔ ناز آمده‌ای

آب و آتش بهم آمیخته‌ای ز آن لب لعل
چشم بد دور که خوش شعبده باز آمده‌ای

آفرین بر دل نرم تو که از بهر ثواب
کشتهٔ غمزهٔ خود را بنماز آمده‌ای

زهد من با تو چه سنجد که بیغمای دلم
مست و آشفته بخلوتگه راز آمده‌ای

گفت حافظ دگرت خرقه شراب آلودست
مگر از مذهب این طایفه باز آمده‌ای

Der Buchstabe He.

1.

Du, der du kamst mit Ketten
Des Lockenhaar's, des langen!
Glück auf! du kamst um schmeichelnd
Den tollen Mann zu fangen.

Sei nur Ein Stündchen freundlich,
Und änd're deine Sitte:
Du kamst ja um zu fragen
Wer dürftig sei und bitte?

Im Frieden wie im Kriege
Will ich dir, Hoher, dienen:
Denn, kamst du, bist du immer
Holdselig nur erschienen.

Dein Mund eint Gluth und Wasser
Mit seltenem Geschicke:
Du kamst als wahrer Gaukler;
Entfernt Euch, böse Blicke!

Dein weiches Herz belob' ich:
Wohl nur der Andacht wegen
Kamst du für die zu beten
Die deinem Blick erlegen.

Was gilt dir meine Tugend?
Zum Herzensraub, o Jammer,
Kamst du, verwirrt und trunken,
In meine stille Kammer.

Er sprach: „Wein ist's, der wieder,
„Hafis, dein Kleid bedeckte:
„Du kamst zurück — so scheint es
„Vom Pfade dieser Secte."

۲

از خون دل نوشتم نزدیک یار نامه
انی رأیت دهراً من هجرک القیامه

دارم من از فراقت در دیده صد علامت
لیست دموع عینی هذا لنا العلامه

هر چند کآزمودم از وی نبود سودم
من جرّب المجرّب حلّت به الندامه

پرسیدم از طبیبی احوال دوست گفتا
فی قربها عذاب فی بعدها السلامه

باد صبا ز ماهم تا که نقاب برداشت
کالشمس فی الضحی تطالع من الغمامه

گفتم ملامت آرد گر گرد کوت گردم
و الله ما رأینا حبّاً بلا ملامه

حافظ چو طالب آمد جامی بجان شیرین
حتی یذوق منه کأساً من الکرامه

2.

Ich schrieb an meine Freundin
Mit meines Herzens Blute:

„Mir ist wie am Gerichtstag,
„Getrennt von dir, zu Muthe.

„Mein Aug' hat hundert Zeichen
„Die Trennung zu bewähren:

„Das einz'ge Zeichen leider
„Sind nicht die vielen Zähren;"

Und was ich auch versuchte,
Es wollte nicht gelingen:

Versucht man schon Versuchtes,
Wird es nur Reue bringen.[1]

Mit einem Arzt berieth ich
Mich meiner Freundin wegen;

Er sprach: „Qual bringt die Nähe,
„Doch die Entfernte — Segen."

Jäh hob der Ost den Schleier
Von meines Mondes Wangen:

Da schien die frühe Sonne
Aus Wolken aufgegangen.

Ich sprach: „Man wird mich tadeln,
„Wenn ich dein Dorf umschleiche."

Bei Gott! wo ist die Liebe,
Die Tadel nicht erreiche?

Gib was *Hafis* begehrte:
Ein Glas. Bei'm süssen Leben![2]

Es wird ihm die Genüsse
Der Wunderschale geben.

٣

از من جدا مشو که توام نور دیده‌ای
آرام جان و مونس قلب رمیده‌ای
از چشم زخم خلق مبادت گزند از آنک
در دلبری بغایت خوبی رسیده‌ای
از دامن تو دست ندارند عاشقان
پیراهن صبوری ایشان دریده‌ای
دل بد مدار هان که رسی هم بروز وصل
شبها چو زهر فرقت جانان چشیده‌ای
منعم مکن ز عشق وی ای مفتی زمان
معذور دارمت که تو او را ندیده‌ای
این سرزنش که کرد ترا دوست حافظا
بیش از گلیم خویش مگر پا کشیده‌ای

3.

Verlasse du mich nimmer,
Bist ja mein Augenlicht.

Bist meiner Seele Ruhe,
Der Trost, der mir gebricht.

Kein böser Blick der Menschen
Verwunde jemals dich,

Denn auf die höchste Stufe
Schwang deine Schönheit sich.

Es geben die Verliebten
Dir deinen Saum nicht frei,

Denn ihnen riss'st das Hemde
Du der Geduld entzwei.

Nur Muth! der Tag wird kommen,
Wo der Genuss dir lacht,

Weil du das Gift der Trennung
Verkostet manche Nacht.

Verwehre ihn zu lieben,
O Mufti, nimmer mir;

Doch mag ich dir verzeihen,
Denn nie erschien Er dir.

Hafis, wenn du im Freunde
Den Vorwurf hast geweckt,

War's, weil du aus der Decke
Zu weit den Fuss gestreckt.

٤

ای از فروغ رویت روشن چراغ دیده
مانند چشم مستت چشم جهان ندیده
همچون تو نازنینی سر تا بپا لطافت
گیتی نشان نداده ایزد نیافریده
بر قصد خون عشاق ابرو و چشم مستت
گاه این کمین گشاده گاه آن کمان کشیده
تا کی کبوتر دل چون مرغ نیم بسمل
باشد ز تیر هجرت در خاک و خون طپیده
از سوز سینه هر دم دودم بسر بر آید
چون عود چند باشم در آتش آرمیده
گر زان که رام گردد بخت رمیده با من
هم زان دهن بر آرم کام دل رمیده
میلی اگر ندارد با عارض تو ابرو
پیوسته از چه باشد چون قد من خمیده
گر بر لبم نهی لب یابم حیات باقی
آن دم که جان شیرین باشد بلب رسیده

4.

Du, der durch der Wangen Schimmer
Meines Auges Licht erhellt!

Ein berauschtes Aug', wie deines,
Schaute nie das Aug' der Welt.

Einen Zarten der dir gliche,
Schön vom Haupt zum Fusse, fand

Niemand noch auf dieser Erde,
Nie noch schuf ihn Gottes Hand.

Blutdurst hat dein trunk'nes Auge
Und die Braue übermannt:

Jenes lauert im Verstecke
Während *diese* Bogen spannt.

Soll noch lang mein Herzenstäubchen,
Wie ein wunder Vogel thut,

Von der Trennung Pfeil getroffen,
Wälzen sich in Staub und Blut?

Immer steigt mir Rauch zum Kopfe
Aus des Busens hellem Brand:

Halt' ich, gleich dem Aloëholze,
Länger noch dem Feuer Stand?

Wenn mein Glück, das *aufgeschreckte*,
Sich gehorsam mir bewährt,

Wird mir jener Mund bescheren
Was mein *scheues* Herz begehrt.

Neigung fühlt für deine Wange
Deine Braue ganz bestimmt:

Weshalb wäre sie sonst immer
Meinem Wuchse gleich gekrümmt?

Leg'st du deine Lipp' an meine,
Werd' ich wieder neu belebt,

Wenn mir schon die süsse Seele
Auf der welken Lippe schwebt.

تا کی فرو گذاری چون زلف خود دلمرا
سرگشته و پریشان ای نور هر دو دیده
در پای خار هجران افتاده در کشاکش
وز گلشن وصالت هرگز گلی نچیده
مارا بضاعت نیست ار در مذاقت افتد
دریای شعر حافظ بنویس در جریده
گر دست من نگیری با خواجه باز گویم
کز عاشقان مسکین دل برده ندیده

Lässt du wohl mein Herz noch länger,
Ähnlich deinem eig'nen Haar,

Ganz verwirrt zu Boden fallen,
Du mein helles Augenpaar?

An den Fuss des Trennungsdornes
Sank es hin, sich sträubend; doch

In dem Rosenhain der Liebe
Pflückt' es keine Rose noch.

Dieses hier ist meine Waare;
Sollte sie genehm dir sein,

Trag' Hafisen's Perlenworte
In dein Liederbüchlein ein!

Wenn du meine Hand nicht fassest
Klag' dem Meister ich den Schmerz,

Dass du elenden Verliebten
Durch das Auge stahl'st das Herz.

٥

خنک نسیم معنبر شمامهٔ دلخواه
که در هوای تو برخاست بامداد بگاه
دلیل راه شو ای طایر خجسته لقا
که دیده آب شد از شوق خاک آن درگاه
بیاد شخص نزارم که غرق خون دلست
هلالرا ز کنار شفق کنند نگاه
بعشق روی تو روزی که از جهان بروم
ز تربتم بدمد سرخ گل بجای گیاه
منم که بی تو نفس میزنم زهی خجلت
مگر تو عفو کنی ورنه چیست عذر گناه
ز دوستان تو آموخت در طریقهٔ مهر
سپیده دم که هوا چاک زد شعار سیاه
مده بخاطر نازک ملالت از من زود
که حافظا تو خود این لحظه گفت بسم الله

5.

Selig ist das holde Lüftchen,
Das mit Ambra schwanger geht,

Und, von Lust nach dir getrieben,
Schon am frühsten Morgen weht.

Eile, o beglückter Vogel,
Als mein Führer mir voran,

Denn mein Auge schmolz aus Sehnsucht
Jenem Thürstaub bald zu nah'n.

Meiner Harmgestalt gedenkend,
Die da schwimmt im Herzensblut,

Blickt man auf zum neuen Monde
Dort am Rand der Abendgluth.

Kömmt dereinst mit deiner Liebe
An sein Ziel mein Lebenslauf,

Spriesst, statt Gras, aus meinem Grabe
Eine rothe Rose auf.

Athm' ich noch, von dir geschieden?
O der Schmach! Doch du verzeih'st:

Denn was wäre sonst die Tugend,
Die man Schuldvergebung heisst?

Nur allein von deinen Freunden
Lernt die Luft was Liebe sei,

Denn sie reisst am weissen Morgen
Sich das schwarze Kleid entzwei.[1]

Ruf' in deinem zarten Sinne
Nicht so schnell den Unmuth wach,

Weil ja dein Hafis so eben
Erst: „Im Namen Gottes!“ sprach.[2]

٦

در سرای مغان رفته بود و آب زده
نشسته پیر و صلائی بشیخ و شاب زده
سبوکشان همه در بندگیش بسته کمر
ولی ز ترک کله چتر بر سحاب زده
فروغ جام و قدح نور ماه پوشیده
عذار مغبچگان راه آفتاب زده
ز ناز و عربده ساقیان شیرین کار
شکر شکسته سمن ریخته رباب زده
عروس بخت در آن حجله با هزاران ناز
شکسته وسمه و بر زلف مشکناب زده
گرفته ساغر عشرت فرشتهٔ رحمت
ز جرعه بر رخ حور و پری گلاب زده
سلام کردم و با من بروی خندان گفت
که ای خمارکش مفلس شراب زده
که این کند که تو کردی بضعف همت و رای
ز گنج خانه شده خیمه بر خراب زده

6.

Der Wirthe Hausthor ward gescheuert
Und ward gewaschen rein:

Es sitzt der Greis davor und ladet
So Alt als Jung hinein.

Zu seinem Dienst gegürtet, prangen
Die Trinker aufgestellt;

Er aber, der der Kron' entsagte,
Hat im Gewölk sein Zelt.[1]

Der Gläser Glanz und der Pocale
Bedeckt des Mondes Licht,

Und selbst den Lauf der Sonne hemmet
Der Knaben Angesicht;

Der holde Trotz der süssen Schenken
Und ihre Zänkerei

Zerbricht den Zucker, knickt Jasmine
Und schlägt die Laut' entzwei;[2]

Die Glücksbraut, trotz der tausend Reize,
Holt dort im Kämmerlein

Die Brauenschminke sich, und reibet
In's Moschushaar sie ein;[3]

Ein holder Engel der Erbarmung
Ergreift der Wonne Glas,

Und giesst auf Huris und auf Peris
Der Hefe Rosennass.[4]

Ich grüsste ihn, da sprach er also
Mit lächelndem Gesicht:

„Der du des Rausches Folgen fühlest,
„Betrunk'ner, armer Wicht!

„Wer handelt je wie du gehandelt,
„Dem Muth und Einsicht fehlt?

„Du floh'st des Hauses Schatz, und bautest
„In Wüsten dir ein Zelt.

وصال دولت بیدار ترسمت ندهند
که خفته‌ای تو در آغوش بخت خواب‌زده
فلک جنیبه‌کش شاه نصرت الدین است
بیا ببین ملکش دست در رکاب زده
خرد که ملهم غیب است بهر کسب شرف
ز بام عرش صدش بوسه بر جناب زده
بیا بمیکده حافظ که بر تو عرض کنم
هزار صف ز دعاهای مستجاب زده

„Die Gunst des wahren Glückes — fürcht' ich —
„Wird stets verwehrt dir sein,

„Denn, von dem eingeschlaf'nen Glücke
„Umarmet, schliefst du ein." —

Der Himmel selber lenkt den Zelter
Des Schah Nāsrēddīn:

Komm, sieh, es heben Engelshände
Zart in den Bügel ihn.

Sich selbst zu adeln, hat die Weisheit,
Der Nichts verborgen ist,

Vom Himmelsthore seine Schwelle
Schon hundertmal geküsst. —

Komm nun, Hafis, mit in die Schenke,
Dort zeig' ich ungestört

Dir tausend Reihen frommer Wünsche,
Die Gott gewiss erhört.

۷

دوش رفتم بدر میکده خواب آلوده
خرقه تر دامن و سجاده شراب آلوده
آمد افسوس کنان مغبچهٔ باده فروش
گفت بیدار شو ای رهرو خواب آلوده
شست و شوئی بکن آنگه بخرابات خرام
تا نگردد ز تو این دیر خراب آلوده
بطهارت گذران منزل پیری و مکن
خلعت شیب بتشریف شباب آلوده
بهوای لب شیرین دهنان چند کنی
جوهر روح بیاقوت مذاب آلوده
آشنایان ره عشق درین بحر عمیق
غرقه گشتند و نگشتند بآب آلوده
پاک و صافی شو و از چاه طبیعت بدر آی
که صفائی ندهد آب تراب آلوده
گفتم ای جان جهان دفتر گل عیبی نیست
که شود فصل بهار از می ناب آلوده
گفت حافظ لغز و نکته بیاران مفروش
آه ازین لطف بانواع عتاب آلوده

7.

Schlafbefleckt[1] naht' ich der Schenke
Gestern als die Sonne schwand;

Weinbefleckt war schon mein Teppich,
Und durchnässt mein Mönchsgewand.

Doch des Weinverkäufers Knabe
Trat, indem er schalt, heran,

Und dann sprach er: „O erwache,
„Schlafbefleckter Wandersmann!

„Erst nachdem du dich gewaschen,
„Schreite auf die Schenke zu,

„Denn die Trümmer dieses Klosters[2]
„Könntest sonst beflecken du.

„In des Greisenalters Wohnung
„Trachte nur nach Reinigkeit,

„Und mit Jugendlust beflecke
„Nicht des Alters Ehrenkleid!

„Wirst nach Lippen süsser Schönen
„Du noch fürder lüstern sein,

„Und das Kleinod „Geist“ beflecken
„Mit dem süss'gen Onyxstein?“[3]

Wer den Weg der Liebe *kennet*
Tauchte zwar in dieses *Meer*

Tief hinab, allein es wurde
Nie befleckt vom Wasser er.

Sei stets rein und *klar*, und steige
Aus dem Brunnen der Natur,

Denn das staubbefleckte Wasser
Es erregt ja *Unlust* nur.[4]

Und ich sprach: „O Weltenseele!
„Keine Schande dürft' es sein,

„Wär' im Lenz das Buch der Rose
„Auch befleckt von meinem Wein.“

Und Er sprach: „*Hafis*, mit Freunden
„Sprich nicht räthselhaft verdeckt!“

Wehe über jene Güte
Die vom Vorwurf wird befleckt!

۸

دامن‌کشان همی‌رفت در شرب زرکشیده
صد ماهرو ز رشکش جیب قصب دریده
از تاب آتش می بر گرد عارضش خوی
چون قطره‌های شبنم بر برگ گل چکیده
لفظی فصیح و شیرین قدی بلند و چابک
روئی لطیف و دلکش چشمی چه خوش کشیده
یاقوت جان فزایش از آب لطف زاده
شمشاد خوش خرامش در ناز پروریده
آن لعل دلکشش بین و آن خندهٔ پر آشوب
و آن رفتن خوشش بین و آن گام آرمیده
آن آهوی سیه‌چشم از دام ما برون شد
یاران چه چاره سازیم با این دل رمیده
زنهار تا توانی اهل نظر میازار
دنیا وفا ندارد ای نور هر دو دیده
تا کی کشم عتابت ز آن چشم دلفریبت
روزی کرشمهٔ کن ای یار برگزیده

8.

Er ging dahin mit langer Schleppe
Im dünnen, golddurchwirkten Kleid,
Und hundert Mondgesicht'ge rissen
Sich das Gewand entzwei aus Neid.

Das Feuer des genoss'nen Weines
Trieb ihm den Schweiss in's Angesicht,
Und schöner prangt des Thaues Tropfen
Auf einem Rosenblatte nicht.

Beredt und süss ist Seine Sprache,
Gewandt Sein hoher Körperbau,
Sein Antlitz sanft und herzgewinnend,
Und schelmisch ist Sein Blick und schlau.[1]

Entsprungen ist dem Anmuthwasser
Sein Onyx, der das Leben mehrt;
Sein Buchs[2] mit dem so holden Gange
Gar zart gepfleget und genährt.

Sieh jenen Mund der, Herzen fesselnd,
Den Aufruhr weckt wenn hold er lacht;
Sieh jenen Gang, so voll von Anstand,
Und jenen Schritt, voll von Bedacht!

Und jener Hirsch mit schwarzen Augen
Entwischte meinem Netze hier:
Wie rath' ich diesem scheuen Herzen,
O sagt es, theure Freunde, mir!

Sei wohl auf deiner Hut, und quäle,
So lang du kannst, Verliebte nicht,
Denn Treue wohnt ja nicht hienieden,
Du meiner beiden Augen Licht!

Soll ich noch lang den Vorwurf tragen,
Womit dein holdes Aug' mich quält?
O blick' nur Einmal freundlich wieder,
Du, den zum Freunde ich gewählt!

گر خاطر شریفت رنجیده شد ز حافظ
باز آ که توبه کردیم از گفته و شنیده
بس شکرها که گویم از بندگی خواجه
گر اوفتد بدستم آن میوهٔ رسیده

Und hat Hafis dich je beleidigt,
Und deinen edlen Sinn verletzt,

So komm zurück, denn was ich hörte
Und was ich sprach bereu' ich jetzt.

Ich will dem Meister, dem ich diene,
Gar reichlich zollen meinen Dank,

Wenn jene Frucht mir, die gereifte,
In die erhob'nen Hände sank.

٩

سحرگاهان که مخمور شبانه
گرفتم باده با چنگ و چغانه
نهادم عقلرا ره توشه از می
بشهر مستیش کردم روانه
نگار میفروشم عشوهٔ داد
که ایمن گشتم از مکر زمانه
ز ساقی کمان ابرو شنیدم
که ای تیر ملامترا نشانه
نه بندی ز آن میان طرفی کمروار
اگر خودرا ببینی در میانه
برو این دام بر مرغ دگر نه
که عنقارا بلندست آشیانه
ندیم و مطرب و ساقی همه اوست
خیال آب و گل در ره بهانه
بده کشتی می تا خوش برآئیم
ازین دریای ناپیدا کرانه

9.

Als, weinberauscht von vor'ger Nacht,
Bei'm früh'sten Morgenstrahl

Ich nach dem Tamburine griff,
Nach Harfe und Pocal,

Da gab ich dem Verstande Wein
Als Reiseproviant,

Und nach die Stadt der Trunkenheit
Hab' ich ihn abgesandt.

Der schöne Weinverkäufer sah
Mich dann gar freundlich an,

So dass ich, vor des Schicksal's List
Nun sicher, leben kann.

Vom Schenken mit den Bogenbrau'n
Vernahm, was folgt, mein Ohr:

„O du, den sich des Tadels Pfeil
„Zum Ziele auserkohr!

„Dir schlingt, gleich Gürtein, kein Gewinn
„Um jene Mitte sich,

„Erblickest in der Mitte du
„Nur stets dein eig'nes Ich.[1]

„Geh', halte Vögel and'rer Art
„In diesem Netze fest:

„An gar zu hohe Stellen baut
„Sich ein Ănck sein Nest.

„Vertrauter, Schenke, Liedermund,
„Dies alles ist nur Er:

„Des Wassers und des Thones Bild
„Sind Mittel, und nicht mehr.“[2]

So gib mir denn des Weines Schiff:[3]
Ich steu're wohlgemuth

Aus diesem Meer, das uferlos
Vor meinem Blicke ruht!

که بندد طرف وصل از حسن شاهی
که با خود عشق بازد جاودانه
وجود ما معماییست حافظ
که تحقیقش فسونست و فسانه

519

Wem frommt es wohl, wenn er um Gunst
Bei jenem König freit,

Der mit sich selber Liebe spielt
Von aller Ewigkeit?"

Hafis, ein dunkles Räthsel ist
Die menschliche Natur.

Und wer es zu ergründen meint,
Berichtet Mährchen nur.

۱۰۰

چراغ روی ترا گشته شمع پروانه
مرا ز حال تو با حال خویش پروا نه
خرد که قید مجانین عشق میفرمود
ببوی حلقهٔ زلف تو گشت دیوانه
بمژده جان بصبا داد شمع در نفسی
ز شمع روی تواش چون رساند پروانه
ببوی زلف تو گر جان بباد رفت چه شد
هزار جان گرامی فدای جانانه
بر آتش رخ زیبای او بجای سپند
بغیر خال سیاهش که دید به دانه
من رمیده ز غیرت فتادم از پا دوش
نگار خویش چو دیدم بدست بیگانه
چه نقشها که بر انگیختیم و سود نداشت
فسون ما بر او گشته است افسانه
مرا بدور لب دوست هست پیمانی
که بر زبان نبرم جز حدیث پیمانه
حدیث مدرسه و خانقه مگوی که باز
فتاد در سر حافظ هوای میخانه

10.

Um die Fackel deiner Wange
Kreist, ein *Falter*, selbst das *Licht*,

Und, dein *Maal* erblickend, *kümmert*
Mich die eig'ne Lage nicht.

Der Verstand, nach dessen Urtheil
Man Verliebte fesseln soll,

Ward vom Dufte jener Ringe
Deiner Locken selber toll.

Seine Seele gab dem Oste
Flugs als Botenlohn das Licht,

Als vom *Lichte* deiner Wange
Es durch ihn erhielt *Bericht*.

Müsste ich für deine Locke
Auch dem Wind' die Seele weih'n.

Sei's! Selbst tausend Edle mögen
Des Geliebten Opfer sein!

Hat auf Seiner Wangen Gluthen
Irgend wer ein Rautenkraut

Wirkungsreicher als das Körnchen
Seines schwarzen Maal's geschaut?

Gestern konnt' ich, Eifersücht'ger,
Nimmer auf dem Fusse steh'n,

Als ich an der Hand des Fremden
Mein geliebtes Bild geseh'n.

Was ersann ich nicht für Listen?
Fruchtlos war, was ich erdacht:

Er behandelte als *eitel*
Alle meine *Zaubermacht*.

Nun des Freundes Lippe blühet,
Band ich mich durch diesen Schwur:

Mährchen, die von *Bechern* handeln
Bring' ich auf die Zunge nur.

Lass von Schule und von Kloster
Die Erzählung unberührt,

Weil *Hafis* im Haupte wieder
Sehnsucht nach der Schenke spürt.

عیشم مدامست ز آن لعل دلخواه
کارم بکامست الحمد لله
ای بخت سرکش تنگش ببر کش
گه جام زرکش گه لعل دلخواه
ما را بمستی افسانه کردند
پیران جاهل شیخان گمراه
از قول زاهد کردیم توبه
و ز فعل عابد استغفر الله
جانا چه گویم شرح فراقت
چشمی و صد نم جانی و صد آه
کافر مبیناد این غم که دیدست
از قامتت سرو از عارضت ماه
از صبر عاشق خوشتر نباشد
صبر از خدا خواه صبر از خدا خواه
دلق ملمع زنار راهست
صوفی بینداز این رسم و این راه

11.

Jenem lieblichen Rubine
Dank' ich dauernden Genuss;[1]

Alles fügt sich meinem Wunsche:
Weshalb Gott ich preisen muss.

Widerspenst'ges Glück, o drücke
Fest an deinen Busen ihn;

Herze bald den gold'nen Becher,
Bald den lieblichen Rubin!

Weil ich mich berauscht, so haben
Mährchen sich von mir erzählt

Unerfahr'ne alte Männer,
Greise die den Weg verfehlt.

Ich bereue, dass ich jemals
Horchte auf der Frömmler Rath,

Und mich möge Gott bewahren
Vor so schnöder Diener That!

Seele, soll ich dir erklären,
Was da sei der Trennung Schmerz?

Hundert Thränen und Ein Auge,
Hundert Seufzer und Ein Herz.

Selbst wer Gott verläugnet, bleibe
Stets von einem Leid verschont

Wie dein Wuchs es der Zipresse
Und dein Antlitz schuf dem Mond!

Schön'res kann es nimmer geben
Als des Liebenden Geduld:

Ford're sie von Gottes Gnade,
Ford're sie von Gottes Huld!

Das geflickte Kleid der Mönche
Gleicht dem Christengürtel nur:[1]

Ssofi, meide diese Sitte,
Meide dieses Pfades Spur!

524

وقتی برویش خوش بود وقتم

از وصل جانان صد الوحش الله

رخ بر نتابم از راه خدمت

سر بر ندارم از خاک درگاه

شوق رخت برد از یاد حافظ

ورد شبانه درس سحرگاه

Wie so froh die Tage schwanden
Die mich einst mit Ihm vereint!

Hundertmal sei Gott gepriesen,
Bringt er mich zum Seelenfreund!

Nie verwende ich das Antlitz
Von der Bahn der Dienerpflicht,

Und empor vom Pfortenstaube
Hebe ich den Scheitel nicht.

Weil Hafis nach deiner Wange
Lüstern ward, so denkt er

Weder an die Nachtgebete
Noch die Morgenandacht mehr.

۱۲

گر تیغ بارد در کوی آن ماه
گردن نهادیم الحکم لله
آئین تقوی ما نیز دانیم
لیکن چه چاره با بخت گمراه
ما شیخ و واعظ کمتر شناسیم
یا جام باده یا قصه کوتاه
من رند و عاشق آنگاه توبه
استغفر الله استغفر الله
عکسی ز مهرت بر ما نیفتاد
آئینه رویا آه از دلت آه
الصبر مر و العمر فان
یا لیت شعری حتی من القاه
حافظ چه نالی گر وصل خواهی
خون بایدت خورد در گاه و بیگاه

12.

Wenn im Gaue jenes Mondes
Es auch Schwerter sollte regnen,

Will den Nacken hin ich legen,
Und die Fügung Gottes segnen.

Ich auch kenne, so wie And're,
Wie man Gottesfurcht beweise:

Doch was frommt's bei einem Glücke
Das das Ziel verlor der Reise?

Prediger und Scheiche kommen
Mir fast niemals zu Gesichte:

Gib mir einen vollen Becher,
Oder kürze die Geschichte!

Ich, ein Zecher, ein Verliebter,
Solche Reue offenbaren?

Gott soll mich davor beschützen,
Gott soll mich davor bewahren!

Nie noch sind auf mich gefallen
Deiner Sonne Gegenstrahlen:

Ach, du *Spiegelwange* schaff'st mir
Durch dein hartes Herz nur Qualen!

Die Geduld schmeckt gar so bitter,
Gar so schnell vergeht das Leben:

Wann — o könnt' ich es erfahren! —
Wird Er mir zurückgegeben?

Sprich, *Hafis*, warum du klagest?
Willst der Liebe du geniessen,

Musst du auch zu allen Zeiten
Blut zu trinken dich entschliessen.

عیدست و موسم گل ساقی بیار باده

هنگام گل که دیده بی می قدح نهاده

زین زهد و پارسائی بگرفت خاطر من

ساقی بده شرابی تا دل شود گشاده

صوفی که دی نصیحت میکرد عاشقانرا

امروز دیدمش مست تقوی بباد داده

این یک دو روز دیگر گلرا غنیمتی دان

گر عاشقی طرب جو باساقیان ساده

گل رفت ای حریفان غافل چرا نشینید

ب بانگ رود چنگی بی یار و جام باده

در مجلس صبوحی دانی چه خوش نماید

عکس عذار ساقی در جام می فتاده

مطرب چو پرده سازد شاید اگر بخواند

از طرز شعر حافظ در بزم شاهزاده

13.

Festtag ist, und Rosen blühen:
Schenke, halte Wein bereit!

Sah man jemals leere Becher
Aufgestellt zur Rosenzeit?

Dieses Frömmeln und Enthalten
Greift bereits mein Inn'res an:

Schenke, gib mir Saft der Rebe!
Öffnen wird mein Herz sich dann.

Jener Ssofi, der noch gestern
Jeden warnte, der geliebt,

Ist's der, trunken, seine Tugend
Heut den Winden übergibt.

Freue dich der Rosenblüthe
Durch der kurzen Tage Frist;

Suche Lust bei glatten Schenken,
Wenn du ein Verliebter bist!

Brüder! Schon entschwand die Rose:
Warum weilt ihr allzumal

Ohne Töne einer Harfe,
Ohne Freund und Weinpocal?

Weisst du was gar schön erscheinet
Bei des Morgenweines Fest?

Wenn der Schenke seine Wange
Sich im Glase spiegeln lässt.

Greift der Sänger in die Saiten
In des Prinzen' Gegenwart,

Soll dazu ein Lied er singen
Nach Hafisen's Liederart.

١٤

نصیب من چو خرابات کرده است اله
درین میانه بگو زاهدا مرا چه گناه
کسی که در ازلش جام می نصیب افتاد
چرا بحشر کنند این گناه از و درخواه
بگو بصوفی سالوس خرقه‌پوش دورو
که کرده دست‌درازی و آستین کوتاه
تو خرقه را ز برای ریا همی پوشی
که تا بزرق بری بندگان حق از راه
غلام همت رندان بی سر و پایم
که هر دو کون نیرزد به پیش شان یک کاه
مراد من ز خرابات چونکه شد حاصل
دلم ز مدرسه و خانقاه گشت سیاه
برو گدای در هر گدا مشو حافظ
مراد خویش نیابی مگر بخشی الله

14.

Vorbestimmt zur Schenke
Hat der Schöpfer mich:

Ob die Schuld m i c h treffe
Frag' ich, Frömmler, dich.

Wer bestimmt zum Becher
Ward vom Urbeginn,

Wirft am jüngsten Tage
Man die Schuld auf ihn?

Sprich zum Heuchler-Ssofi
In dem Mönchsgewand,

Dem im kurzen Ärmel
Steckt die lange Hand:

„Nur zur Täuschung zieh'st du
„Mönchsgewänder an,

„Dass du Gottes Diener
„Lockest von der Bahn."

Echter Zecher Streben
Hab' ich stets geehrt:

Ihnen sind kein Gräschen
Beide Welten werth.

Weil mir nur in Schenken
Wunscherfüllung lacht,

Hat mir Schul' und Kloster
Schwarz das Herz gemacht.

Bettle nicht an jeder
Bettlerthür, H a f i s!

Nur durch G o t t erreichst du
Deinen Wunsch gewiss.

۱۵

ناگهان پرده بر انداختهٔ یعنی چه

مست از خانه برون تاختهٔ یعنی چه

زلف در دست صبا گوش بفرمان رقیب

اینچنین با همه در ساختهٔ یعنی چه

شاه خوبانی و منظور گدایان شدهٔ

قدر این مرتبه نشناختهٔ یعنی چه

نه سر زلف خود اوّل تو بدستم دادی

بازم از پای در انداختهٔ یعنی چه

سخنت سرّ دهان گفت و کمر سرّ میان

وز میان تیغ بمن آختهٔ یعنی چه

هر کس از مهرهٔ مهر تو بنقشی مشغول

عاقبت با همه کج باختهٔ یعنی چه

حافظا در دل تنگت چو فرود آمد یار

خانه از غیر نپرداختهٔ یعنی چه

15.

Du hub'st den Schleier plötzlich von den Wangen;
Doch was bedeutet das?

Und kamst, wie trunken, aus dem Haus gegangen,
Doch was bedeutet das?

Dein Haar lag in des Morgenwindes Händen,
Dem Neider horcht' dein Ohr:

So nährtest du in Allen das Verlangen;
Doch was bedeutet das?

Du bist ein König in dem Reich der Schönen,
Und Bettler seh'n auf dich:

Verkannt hast du, was du an Glück empfangen;
Doch was bedeutet das?

Gabst du mir nicht die Spitzen deiner Haare
Der Erste in die Hand?

Nun soll ich wieder dir zu Füssen hangen;
Doch was bedeutet das?

Das Wort verrieth mir deines Mund's Geheimniss,
Der Gürtel mir den Wuchs:

Du zog'st das Schwert, das du dir umgehangen;
Doch was bedeutet das?

Mit deiner Liebe Würfeln trachtet Jeder
Nach einem guten Wurf:

Du hast im Spiel sie Alle hintergangen;
Doch was bedeutet das?

Als in dein enges Herz der Freund gezogen,
H a f i s, da leertest du

Von Fremden nicht das Haus in das sie drangen;
Doch was bedeutet das?

١٦

وصال او ز عمر جاودان به
خداوندا مرا آن ده که آن به
بشمشیرم زد و باکس نگفتم
که راز دوست از دشمن نهان به
دلا دائم گدای کوی او باش
بحکم آن که دولت جاودان به
بخلدم دعوت ای زاهد مفرما
که این سیب ذقن زآن بوستان به
بداغ بندگی مردن درین در
بجان او که از ملک جهان به
گلی کآن پایمال سرو ما شد
بود خاکش ز خون ارغوان به
خدارا از طبیب من بپرسید
که آخر کی شود این ناتوان به
جوانا سر متاب از پند پیران
که رای پیر از بخت جوان به

16.

Ihm vereint zu sein ist besser
Als Unsterblichkeit erstreben;

Herr der Welten, wolle immer
Das was besser ist mir geben!

Zwar Er schlug mich mit dem Schwerte;
Doch kein Mensch soll es erfahren;

Besser ist's, des Freund's Geheimniss
Nicht dem Feind zu offenbaren.

Sei, o Herz, in Seinem Gaue
Stets ein Bettler und begehre!

Denn es heisst ja: „Besser ist es
„Dass ein Glück beständig währe!"

Fruchtlos würdest du, o Frömmler,
Mich im Paradies erwarten:

Ist der Apfel *dieses* Kinnes
Besser doch als *Jener* Garten.

Mit der Knechtschaft Maal bezeichnet
Hier an diesem Thore sterben,

Ist — bei Seiner Seele! — besser
Als das Reich der Welt erwerben.

Eine Rose die mit Füssen
Mein Zipressenbaum getreten,

Ist, zu Staub zerrieben, besser
Als das Blut von Ergwan-Beeten.

Wollt — ich bitt' um Gotteswillen —
Freundlich meinen Arzt befragen!

Wann denn endlich dieser Schwache
Besser werde, mög' er sagen.

Wende dich nicht ab, o Jüngling,
Rath dir eines Alten Zunge:

Denn es ist der Rath des Alten
Besser als das Glück, das junge.

شبی میگفت چشم کس ندیدست
ز مروارید گوشم در جهان به
سخن اندر دهان دوست گوهر
ولیکن گفتهٔ حافظ از آن به

Nachts einst sprach Er: „Hat doch sicher
„Nie ein Sterblicher geschauet

„Eine bess're Perl' als jene
„Die mir auf das Ohr gethauet."

Worte aus dem Mund des Freundes
Gleichen zwar den Edelsteinen:

Aber was Hafis gesprochen
Muss als besser noch erscheinen.

ANMERKUNGEN

ZUM

ZWEITEN BANDE.

DER BUCHSTABE RE.

1.

Eia ei thuthii giojai esrar.

S. 2—5.

1) Unter dem Namen des Peltich's spricht der Dichter sich selbst oder sein Schreibrohr an.

2) Iskënder, d. i. Alexander, zog mit Chisr in's Land der Finsterniss, um das Lebenswasser aufzusuchen; doch nur seinem Begleiter gelang der Fund.

3) D. i. Ein Knabe so schön wie ein Götzenbild China's, des Vaterlandes der Schönheit in den Augen des Morgenländers.

4) Des bereits erwähnten Fürsten Ebu Ishak nämlich.

3.

Jusufi güm geschte bas ajed be kienan gham mechor.

S. 8—11.

1) Mughilan, wie es im Texte heisst, ist ein Dornenbaum, der in der Gegend von Maan, auf der Pilgerstrasse von Damascus nach Mekka angetroffen wird; der einzige Baum der in jener Gegend wächst, wesshalb ihm die Pilger, sobald sie ihn erblicken, grosse Ehrfurcht bezeigen.

4.

Rui büntima we wudschudi chodem es jad bübür.

S. 12 u. 13.

1) D. i. Der Verliebten.

2) D. h. Brenne und glühe heisser, o Busen, als das Feuer in Persiens Feuertempeln.

8) Wangenwasser heisst bekanntlich so viel als Ehre, Ruhm. Der Sinn dieses Halbverses ist also: Tilge o Auge, durch die Fluth deiner Thränen den Ruhm des Wasserreichthums des Tigerstromes.

5.

Ei saba nükheti se chaki rehi jar bübür.

S. 14–17.

1) D. h. Ohne dass die Anderen es merken und sich darüber betrüben.

6.

Ei saba nükheti es kini fülani bemen ar.

S. 18 u. 19.

1) D. h. Heimlich nach dem geliebten Gegenstande blickend bin ich stets im Streite mit mir selbst, ob ich dies Hinblicken auch wagen soll.

2) D. i. Jene die die Ansichten des Dichters verläugnen.

3) Wörtlich: Mein Herz trat (aus Eifersucht) aus der Hülle.

7.

Ei churrem es furughi ruchet lalesari ömr.

S. 20 u. 21.

1) Der Ocean heisst Muhith, wörtlich: Umkreis, was der Dichter hier bei seinem Gleichnisse mit dem Mittelpunct in Verbindung bringt.

2) Weil mein Leben bald zu enden droht.

3) D. i. Das schnell vorübergehende Leben.

8.

Idest we schiri gül we jaran der intisar.

S. 22–25.

1) D. h. Willst du Gewissheit haben, dass der Mond des Bairamfestes, bei dessen Eintritt Genüsse wieder erlaubt sind, erschienen sei, so blicke auf den Mond des Gesichtes des Königs, d. i. meines Geliebten.

2) D. h. Als der Fastenmonat Ramasan eintrat, war die Zeit der Rosen schon vorüber; doch eine Wirkung des moralischen Beistandes derjenigen

Derwischen, die die Faste gehalten hatten, war es, dass noch am Beiramsfeste Rosen blühten und dass daher noch beim Anblick derselben Wein getrunken werden konnte.

3) Das Frühmahl, Sahur, ist dasjenige Mahl, das die Mohammedaner im Fastenmonde Ramasan, wo sie bekanntlich von Sonnenaufgang bis Sonnenuntergang sich von Speise und Trank enthalten müssen, unmittelbar vor Anbruch des Morgens einnehmen.

4) Gegenwärtiges Ghasel nämlich.

10.

Rui bünüma we mera giu ki ai dschan dil ber gir.

S. 29 — 31.

1) Spiel mit dem Worte Ud, das Laute oder Aloë bedeutet.

2) D. h. Verstelle dich wie ich, der ich nur zum Scheine die Kutte frommer Mönche trage. Es könnte auch heissen: Beginne den heiligen Reigentanz der Derwische oder ziehe meine (des Freidenkers) Kutte an, d. i. schlage dich entweder zu einer oder der anderen Partei.

12.

Schebi kadrest we thai schud namei hedschr.

S. 34 u. 35.

1) Die Nacht der Kraft heisst jene Nacht, in welcher der Koran vom Himmel niederstieg.

13.

Nasihati kiunemet bischinew we behane megir.

S. 36 — 39.

1) Das Wort das im Persischen Gesang bedeutet, nämlich Rud, heisst auch Knabe.

2) Chodscha Abdullah Wassaf, der Lobredner Sultan Abusaid des Dschingischaniden. Seine mit Versen untermengte, im Jahre 711 (1311) vollendete Geschichte der Nachkommen Dschingischan's gilt bei den Persern für das unübertroffene Muster rhetorischer Kunst.

3) Selmân Sawedschi, ein Zeitgenosse des Hafis und einer der grössten persischen Dichter, war Sänger am Hofe der Familie Oweïs zu Bagdad, wie Hafis am Hofe der Mosafferiden zu Schiras; er starb 758 (1357).

4) Sâhir Farjâbi, einer der grössten panegyrischen Dichter Persiens, lebte als Hofdichter am Hofe des Atabegen Mosaffereddin Mohammed und seines Nachfolgers Kisil Arslan Ben Ildigis zu Nischabur. Gegen Ende seines Lebens zog er sich in die Einsamkeit zu Tebris zurück, wo er im Jahre 598 (1201) starb.

14.

Dilâ tschendem biriai chun ei dide scherm dar schîr.

S. 40 u. 41.

1) D. h. Lass dein Moschushaar endlich frei flattern und auf deinen Wangen spielen.

15.

Sakia majeï schebab bijar.

S. 42 — 45.

1) D. i. Wein der so hell und klar sei wie Wasser.

DER BUCHSTABE SE.

1.

Menem ki dide be didari dost kierdem bas.

S. 48—51.

1) D. i. Ertrage seinen Kummer geduldig.

2) Anspielung auf die vom Gesetze vorgeschriebene Waschung vor dem Gebete, die unerlässlich ist, soll dieses giltig sein.

3) D. i. In dieser Welt.

4) D. i. In dieser Welt.

5) D. h. Der ghasnewidische Fürst Māhmūd wollte mit der Schönheit seines Lieblings Ājas blos ein unschuldiges Spiel treiben, denn er besass die Schönheit des Glückes, d. i. der Königsmacht und Würde, die der Dichter hier über die körperlichen Reize setzt. Der ghasnewidische Fürst, der von ausnehmender Hässlichkeit war, mochte in der Schönheit seines Glückes — wie Hafis sich ausdrückt — Trost über die Hässlichkeit seiner Gesichtszüge gesucht und gefunden haben.

6) Nāhīd, die Lautenschlägerin und Sängerin des Himmels, der Planet Venus.

2.

Hesar schükr ki didem bekiami chischet bas.

S. 52 u. 53.

1) D. i. Wahrhafte Weltweise.

2) Des Verliebten.

3) Āsāf, der weise Wesir des weisen Königs Salomon.

4) Die Namen Īrāk, das alte Hyrcanien, und Hīdschās, das steinige Arabien, sind auch die Namen zweier berühmter Tonweisen.

3.

Chosch an schebi ki der aji besaad girischme u nas.

S. 54 u. 55.

1) Staub, hier für Kummer. Der Sinn ist: Der Kummer den ich fühle, wirkt selbst auf meine Feinde schmerzlich ein.

4.

Berahi meïkiede uschakrast der tek u tas.

S. 56 u. 57.

1) D. i. Für jenen Schönen, der dem Monde am Himmelszelte gleicht.

6.

Der a ki der dili chaste tüwan der ajed bas.

S. 60 u. 61.

1) Der Kummer wird der Gesichtsfarbe der Neger, die Wange der Gesichtsfarbe der Griechen verglichen.

7.

Ei serwi baghi hüsn ki chosch mirewi benaz.

S. 62 u. 63.

1) Wörtlich: Ändert sich mein Schrot und Korn nicht.

2) Anspielung auf das den Pilgern nach Mekka gebotene neunmalige Umkreisen der Kâba.

8.

Ber nejamed es temennai lebet kiamem benos.

S. 64 u. 65.

1) D. h. Ich habe es in der Liebe zu dir noch nicht, wie Andere, zur Entselbstung gebracht.

2) Das Wort des Textes, das irrig bedeutet, nämlich es Chātā, ist vom Dichter mit Vorsatz gewählt hier, wo Chōtēn erwähnt wird, das, so wie die Landschaft Chātā für das Vaterland der Moschusrehe gilt.

3) D. h. Ich bin von aller Ewigkeit her bestimmt, von deinen Reizen berauscht zu werden.

9.

Hali chunin dilan ki gujed bas.

S. 66 u. 67.

1) D. h. Wer begehrt den Wein zurück, der jetzt, bei strengem Weinverbote, auf den Boden gegossen werden musste?

2) Sollte heissen: Gleich dem Diogenes. Der Commentator Sudi verfällt hier in den gleichen Irrthum des Dichters.

3) D. h. Verscheuche die Qual, d. i. den Rausch, den ihm der Weinpokal verursachte, nur wieder mit Blut, d. h. trinke wieder blutrothen Wein.

10.

Chis we der kiassei se abi tharabnak engis.

S. 68 u. 69.

1) D. i. Den Wein. Dieses erste Distichon findet sich auf Hafisens Grabstein eingegraben.

2) Auch dieses Distichon ist auf dem Grabsteine Hafisens zu lesen.

3) D. h. Dieser Welt.

11.

Dilem rubudei Luliweschist schur engis.

S. 70 u. 71.

1) Luli heissen schöne tatarische Knaben mit wollusttrunkenen Augen.

2) D. h. Den gefälligen Schönen.

3) D. h. Dankbar dafür, dass man dir vor Engeln den Preis der Schönheit zuerkannte, sollst du Wein auf Adam's Grab giessen, der den Mohammedanern für das Vorbild menschlicher Schönheit gilt.

12.

Beja we keschtii ma der schaththi scherab endas.

S. 72 u. 73.

1) Hafis parodirt hier den bekannten Spruch: Thue Gutes und wirf es in's Meer; weiss es der Fisch nicht, so weiss es der Herr.

2) D. h. Giesse den Wein in's Glas.

3) Anspielung auf die Sage von den Flammen, die die Engel auf die Dämone vom Himmel schleuderten, als diese ihre Gespräche belauschen wollten.

DER BUCHSTABE SIN.

1.

Ki saaba gier bügüseri ber mahili rudi Eres.

S. 74—77.

1) Sělmá, der Name einer berühmten Liebenden, den Hafis hier seiner Geliebten beilegt.

2) Das Geläute der Glocken nämlich, die den Maulthieren und Kameelen der Karawanen um den Hals gebunden werden.

3) D. i. Die schnell wie der Klang einer Zither meinem Gehöre entschwand.

2.

Dschana türa ki güft ki schwali ma mepürs.

S. 78 u. 79.

1) Dárà, der Perserkönig Darius.

2) Lieb' und Treue, Mihr u wefa, ist der Name eines oft bearbeiteten persischen Mährchens.

3.

Darem es sülf siahesch kele dschendan ki mepürs.

S. 80 u. 81.

1) Der Ball des Himmels und der darauf folgende Schlägel sind ein vom sogenannten Maille-Spiel entlehntes Gleichniss; der Sinn ist: Mein Schlägel, d. i. meine innere Kraft, kann den Ball des Geschickes nicht bemeistern.

4.

Derdi aschki keschide em ki mepürs.

S. 82 u. 83.

1) D. h. Und dennoch habe ich, trotz deines Winkes zu schweigen, dich so stark in die Lippe gebissen, dass u. s. w.

DER BUCHSTABE SCHIN.

1.

Eger refiki schefiki dürüst peiman basch.

S. 88 — 91.

1) Siehe die zweite Anmerkung zum ersten Ghasel aus dem Buchstaben Re.
2) D. i. Mich, den Geweihten.

2.

Ei heme schekli tü mahbu' we heme dschai tü chosch.

S. 92 u. 93.

1) Ein krankes Auge heisst dem Orientalen so viel als ein schmachtendes.

5.

Bedewri lale kadeh gir we bi rija mibasch.

S. 100 u. 101.

1) Die drei Frühlingsmonde.
2) D. i. Deine Bekümmernisse.
3) Simurgh, der fabelhafte auf dem Berge Kaf in Einsamkeit lebende Vogelgreis.

6.

Baghban gier pentsch rusi sohbeti gül bajedesch.

S. 102 u. 103.

1) D. h. Durch eine kurze Zeit, durch die wenigen Tage des Lebens.
2) Auf dem Pfade der Liebe nämlich.

7.

Choscha Schiras we wa'si bimissalesch.

S. 104 u. 105.

1) Röknâbâd, ein Fluss bei Schîrâs. Chiser, der Prophet, den die Sage noch immer unter den Lebenden wandeln lässt, ist, als Entdecker und Hüter des Lebensquells, der Beschützer der Flüsse und Bäche.

2) Dschâfërâbâd, eine Vorstadt von Schîrâs, die viele Gärten und Landhäuser in sich schliesst.

3) Mösëllâ, ein Spazierort bei Schîrâs, in welchem Hafis begraben liegt.

4) So heisst der den Thron Gottes mit seinen Flügeln beschattende höchste Engel Gabriel.

10.

Dusch ba men giuft pünhan kiardani tis husch.

S. 110 u. 111.

1) D. h. In der Gesellschaft weiser Männer, in ihrem (mit Teppichen belegten) Versammlungssaale.

2) Der Âsaf des mächtigen Helden ist der Wesir des Königs Schëdschâ', nämlich Kâwâmëddîn, Hafisens besonderer Gönner.

11.

Der abdi padischahi chatabachschi giüm pusch.

S. 112 u. 113.

1) Unter dem Kaiser ist Schah Schëdschâ' gemeint. Dies Ghasel sang Hafis aus dem Stegreife, um Schah Schëdschâ' zu versöhnen, der ihn beim Weintrinken und bei unerlaubter Liebe betreten hatte.

2) Unter Judentrunk ist der Wein zu verstehen. Der Commentator Sudi bemerkt, er heisse so, weil die Juden nie so viel davon trinken, dass sie berauscht werden.

3) D. h. Die Zunge in Bewegung setzen, wie die Kerze die Zunge der Flamme.

4) D. h. Hast du ja doch deinen Wunsch erreicht. Anspielung auf das bekannte Mährchen vom Kerzenlichte und Falter.

5) D. h. Du Kaiser in thatsächlicher und in moralischer Bedeutung.

7) D. h. Lebe bis dein Junges, d. i. dein glückliches Geschick, nämlich bis du, Glücklicher, einst vom Himmel sein blaues Gewand empfängst; d. h., wie Sudi

sagt, bis der Himmel zu Grunde geht und nur sein blaues Gewand übrig bleibt, in das du dich hüllen mögest. Der Himmel wird ein mit Lappen behängter genannt, weil dem Dichter die Sterne desselben als eben so viele seinem blauen Gewande aufgenähte Lappen erscheinen.

12.

Sahar si hatiß ghaibem resaid müschde bekiusch.

S. 114 u. 115.

1) Den berauschten Imam, Vorsteher beim öffentlichen Gebete, der, um den Schein der Frömmigkeit zu wahren, den Teppich, auf welchem das Gebet verrichtet zu werden pflegt, auf die Achsel nahm.

13.

Scherabi telch mischoahem ki merd efkien büwed seresch.

S. 116 u. 117.

1) Mirrich, der Planet Mars, der mit Waffen in der Hand abgebildet wird.

2) Behrâm, ein persischer König aus der Dynastie der Sassaniden und ein berühmter Jäger wie Nimrod.

3) Behrâm, mit dem Beinamen Kiur, der wilde Esel, welcher in Persien für das Symbol der Kraft und Stärke gilt, hatte einst, wie das Schahname erzählt, einen solchen wilden Esel bis in eine Grotte verfolgt, worin man aber weder Letzteren noch ihn mehr fand. Hafis spielt hier mit dem Kiur, das Grab bedeutet, auf den Beinamen Behrâm's an.

4) Anspielung auf die bekannte Sage von der Ameise, die, als alle Genien und Menschen dem Salomon Huldigungsgeschenke darbrachten, ihm mit der Gabe eines Strohhalmes nahte, die der mächtige Monarch anzunehmen nicht verschmäht.

5) Eine Sage lässt die Schlangen durch den Glanz der Smaragden erst geblendet werden, bevor es gelingen kann sie zu fangen.

14.

Ssofi güli bitschin we murakka' bechar bachsch.

S. 118 u. 119.

1) D. h. Tausche die Frömmigkeit um Wein ein.

2) Thâilisân, der von der Kopfbedeckung der Mönche auf den Rücken herabfallende Streifen Musselins.

3) D. h. Fordere mein Blut nicht für den genossenen Wein, aus Rücksicht für das Kinngrübchen des Freundes.

4) D. h. Verzeihe mir alles Vorgefallene aus Rücksicht für den Geliebten, der einer am Bachesrand sich erhebenden Zipresse gleicht.

5) D. h. Empfehle mich der Huld und der Verzeihung Gottes.

6) D. i. Der oft erwähnte Wesir Kâwâmeddîn.

15.

Kienari ab we pai bid we tha'bi schi'r we jari chosch.

S. 120 u. 121.

1) Rautenkraut in's Feuer geworfen entkräftet, nach den Persern, die Wirkung des sogenannten Cattir' oechle.

2) D. h. Vielleicht gewinne ich mir durch meine Gedichte irgend eine Schöne von den Schönen der Welt.

16.

Medschmai chobi u lutfest isari tschu mehesch.

S. 122 u. 123.

1) Kalb, das Wort des Textes, heisst sowohl Mitteltreffen als Herz.

17.

Ma asmude im der in schehr bachti chisch.

S. 124 u. 125.

1) In Schîrâs nämlich.

18.

Hatiß es hinschei meichane dusch.

S. 126 u. 127.

1) Der Erzengel Gabriel, der himmlische Bote.

19.

Ja robb an new guli chandan ki süpürdi bemenesch.

S. 128 u. 129.

1) Grundvers, Beitul-ghasel, wörtlich: zweistangiges Zelt des Ghasels, heissen die zwei ersten Verse eines Ghasels, auf welche die folgenden gereimt werden.

20.

Tschu ber schikest maba stül anber efschanesch.

S. 130 u. 131.

1) D. i. Derjenigen, deren Herz die Liebe gebrochen hatte.

2) Anspielung auf die Trauer Jakob's über seinen von den Brüdern in den Brunnen gestürzten Sohn Joseph.

3) D. i. Dem Wesire Käwämöddîn.

21.

Men charabem si ghami jari charabati chisch.

S. 132 u. 133.

1) D. h. Löst er seine Locken.

2) D. i. Dem Munde.

22.

Tschu dschami la'li tü nuschem küdscha bemaned husch.

S. 134 u. 135.

1) Der Sâkâ, d. i. der Wasserträger, begiesst, statt mit Wasser, mit Thränen die Gasse vor der Schenke, aus Lust nach deiner Lippe.

2) D. i. Die von Liebe Berauschten.

DER BUCHSTABE SSAD.

1.

Nist kiesra es kiemendi seri sülü tü chalass.

S. 136 u. 137.

1) Rüstem, der berühmte Held aus Firdussi's Schahname.

2) Der Dichter nennt die Brauen Pförtner, die da gleichsam das Haus des Auges bewachen.

3) D. h. Wakkâs selbst, der berühmteste Bogenschütze seiner Zeit und ein Jünger und Gefährte des Propheten, würde den Pfeilen weichen müssen, die der Pförtner deiner Brauen entsendet. Die Brauen stehen hier für Augen.

2.

Es rakibet dilem nejaft chalass.

S. 138 u. 139.

1) Issa, d. i. Jesus, hatte nach den Mohammedanern die Wundergabe Todte zu beleben.

2) Die beiden Planeten Venus und Jupiter.

3) Die 112. Sure des Korans, die die Aufschrift: Die Treue oder Aufrichtigkeit führt. Hafis liest im Gesichte seines Freundes den Lobpreis Gottes und die Treue dieses Freundes.

DER BUCHSTABE SAD.

1.

Hüsn u dschemali tü dschihan dschümle girift thul u a'rs.

S. 140 u. 141.

1) Nach der orientalischen Sphärologie gibt es neun Himmel, in deren viertem die Sonne.

2) Die Orientalen fabeln von sieben Erden, deren je eine unter der anderen.

3) Gelingen heisst im Persischen wörtlich: die Hand geben.

2.

Bija ki mischänüvem bui dschan es an a'ris.

S. 142 u. 143.

1) Der aus dem Nabel des in China einheimischen Moschusrehes gezogene Moschus.

2) D. h. Der Morgenthau ist der Schweiss, der der Sonne aus Neid über dein liebes Antlitz herausgetrieben ward.

3) Eben so ist der Neumond, aus Eifersucht auf jene Wange, schmächtig geblieben.

DER BUCHSTABE THI.

Girdi imari jari men ta bünüwischt dewr chatth.

S. 144 u. 145.

1) D. h. Der Himmelsmond hält den Flaum um des Freundes Mondeswangen für den Hof, der ihn selbst zuweilen zu umgeben pflegt.

DER BUCHSTABE AIN.

3.

Bamdadan ki ez chalwethichi kischi ibda'.

S. 152 u. 153.

1) Die Sonne nämlich.
2) Die Sonne.

4.

Der wesal aschki tü meschhuri chübanem tscha schem'.

S. 154 — 157.

1) Freibrief heisst im Persischen Perwane; so heisst auch der Nachtfalter, der seine Flügel an der angezündeten Kerze verbrennt.

DER BUCHSTABE GHAIN.

Sahar bebui gülistan hemi schüdem der bagh.

S. 158 u. 159.

1) So heisst die in Persien häufig gezogene, dunkelrothe, vielblätterige und wohlriechende Rose.

2) Die knospende Anemone wird der Flasche, die erschlossene dem Glase verglichen.

3) D. h. Ich gab dir den Rath zu geniessen; thust du es nicht, so bin ich nicht dafür verantwortlich.

DER BUCHSTABE FE.

Thali eger meded dihed dameneschc awerem beklef.

S. 160—163.

1) D. h. Deine Stirne entrunzelte sich mir niemals.

2) D. h. Wird sich seine Braue jemals zu mir neigen?

3) Schweige, La takul, kann auch heissen: Spiele nicht die erlaubte Tonweise kul.

4) Naksch heisst die freieste und ausgelassenste, daher verbotene Tonweise.

5) D. h. nach dem Commentator Sudi, er möge noch verthierter werden als er ohnehin ist.

6) Der Vogt Nädschef's ist Ali, der Schwiegersohn des Propheten, so genannt, weil er, zu Nädschef bei Kufa begraben, noch immer das moralische Richteramt über seine Anhänger übt.

DER BUCHSTABE KAF.

Makami emn we mei bighisch we refiki schebik.

S. 164 — 167.

1) D. h. Im Grübchen deines Kinnes.

2) D. i. Deine Lende so fein und zart wie ein Haar.

DER BUCHSTABE KIEF.

1.

El dil rischi mera ber lebi tû hakki nemek.

S. 174 u. 175.

1) D. h. Da deine Lippe mein Herz verwundete, so hat dieses das heilige Recht des Salzes (sales et lepores) auf dieselbe, um dadurch geheilt zu werden; ein Recht, so heilig wie das des Salzes, das zwei Freunde zusammen genossen.

2) D. i. Den Mund.

3) D. h. Damit man mit Gewissheit wisse, du habest einen Mund, woran man, wegen seiner Kleinheit, hätte zweifeln können.

4) D. i. Das Himmelsrad, das Firmament.

2.

Eger scherab chori dschurs' feschan ber chak.

S. 176 u. 177.

1) D. i. Gott.

2) Der Welt nämlich; wörtlich: Aus diesem sechsseitigen Kloster, wo hier die Welt unter dem Bilde eines Würfels gedacht wird.

DER BUCHSTABE LAM.

1.

Eger bekiai tü basched mera medschali wussul.

S. 180 — 183.

1) D. i. Locken.

2) D. i. Die mit Alkohol geschminkten Augen.

2.

Beahdi gül schüdem es tewbei scherab hadschil.

S. 184 — 187.

1) Der Ausdruck: vor dieser Schwelle, kann auch heissen: von dieser Seite, in diesem Anbetrachte.

2) Das gifterfüllte Lachen des Bechers ist das Überschäumen seines Inhaltes.

3) Ein lobender Vergleich, den man im Abendlande für ziemlich zweideutig hielte.

3.

Ei ruchet tschun chuld we laalet Selsebil.

S. 188 u. 189.

1) Sélsébil, der Name eines Quelles im Paradiese.

2) Gott hatte das Feuer, in welches Nimrod Abraham, der Chalil-ullah, d. i. Freund Gottes heisst, werfen liess, für ihn in eine kühle Rosenlaube verwandelt.

4.

Behrewanra aschk bes basched delil.

S. 190 — 193.

1) Chalil, d. i. Abraham. S. die zweite Anmerkung zum vorstehenden Ghasel.

2) D. h. Wolle dich der Liebe nicht erwehren oder entsage aller Tugend. — *Nil*, das *Blau* und der *Nilstrom* heisst, ist zugleich der Name der gebrannten Haute, die man, zur Abwendung des sogenannten Cattiv occhio, den Kindern in die Ohrläppchen einreibt und die blau färbt.

5.

Chosch chaber badi el nessimi schimal.

S. 194—197.

1) Diese Stelle ist dem Eingange der berühmten arabischen, unter dem Namen Bürde bekannten Kasside nachgebildet. — *Su Sélém*, wörtlich: *mit dornigten Mimosen begabt*, ist der Name eines Ortes zwischen Mekka und Medina. Hafis spielt hier mit der Ähnlichkeit der Worte *Sû Sélém* und *Sélmâ*, eines bereits wiederholt erwähnten weiblichen Namens, den arabische Dichter häufig den von ihnen besungenen Schönen beilegen.

2) D. i. Die Traumbilder.

3) *Kjömâl*, das *Vollendung* heisst, ist auch der eigene Name eines dem Stamme Husell entsprossenen Arabers, von dem die Sage behauptet, dass er, dem Basilisk gleich, die Menschen durch seinen Blick tödtete.

6.

El burde dilemra tû bedin schekl u schemail.

S. 198 u. 199.

1) Ein *gefärbter Sinn* heisst so viel als *ein geistreiches Wort*, und ist zugleich eine Anspielung auf die *rothe Lippe*.

2) Der nämlich verschwindet, wenn mit der Sonne der Tag erscheint.

7.

Bealhri tscheschmi tû el lo'beti chudscheste chissal.

S. 200 u. 201.

1) Wörtlich: Du Wunder von kaiserlicher, d. i. *glücklicher Vorbedeutung* (Fal). Fal heisst die Befragung der Zukunft, indem mit einem Griffel, Zahnstocher oder dergleichen in irgend ein Buch, gewöhnlich in den Koran hineingestochen und der Inhalt der getroffenen Stelle gleichsam als Antwort des Schicksals hingenommen wird. Die Verse des Korans heissen aber *Wunder*, *Ajet*, gleichsam *geschriebene Wunder*, und der Sinn dieser Stelle wird noch deutlicher, wenn man weiss dass *Chatt* sowohl Flaum als *Schrift* bedeute, und dass der junge Flaum häufig einer feinen Schrift verglichen wird.

2) D. i. Der blutigen Thräne.

3) D. i. Dem Zahne den dein Mund, das Schmuckkästchen der Rede, weist.

8.

Darai dschihan nusreti din Chosrewi kiamil.

S. 202 u. 203.

1) König Jähjâ, aus der Familie der Musafferiden, führte den Beinamen: Hilfe des Glaubens.

2) D. h. Von aller Ewigkeit her war es bestimmt, dass ein schwarzer Tropfen deines Schreibrohrs auf das Gesicht des Mondes falle, d. i. dass sich das Talent deiner Schreibekunst bis zum Himmel erhebe; und daher blieb kein Zweifel über die wahre Ursache der Flecken im Monde übrig. Eine andere Erklärungsweise wäre folgende nicht minder läppische: Von aller Ewigkeit her war es bestimmt, dass du ein reizendes schwarzes Maal auf deinem Mondgesichte haben solltest, gleichsam als einen Tropfen Tinte der aus deinem Schreibrohr fiel, und der jeden Zweifel über die Vollkommenheit deiner Schönheit löste.

3) Der glückbetheilte Inder ist das dunkle Wangenmaal, der schwarze Tropfen. — Die Sonne würde ihrem Glanze das Glück vorgezogen haben, der aus dem Schreibrohre des Monarchen gefallene Tropfen Tinte zu sein.

9.

Schememtü ruhe wedadi we schimtü barke wisali.

S. 204 u. 205.

1) D. h. Die durch meine Thränen rothgefärbten sieben Häutchen des Auges benützte ich, um die Werkstatt der Wahngebilde (der Phantasie), nämlich das Auge, damit auszuschmücken, wie man bei festlichen Gelegenheiten die Häuser mit Teppichen und Stoffen schmückt. Der Sinn ist: Komm, denn ich weine blutige Thränen, wenn ich dich nicht sehe, und diese blutigen Thränen sollen dir einen festlichen Empfang bereiten.

2) Deines Mundes nämlich, der so klein ist, dass er ein Wahnbild, ein Nichts scheint.

10.

Her nüktei ki güftem der wasfi an schemail

S. 206 u. 207.

1) Der Wollekrämpler ist der berühmte als Christ verdächtigte und zu Anfang des vierten Jahrhunderts der Hedschira unter dem Chalifate Muktadir billah als Irrlehrer zum Tode verurtheilte Mânsûr, seines Gewerbes ein

Wollekrämpler. Im Augenblicke seiner Hinrichtung zu Bagdad soll er noch folgende Verse gesungen haben, die über seine Hinneigung zum Christenthume keinem Zweifel Raum liessen:

Der mich zu seinem Feste ladet,
Thut mir kein Unrecht an,
Ich trinke aus dem Leidenkelche,
Wie Er es selbst gethan;
Und wie den Gast der Herr im Haus,
So zeichnet Er dadurch mich aus.

2) Der Schafiite, d. i. der Gottesgelehrte nach der orthodoxen Lehre des Imams Schafii, würde Euch natürlich sagen, dass der Wollekrämpler mit vollem Rechte hingerichtet wurde.

3) D. i. Zu den Augen.

DER BUCHSTABE MIM.

1.

Eger berchised es destem ki ba dildar binischinem.

S. 208 — 211.

1) D. i. Für mein Leben.

2) Der Dichtkunst nämlich.

3) Mani, der Stifter der Secte der Manichäer, der die Göttlichkeit seiner Sendung durch Werke der der Dichtkunst verwandten Malerkunst begründete, die er in seinem heiligen, Ertscheng genannten Gemäldebuche sammelte.

4) Dschelal ül-hakk wed-din, d. i. Ruhm des Rechtes und des Glaubens, ist der Name eines Wesirs (Āsāf's) und Gönners unseres Dichters.

2.

Bügüsar ta beschärii meichane bügüserim.

S. 212 u. 213.

1) Das Schicksal bestimmte mich nämlich schon am ersten Schöpfungstage, d. i. von allem Urbeginn, zur Liebe und zum Weingenuss.

2) Die Perser sagen: Gram trinken, statt: sich grämen.

3) Anspielung auf den bekannten religiösen Tanz der Derwische, die vorzugsweise zu den Sofis gehören. Dieser Tanz besteht in einem fortschreitenden Drehen um sich selbst, und beginnt mit Emporhebung der Hände. — Da

das Wort desti, eine Hand, auch einen Krug bedeutet, so kann diese Stelle auch heissen: Ich hebe den Krug empor, d. i. ich trinke, wenn die Ssofis tanzen.

5.

E lem jeni lilahbabi en jeterahhimu.

S. 214 u. 215.

1) Wörtlich: Und was mich betrifft, so ist mir die Lust des Monates Rebi (welches Wort auch der erwärmende Frühling heisst) ein Monat Moharrem (welch letzteres Wort auch der Verbietende bedeutet). Letzterwähnten Monat nannten die alten Araber deshalb den Verbietenden, weil in demselben das Beutemachen verboten war. — Dies ganze Ghasel ist ausnahmsweise in arabischer Sprache geschrieben.

6.

Barha güfte em we bari diger migûjem.

S. 222 u. 223.

1) Dies bezieht sich auf die Art der Orientalen, den Papagei sprechen zu lehren: man täuscht ihn nämlich dadurch, dass man, nachdem man ihn einem Spiegel gegenüber gestellt, sich hinter dem Spiegel in einem Vorhange verbirgt, und, so verborgen, die Worte hersagt, die man dem Papagei lehren will. Dieser hält nämlich sein Bild im Spiegel für einen anderen Papagei, und glaubt dieser spreche die Worte des hinter dem Spiegel Verborgenen, wodurch er ihn nachzuahmen und die hergesagten Worte zu sprechen veranlasst wird.

7.

Bemüschgiani sieh kierdi hesaran rachne der dinem.

S. 224 u. 225.

1) Ferhâd, der treue Geliebte Schîrîn's, das alles bedeutet.

8.

Beghair es anki beschûd din u danisch es destem.

S. 226 u. 227.

1) Dass das Wort des Originales: Hawa, Lust, auch Luft heisse, ist schon wiederholt bemerkt worden.

2) D. h. So verschwende nicht unnütze Worte.

9.

Bas ai sakia ki hawachoahi hidmetem.

S. 228 — 231.

1) D. i. Des Unglückes.

2) D. h. Ich strengte alle Kräfte meines Verstandes, meiner Sinne an, um deinen Brauenbogen zu erblicken. Wie der Schütze, wenn er seinen Bogen aufs Äusserste spannt, den Pfeil bis zu seinem Ohre bringt, eben so brachte ich den Pfeil meines Blickes bis zum Ohre des Verstandes, nämlich so weit es sich der Verstand denken kann.

10.

Büschra is-es selamet hallet bi si selem.

S. 232 — 235.

1) Der bereits erwähnte König Schèdschâ', in den Krieg gegen die treubrüchigen Turkomanen gezogen, schlug deren Oberhaupt, und kehrte siegreich nach Schîrâs zurück. Hafis besingt zu Anfang dieses Ghasels dies glückliche Ereigniss. Unter Su Sèlèm, d. i. einem mit dornigen Mimosen besetzten Orte, ist hier Schirâs zu verstehen.

2) Das besiegte Oberhaupt der Turkomanen starb nämlich in dem Augenblicke, als Schèdschâ' in seine Residenz zurückkehrte. — Die von Hafis in diesem Distichen gebrauchten Worte: Naksch besten, sich gestalten, Bas gescht, Zurückkehr, Perde, Zelt oder Vorhang, und Aheng, Unternehmen, haben sämmtlich auf Musik bezügliche Nebenbedeutungen.

3) Der Widersacher, der Turkomanenhäuptling.

4) D. i. Die Welt.

11.

Bi tü ei serwi rewan ba gül u gülschen tschi kunem.

S. 236 u. 237.

1) Um den Tadel daran abprallen zu lassen; unter dem Spiegel ist hier ein Stahlspiegel gemeint.

2) D. h. Der die Trinker zum Trinken bestimmt.

3) Eine Anspielung auf ein in Firdussi's Schahname enthaltenes Abenteuer des Helden Rüstem, der den Beinamen Tèhèmtèn, d. i. der Tapfere, führte. Dieser befreite nämlich seinen Neffen, den Prinzen Bischen, Sohn Kiw's, aus einem Brunnen, in welchen ihn der Türkenkönig Efrasiab hatte werfen lassen, weil er sich mit dessen Tochter Menidsche-Hanu heimlich vermählt hatte.

4) Moses ging einst mit seinem Weibe zur Nachtzeit durch das Thal Eimèn, und als er sich in der Finsterniss nicht zu rathen noch zu helfen

wusste, erschien ihm plötzlich ein Licht vom Berge Sinai (Sina), dem er sich näherte, und wo er von Gott den Befehl erhielt, sein Volk aus der ägyptischen Gefangenschaft zu befreien.

13.

Tu hemtschö subhi we men schemi chalweti saharem.

S. 240 u. 241.

1) D. h. Einen so grossen und tiefen Eindruck auf mich gemacht.

2) D. h. Blicktest mich nicht an, wendetest dich ab von mir.

3) Wörtlich: Ich bin ein Sclave meines Augensternes.

14.

Ta sajeï mübareket üftad ber serem.

S. 242 u. 243.

1) Dies Ghasel und das folgende sang Hafis, als König Mansur's Sohn ihn zu sich in die Provinz berief, und unser Dichter sich weigerte, diesem Rufe zu folgen.

15.

Dschewsa sahar nihad hamaïl beraberem.

S. 244 — 249.

1) Orion (Dschewsa, d. i. die Nüsse, Constellation des Thierkreises) wird auf arabischen Himmelsgloben mit einem Wehrgehänge über der Schulter, Gürtel, Köcher, Schwert und Krone abgebildet; er ist der mächtige Hüter der goldenen Nüsse, wie es im Ogusname heisst. — Der König, dem er hier huldigt, ist Schah Mansur.

2) Kjemal Ismail aus Isfahan, der 635 (1237) von Mogolen ermordete berühmte persische Dichter.

3) Diese zwei letzten Zeilen sind Worte des eben genannten Dichters Kjemal Ismail.

4) Der Urvertrag, Ahdi elest, ist der Vertrag, den Gott mit den ersten Menschen schloss, indem er sie fragte: Bin ich nicht euer Herr? (Elestu birebbikum), worauf sie mit: Ja (Beli) antworteten, und also sich verbindlich machten, Gott als ihren Herrn anzuerkennen.

5) Was wir Land- oder Heerstrasse nennen, nennen die Perser Königsbahn.

6) Mansur, Sohn Mohammed's, der Fürst aus der Familie der Musafferiden, d. i. der Siegenden; worauf hier Hafis durch das gleichbedeutende Wort Ghasi Sieger, anspielt.

7) Die Plejas erscheint dem Dichter als ein vom Himmel gedichteter Vers auf den König. Dass Perlen den orientalischen Dichtern gleichbedeutend mit Versen seien, ist bekannt.

8) D. h. Dass ich mich von der Welt zurückziehe und gleichsam nach dem Berge Kaf fliegen will, wo Simurgh, auch Ănkă genannt, haust, der wunderbare, fabelhafte Vogelgreis, der, der Welt entfremdet, in philosophischer Einsamkeit auf den Höhen des gedachten Berges nur sich und der Ruhe lebt.

9) D. h. Dass meine Stimme wieder auf dem Giebel des königlichen Palastes erklinget, und daher von der ganzen Welt, ja sogar im Himmel vom Erzengel Gabriel vernommen wird, der der Pfau des Himmelsthrones heisst.

10) Der Sohn des Löwen ist der Sohn des gedachten Königs Mănsūr, Sohn Mŏhămmĕd's. — Hafis ward von ihm dringendst an sich geladen, doch weigerte er sich, dessen Einladung in die Provinz und alle Ehren die er ihm erweisen wollte anzunehmen, es vorziehend, beim Vater zu bleiben, den er einen Löwenhelden nennt; Ghasanfer hat nämlich die doppelte Bedeutung von Löwe und Held.

11) Wörtlich: Den Markt zu erhitzen, nämlich den für mich gebotenen Preis noch zu steigern.

16.

Tschira ne der peï asmi diari chod baschem.

S. 250 u. 251.

1) Dies Ghasel dichtete Hafis zu Jesd, von wo er sich nach seiner Vaterstadt Schîrâs zurücksehnte.

2) D. i. Vor meinem Geliebten.

3) Nämlich wieder lieben und zechen.

17.

Ssalah es ma tschi midschuji ki mestanra ssala güftim.

S. 252 u. 253.

1) D. h. Als deine Augen ihre Herrschermacht übten.

2) D. h. Ich hatte gar keinen Vortheil durch die Frömmigkeit.

3) Dass ich es nämlich gewagt, dich mit dem Buchse zu vergleichen, da du ihn doch bei Weitem übertriffst. — Der Buchs ist im Oriente nicht das verkrüppelte Gewächs, das wir bei uns mit diesem Namen belegen, sondern ein schlanker, hochragender Baum, dem daher häufig der Wuchs der Schönen verglichen wird.

4) Weil ich nämlich von China, dem Vaterlande der Moschusrehe und der Wohlgerüche, mit dem weit wohlduftenderen Haare des Geliebten zu sprechen

oder es damit zu vergleichen mich erkühnte. Sich irren, Châtâ glüften, ist ein vom Dichter hier mit Vorsatz gewählter Ausdruck, weil Châtâ auch die Landschaft Chataja bedeutet, die gleichfalls das Vaterland der Moschusrehe ist, so wie Tschin, China, auch Haarkrause bedeutet.

18.

Tschili sal reft we bisch ki in laf misenem.

S. 254 u. 256.

1) Ein reiner Saum heisst so viel als ein tugendhafter Wandel.

2) Die Blätter der Lilie werden von den Dichtern eben so vielen Zungen verglichen.

3) D. i. Heimlich.

4) Túrânschâh, der Wesir des Ilchaniden Hâsân Schah und dessen Sohnes Ŭwĕis. Er war selbst ein Ilchanide und den Königen nahe verwandt.

5) D. h. Dass ich zu seinem Sclaven wurde. — Das Bild ist von der auf dem Sclavenmarkte stattfindenden Versteigerung der ausgebotenen Sclaven hergenommen, deren Abzeichen ein Halsring oder ein Ring im Ohre ist.

19.

Hascha ki men bemewsimi gül terki mei künem.

S. 256 u. 257.

1) Dass nämlich das Erdenglück auch diesen drei grossen altpersischen Monarchen nicht treu geblieben. — Kej ist abgekürzt von Kéjkôbâd.

2) D. h. Weil es von aller Ewigkeit her meine Bestimmung ist, Wein zu trinken.

20.

Hidschabi tschehrei dschan mischewed ghubari tenem.

S. 258 u. 259.

1) Riswân, der Hüter des Paradieses.

2) Wie die Kaufleute Stoffe und Zeuge an Bretter befestigen, damit sie nicht zerknittert werden.

3) Im Texte: Nafe, d. i. Nabel; pars pro toto. Der Nabel des choten'schen Rehes gibt den besten Moschus, der nichts als geronnenes im Nabel jenes Thieres enthaltenes Blut ist, das nur mit grossen Schmerzen abgesondert wird.

4) Unter dem goldenen Stickwerk sind die von der Kerze abrinnenden Tropfen, und unter dem Hemde die Wachsbekleidung des Dochtes zu verstehen

21.

Gier dost dihed chaki kiefi pai nikiarem.

S. 260 — 263.

1) D. h. Werde ich so glücklich sein, dass der Fussstaub meines Geliebten mich berühre, dann werde ich ihn bis aufs Kleinste meinem Auge einprägen. — Chatti ghubari, d. i. die Staubschrift, heisst die kleinste Schriftart, so fein wie Staub (ghubar).

2) Da das Wort Perwane, Befehl, auch Falter bedeutet, so bringt es der Dichter hier mit der Kerze, der mythischen Geliebten des Falters, in Verbindung.

3) Doppelsinn; nämlich: Wo mein Mund ihn, der mir theuer wie die eigne Seele, küsst; oder: wo mir die Seele auf den Mund tritt, ihn küsst, d. i. wo ich (aus Lust ihn zu küssen) sterbe.

22.

Halla maslahati wakt der an mibinem.

S. 264 u. 265.

1) Worunter hier das Weinglas verstanden wird.

2) D. i. Mit Kummer.

3) D. i. Mein Herz.

4) D. h. Der Hüter der Stadt, denn Hafis heisst ein Hüter, ein Bewahrer. Der Sinn ist: Sei ich nun ein Trunkenbold oder ein die Stadt vor Unsittlichkeit bewahrender, tudendhafter Mann.

23.

Chis ta chirkai Ssofi becharabat bürim.

S. 266 — 269.

1) D. h. Bei der Tugend des Zechens bedürfen wir des Ruhmes der Wunder nicht.

2) Das sichere Thal, Wadii ejmen, heisst jenes Thal, wo Moses das Prophetenkleid und seine Wunderruthe fand und Gott der Herr ihm erschien. Hier wird darunter der Wohnort des Geliebten verstanden. Jenen Bund, meint der Dichter, den ich mit dir in deinem Wohnorte geschlossen, werde ich treu in Erfüllung bringen, wenn du, wie Moses: „Zeige dich!“ zu mir sprichst, d. i. mich zu dir bescheidest. Eine Anspielung auf eine Koransstelle, wo es heisst, dass Moses zu Gott gesagt: „Zeige dich mir!“

3) D. h. Gib deine Ehre nicht jedem Niedrigen Preis, würdige dich nicht herab.

24.

Chis ta es deri meichane küschadi thalebim.

S. 270 u. 271.

1) D. h. Wenn wir uns je darüber beklagen.

2) D. h. Nur mit einer Tinte, schwarz und glänzend wie die Augensterne, die im Persischen die Männchen des Auges heissen, vermag man dein Maal auf das Zeichnenbrett des Blickes zu malen, nämlich: nur helle Augensterne sind würdig oder im Stande, dein Maal (das diesem Augensterne gleicht) zu betrachten.

3) D. h. Weil nur derjenige froh und glücklich sein kann, der sich aus Liebe zu dir grämt.

25.

Chajali rui tü tschün bügüsered begülscheni tschesohm.

S. 272 u. 273.

1) D. i. Klare u. blutige Thränen.

2) D. h. So komme die Schuld meines vergossenen Blutes auf das Auge.

3) Erwartend, dass mir der Wind Nachricht von deinem baldigen Erscheinen zuwehe.

26.

Churrem an rus ki ain mensili wiran birewem.

S. 274 u. 275.

1) Unter Alexander's Kerker ist hier die Stadt Isfahan, wohin Hafis aus unbekannter Veranlassung gereist war, und unter dem Reiche Salomon's Schiras verstanden.

2) Wie das Schreibrohr, das ein wundes Herz hat, weil es erst angeschnitten werden muss um gebraucht zu werden, und dessen Thränen die Tropfen der Tinte sind.

27.

Der charabati mughan nuri chuda mibinem.

S. 276 — 279.

1) Der betende Moslim muss das Gesicht nach Mekka, und zwar nach dem Orte kehren, wo das heilige Haus der Ka'aba steht. Dieser Gesichtpunct heisst Kibla, und ist in allen Moscheen bemerkt.

2) Der Pilgerkönig ist der Anführer der alljährig nach Mekka ziehenden Pilgerkarawane.

3) D. i. Die Ka'aba zu Mekka, den von seiner viereckigen Form so genannten Tempel.

4) D. h. Ich athmete durch den Morgenwind (der mir die Lockendüfte des Geliebten zuwehte) süssere Gerüche ein, als deren China und Chôtên, das Vaterland des Moschusrehes, bieten kann.

5) Weil nämlich dies Lockenhaar gar zu lang ist.

6) D. h. Ich irre mich. Irrthum heisst Châtâ, welches zugleich auch der Name der Landschaft ist, die für die Heimath der Wohlgerüche gilt. Dieser Satz enthält also einen zweifachen Sinn, nämlich: Ich irre mich (wenn ich glaube, Moschusdüfte von des Geliebten Haar zu lösen, da ich dasselbe wegen seiner Länge nicht erreichen kann); und: ich werde gleichsam die ferne Landschaft Châtâ (in den duftigen Locken des Geliebten) gewahr.

7) D. i. Hinterm Vorhange der Gedanken. — Die hier vorkommenden Worte: Rah, Weg, Naksch, Bild, und Perde, Vorhang, sind sämmtlich auch Namen musikalischer Tonweisen.

28.

Dostan wakti gül an bih ki beïschret kuschim.

S. 280 u. 281.

1) Den Teppich nämlich, worauf die Mohammedaner ihr Gebet zu verrichten pflegen.

2) Der Himmel, d. i. das Schicksal, wird hier einem Orgelbauer oder Orgelspieler — denn das Wort des Textes, Erghanunsas, heisst Beides — verglichen, der, durch die verführerischen Melodien, die er aufspielt, verdiente Leute bethört oder übertäubt.

3) Wie die Orgel selbst thut.

29.

Deï scheb beseili eschk rehi choab misedem.

S. 282 u. 283.

1) D. h. Dein Bild stellte sich meinem nassen Auge dar. Da der Ausdruck: Ein Bild auf Wasser malen, im Persischen auch etwas Wunderbares vollbringen heisst, so kann dieser Vers auch bedeuten: Ich schaute, deines Flaums gedenkend, die Wunderreize desselben.

2) Eine Anspielung auf die schwarze Decke des Grabmales des Propheten, die man aus Andacht auf die Altäre zu hängen pflegt.

3) D. i. Der Augenbrauen, die häufig den Altarnischen in Moscheen verglichen werden. Solche Nischen, die nach Mekka gerichtet sind und worin der Koran liegt, vertreten ungefähr die Stelle unserer Hochaltäre.

30.

Dusch sewdai ruchesch güftem ai ser birun kiunem.

S. 281 u. 285.

1) D. i. Mein Geliebter.

2) Wahrheit, Rasti, heisst auch Geradheit, und wird hier anspielend auf die gerade, aufrechtstrebende Zipresse gebraucht.

3) Durch den Schwall meiner häufigen Thränen nämlich.

31.

Dide derja kiunem we ssabr bessahra fikienem.

S. 286 u. 287.

1) D. h. Ich seufze so tief und so reuig auf, dass dadurch Adam's und Eva's Sünde getilgt und gesühnt wird.

2) D. h. Dass ich, Orion's Köcher unbrauchbar machend, ihn hindere seine Pfeile auf mich und Andere abzusenden. — Das Sternbild Orion, auch Dschewsâ, die Zwillinge genannt, wird als ein bedrängender Mann mit Gürtel, Köcher, Wehrgehäng, Schwert und Krone vorgestellt.

3) D. i. Den Himmel.

32.

Dusch bimarii tscheschmi tü bübürd es destem.

S. 288 u. 289.

1) D. h. Das Schmachten deines Auges.

2) D. i. Der Lippenflaum, den Hafis hier der nachenähnlichen Form eines Trinkgefässes vergleicht, dessen sich die Derwische bedienen.

3) D. h. Mich bessere.

33.

Derdem es jar est we derman nis hem.

S. 290 — 293.

1) D. i. Mein Augenstern, der dem Muttermaale des Geliebten gleicht.

2) Nämlich dem persischen Beichsweisire.

34.

Der nihanchanei ischret esanemi chosch darem.

S. 294 u. 295.

1) Die Perser schreiben dem glühenden Hufeisen die Zauberkraft zu, glühende Liebe zu bewirken, indem man, nebst einigen syrischen Zauberworten, den Namen der mit Liebe zu bezaubernden Person auf das Hufeisen verzeichnet und dieses ins glühende Feuer hält. — Durch das Hufeisen wird hier auf die Locke, so wie durch das Feuer auf die Wange angespielt.

2) Durch die Wirkung der Gluthen meiner Seufzer nämlich, die, wie das Gebet, in den Frühstunden am wirksamsten sind.

35.

Didar schüd mujesser we buse u kienar hem.

S. 298 — 299.

1) Die Sterne verschwinden deshalb des Morgens, weil der Himmel sie auf ihn herab streut.

2) D. h. Durch deinen Rechtsinn, deine Gerechtigkeit machst du dich auf Erden und im Himmel beliebt, oder machst du Erde und Himmel dir unterthänig.

36.

Ruzgiari schüd ki der meichane chidmet mikünem.

S. 300 — 303.

1) Der treue Geist ist einer der vielen Beinamen des Engels Gabriel.

37.

Si dosti kintchi chod siri barem.

S. 304 u. 305.

1) D. h. Meine Armuth, mein Unvermögen.

2) Eine dem Sinne und fast auch den Worten nach ganz gleiche Stelle aus Sa'adi's Rosengarten heisst:

Wie sollt ich des schuld'gen Dankes Pflicht,
Dass mir's an Kraft zur Menschenqual gebricht?

3) S. die zweite Anmerkung zum ersten Ghasel aus dem Buchstaben Elif.

38.

Der sharabati mughan gier güsser üfted basem.

S. 306 u. 307.

1) D. i. An der Schenke.

2) Wörtlich: Es wäre ein Quell des Fehlers, ein wahrer Fehler, ein grosses Unrecht, das ich beginge. — Der Dichter gebraucht hier die beiden Worte Ain und Kussur, die Quell und Fehler heissen, da er so eben von Huris gesprochen, die Ain oder In, d. i. schwarzäugig sind, und in Kussur, d. i. Köschken wohnen.

39.

Sülf ber bad medih ta nedihi ber badem.

S. 308 u. 309.

1) D. h. Dann beachte ich die schlanken Freiheitsbäume, die Zipressen, nimmer.

41.

Gier dest remed der seri sülfeini tü basem.

S. 312 u. 313.

1) D. h. Durch das Glück, deine schlägelförmige Locke zu berühren, bringe ich so manchen Nebenbuhler in Verzweiflung, schlage sie wie der Schlägel den Ballen.

2) D. h. Befehl, o Geliebter, dass ich von den Leiden der Liebe ausruhen möge, d. h. gewähre mir deine Liebe, damit ich wieder ruhig werde. — Dass Perwane, Befehl, Handschreiben, Diplom und zugleich den in das Kerzenlicht verliebten Falter bedeute, ist bereits bemerkt worden.

3) Die Flasche lacht auf, d. i. sie macht ein lautes Gegurgel, wenn ihre Seele, der Wein, ausgegossen wird, d. i. wenn sie gleichsam ihren Geist aufgibt.

4) D. h. Die in dich Verliebten.

5) D. h. Stelle ich mir im Tempel deine Augenbrauen als Altar, und in der Schenke als (bogenförmige) Zither oder Geige vor, die im Persischen kiemantsche, d. i. kleiner Bogen heisst, wodurch der Dichter auf die Augenbrauen des Geliebten anspielt.

6) D. h. Ich werde löblich auf dem Wege der Liebe enden, wenn die Liebe zu meinem Freunde mich um meinen Kopf bringt. — Das Wort Mähmüd, löblich oder gelobt, ist zugleich der Name des berühmten Schah Mähmüd, des Ghasnewiden, dessen Liebling der Sclave Ajäs gewesen.

42.

Saleha peirewil mesahebi rindan kierdem.

S. 314 — 317.

1) Fötwâ heisst die Entscheidung des Mufti, obersten Priesters des Islams.

2) D. h. Ich ging nicht auf's Gerathewohl nach der stillen Wohnung des Geliebten, sondern Liebe und Verstand führten mich hin. — Ânkâ, d. i. die Langhalsige, ist der fabelhafte Vogel, der in den unwirthbaren Gegenden des Berges Kaf lebt, und der Vogel des weisen Königes Salomon ist der Wiedhopf, der diesem Monarchen bei seinem Liebeshandel mit der Königin von Saba als kluger Bote diente.

3) Wie der greise Patriarch Jakob, nach vielfach ausgestandener Trauer, seinen geliebten Sohn Joseph wieder erhielt, gleichsam zum Lohne der bewiesenen Geduld, so erhielt auch ich meinen dem Joseph an Schönheit gleichenden Geliebten wieder.

4) Die Sammlung des Gemüthes heisst so viel als: Ruhe, Glück.

5) Das Wort Diwan hat zwei Bedeutungen; es heisst nämlich eine Liedersammlung und eine Rathsversammlung, so dass der Ausdruck: ein Herr des Diwans sowohl einen Dichter, der eine Sammlung von Liedern schrieb, als einen Vorsteher einer Rathsversammlung bedeuten kann; daher es ungewiss bleibt, ob Hafis darunter irgend einen Dichter meint, den er sich zum Vorbilde genommen, oder seinen Gönner, den Grosswesir, Vorsteher der Rathsversammlung.

6) Hafis heisst derjenige, der den ganzen Koran auswendig weiss. — Dieses Distichon ist eine Variante des vorhergehenden.

43.

Serem chosch est we bebanki bülend migujem.

S. 318 u. 319.

1) D. i. Der Sehnsucht nach dem geliebten Gegenstande.

2) Die Augenbrauen werden dem geschweiften Schlägel verglichen, der den Ball auffängt.

44.

Ssofi bija ki chirkai salus ber kieschim.

S. 320 u. 321.

1) Die Knaben des Paradieses nämlich, die die Bewohner desselben in ihren himmlischen Sälen zu bedienen bestimmt sind.

2) D. h. Wenn uns des Geliebten Braue winkt (die einem Schlägel gleicht), so wollen wir uns so glücklich fühlen, dass wir den Himmelsball mit einem goldenen Schlägel zu schlagen im Stande wären, wie es gleichsam der Neumond thut (der ebenfalls dem mit einem krummen Häkchen versehenen Schlägel gleicht).

45.

Ömrist ta men der thaleb her rue klami misenem.

S. 322 u. 323.

1) D. h. Bitte einen Edlen um seine Fürsprache bei dem Geliebten.

2) Als Lockvogel, um nämlich den Geliebten (der auch ein flatterhaftes Vöglein ist) anzulocken.

3) D. h. Die Geschichte meiner Liebe wird fröhliche Farben annehmen.

4) Éwrënk und Gültschöhré, d. i. Thron und Rosengesicht, sind wie Liebe und Treue (Mihr und Wéfâ). Namen berühmter Liebespaare in persischen Romanen.

46.

Rusi idest we men imrus der an tedbirem.

S. 324 u. 325.

1) D. h. Ich will alle frommen Werke, die ich während des Fastenmondes, oder wörtlich: während der dreissig Tage (desselben) geübt, nun wieder hinopfern, da der Festtag erschien, d. i. das dem Fastenmonde Ramasan folgende Bairamsfest.

47.

Aschkbasi we dschüwani we scherabi lâlfam.

S. 326 u. 327.

1) D. i. Des Himmels oder Paradieses.

2) Unter Rubin und Onyx ist die Lippe des Geliebten verstanden.

48.

Ma pischi chakipai tü asad ru nihade im.

S. 328 — 331.

1) D. i. Ich bürdete meinem schwachen Herzen nicht die Last der Begierde nach Erdengütern auf, an denen mir so wenig lag, dass ich sie nur gleichsam mit einem einzigen Haare befestigte.

2) D. h. Nicht durch Gewalt errichtete ich den Thron der Liebe.

3) Bekanntlich nimmt das Beiramsfest erst dann seinen Anfang, wenn eigens dazu von der Obrigkeit bestellte Personen vor Gericht bezeugen, dass sie den Neumond, der auf den Fastenmonat Ramasan folgt, am Himmel erblickt. — Die Brauen des Geliebten sind hier der Neumond, nach dem verlangend das Auge des Dichters späht.

4) Dieses Distichon ist eine Variante des vorhergehenden.

50.

Ghami semane ki hitschesch gieran nemi binem.

S. 334 u. 335.

1) D. h. Ich sehe, dass ich selbst ausser mir (oder, wie man in der niedern Sprechart sagt: ganz weg) bin; wie sollte ich die haarfeine Lende des Geliebten sehen können?

2) Weil die Thränen nämlich die zwei Spiegel meiner Augen trübend, mir des Geliebten Gesicht nicht deutlich sehen lassen.

3) Schiff, Sefine, heisst auch eine Sammlung von Gedichten.

51.

Fasch migiujem we es güftei chod dilschadem.

S. 336 u. 337.

1) Augenmännchen heisst im Persischen der Augenstern.

2) D. h. An den von aller Welt geliebten.

3) D. h. Nur die der schlanken Form des Buchstabens Elif gleichende Gestalt des Freundes ist mir im Herzen verzeichnet.

52.

Fetwai piri mughan darem we kawlist kadim.

S. 338 — 341.

1) Die Nichtgleichgesinnten sind hier der Dichter und der Falschheit deckende Mantel.

2) Die Netze des bösen Feindes nämlich.

3) Satan heisst darum der Steinbeworfene, weil ihn die Engel auf Gottes Geheiss mit Steinen aus dem Paradiese trieben.

53.

Giertsche ma bendekiani padischehim.

S. 342 - 345.

1) D. h. Im Reiche des Gebetes, das vorzugsweise in den Morgenstunden Erhörung findet.

2) D. h. Obwohl ich einen Schatz des Wissens in mir berge und kein Geld habe, bin ich doch hochgeehrt wie Dschemschid's Wunderglas, und demüthig dabei wie Strassenstaub.

3) D. h. Ich bekenne den einigen Gott und bin doch sehr sündhaft dabei.

4) Erwiedere ich ihm nämlich die holden Blicke, wie es ein Spiegel thut.

5) Bei'm bereits erwähnten Könige Mānssūr, dessen Glück nie schlummert.

6) D. h. Ich habe nur Eine Farbe an mir, wie der rothe Leu und die schwarze Schlange, was so viel heisst, als: ich bin lauter, wahr, nicht buntfärbig wie Gleissner.

7) Hafis bittet in diesen Zeilen den König Mānssūr, ihm zur Eintreibung des ihm von seinen Gläubigern Schuldigen zu verhelfen, oder vielleicht die Dichter, die ein Plagiat an ihm begingen zum Geständnisse desselben zu vermögen.

54.

Anki pamali dschefa kerd tschu chaki rahem.

S. 346 u. 347.

1) Tūrānschāh, der Grosswesir und Verwandte Schah Mānssūr's des Musafferiden.

55.

Giertschi es ateschi dil tschun chumi mei der dschuschem.

S. 348 u. 349.

1) Wie das mit der Spunde verschlossene (rothen) Wein enthaltende Fass.

2) D. i. Mich zum Sclaven macht? Der Ring im Ohre ist das Zeichen des Sclavenstandes. — Der Götzen Inder-Locken sind die dunkelbraunen Locken der Schönen.

3) Zwei Weizenkörner waren es, um deren Genusses willen Vater Adam das Paradies verscherzte. Hafis will es um Ein Korn, nämlich um das Maal des Geliebten verscherzen.

4) So heisst eine der vielen Tonweisen.

56.

Gier men es serzenischi muddian endischem.

S. 350 u. 351.

1) Wörtlich: Ich bin der Hafis, d. i. Bewahrer meines eigenen Geheimnisses.

57.

Gier es in menalli ghurbet bessui chane rewem.

S. 352 u. 353.

1) Dies Ghasel schrieb Hafis in Jesd, wo er vom Könige ein Geschenk zu erhalten gehofft hatte, aber nicht erhielt.

2) D. i. Meine Geliebten.

58.

Giertschi uftad si sülfesch girihi der kiarem.

S. 354 u. 355.

1) Was aber auch heissen kann: „Ach, mir ist nicht erlaubt hinter diesen Vorhang (wo der geliebte Sänger weilt) zu gehen", denn Perde, Tonweise, heisst auch Vorhang.

59.

Ben dostdari rui chosch we mui dilkieschem.

S. 356—359.

1) D. i. Vom Urvertrag, Ahdi elest. Sieh die vierte Anmerkung zum fünfzehnten Ghasel aus dem Buchstaben Mim.

2) Dieses Distichon ist eine Variante des vorhergehenden.

60.

Ma berarim schebi dest duaji bikiünim.

S. 360 u. 361.

1) D. h. Lass mich seufzend flehen, meine Lüste zu besiegen.

2) Wörtlich: Mein Herz trat aus dem Vorhange, was auch, da Perde Vorhang und Tonweise bedeutet, heissen kann: Mein Herz trat aus der Tonweise, d. i. spielte nicht die (rechte) Tonweise, ist verstimmt.

62.

Merhaba thairi ferruch pei ferchunde pejam.

S. 364 u. 365.

1) Siehe die zweite Anmerkung zum fünfzigsten Ghasel aus dem Buchstaben Te.

2) D. h. Weil die Locke des Geliebten, die einem Christengürtel (Sonnar) gleicht, dadurch von mir gleichsam zu begehren scheint, dass ich keine (mohammedanische) Mönchskutte mehr anziehe, so will ich es auch nimmer thun.

3) Sidra, der Name eines paradiesischen Baumes.

4) Der Dichter vergleicht die Brauen des Geliebten mit dem Winkel oder der Nische eines Altars, und thut wie die beredten Männer, zu denen er gehört, d. i. wie die Prediger, die ihre Predigten in der Nische des Altares halten.

63.

Ma bighamani mest dil ez dest dade im.

S. 366 u. 367.

1) D. h. Du fragtest, o Leser, was der Reichthum an Farben und Bildern in meinen Gedichten zu bedeuten habe? Doch du beurtheilst sie falsch und liesest nicht den wahren Sinn heraus, wenn du nicht glaubst dass mein Herz demungeachtet ein ganz reines, unbemaltes Brett sei.

64.

Mesen her dil zi newki ghamse tirem.

S. 368 — 371.

1) Reiche sind nach dem Islam verbunden, den Armen den Zehent ihres Einkommens zu überlassen.

2) Nach dem Glauben des Islams stehen jedem Menschen ein oder zwei unsichtbare Engel zur Seite, die seine guten und bösen Handlungen aufschreiben. — Wenn also der mir zur Seite stehende Schreiberengel — sagt Hafis — das geringste mich Betreffende aufzeichnet, so müsse er immer meine Liebe zum Weine und zum Sänger in Rechnung bringen.

3) D. i. Beim jüngsten Gerichte.

66.

Ma derai sabar der seri chumchane nihadim.

S. 374 u. 375.

1) D. h. Das Morgengebet.

2) Seitdem wir nämlich das wüste Haus dieser Erde betraten.

3) Um sie nämlich zu küssen.

67.

Chajali rui tü ber kiarkiahi dide kieschidem.

S. 376 — 379.

1) D. i. Dein Mund.

2) D. i. Deine Lippe, die (rothen) Wein zu verkaufen scheint, so roth und einladend ist wie Wein.

68.

Ma bedin der ne pei hischmet u dschah amede im.

S. 380 u. 381.

1) Der treue Geist ist der Erzengel Gabriel.

2) D. h. Denn ich folge dieser Karawane der Gleissner mit dem Feuerbrande meiner heissen Seufzer, um sie zu verbrennen.

69.

Ma neginjim bed we meil benahakk nekünim.

S. 382 u. 383.

1) D. h. Wir verschwärzen Niemanden und sind keine Heuchler. — Blau ist das Gewand der Ssofis, die durch diese Farbe auf die Erhebung ihrer Seele zum Himmel anspielen wollen und die Hafis als Heuchler anfeindet.

70.

Mera ahdist ba dschanan ki ta dschan der beden darem.

S. 384 — 387.

1) Wie die Landschaft Chotên, ist auch Pschigil in Turkistan als Vaterland schöner Mädchen und Knaben berühmt.

2) D. h. Ganze Heere Schöner an Schönheit zu besiegen.

3) Dem Siegel Salomon's, dem der Name Gottes eingegraben war, Kraft dessen er über Genien und Menschen herrschte und bei dessen Anblick der böse Feind Ahriman erzitterte, wird hier die Lippe des Geliebten verglichen.

4) Eminüddin Hassan, ein Gönner Hafisens, war Nischandschi, d. i. Staatssecretär für den Namenszug des Sultans Uweis.

71.

Men ki baschem ki ber an chathiri a'thir güserem.

S. 388 u. 389.

1) D. h. Mich gütig behandeln.

2) Die Perser sagen Leid oder Gram trinken, statt: erdulden.

3) Nämlich der König der, ihrer Perlenfischerei wegen berühmten, am Eingange des persischen Meerbusens gelegenen Insel Hormus, von welchem Monarchen Hafis in einem früheren Ghasel aus dem Buchstaben Dal sagte, dass er ihn nie gesehen und ihm doch hundert Gnaden erwiesen habe, während der König von Jesd ihn kannte, von ihm besungen wurde und ihm nichts gab.

72.

Mera mi bini we her dem siadet mikiüni derdem.

S. 390 u. 391.

1) Bei dem hellen Glanze nämlich, den deine Locke verbreitet.

2) Bi ma, ohne mich, ohne uns, kann aber auch heissen: ohne Wasser, eine Wortspielerei, in der sich der Dichter hier um so besser gefiel, als bei Erwähnung der grünen Felder, der rothen Thräne und der gelben Wange ihm auch die zwar nicht ausgesprochene, aber doch darunter gemeinte weisse Farbe des Wassers nicht fehlen zu dürfen schien.

73.

Men ze an rindem ki terki schahid u saghar kiünem.

S. 392—397.

1) Nach den Orientalen ist es die hochgestirnte, d. i. die erhabene Sonne, deren Einfluss, die Steine in den Schachten färbend, sie zu Rubinen, Saphiren u. s. w. macht.

2) Um aus diesen Himmelsquellen nämlich Wasser zur Dämpfung der Feuerqual zu holen.

3) D. h. Wollte ich von einem Monarchen oder einem Reichen nur das Geringste annehmen.

4) D. h. Es ist ganz begreiflich, dass ich, als Sclave des Königs Mansûr, mehr Kraft und Macht besitze als selbst die Sonne.

5) Dieses Distichon ist eine Variante des vorhergehenden. — Das: Zu dir flücht' ich, sind die ersten Worte eines Stossgebetes zu Gott, um sich vor Versuchungen zu bewahren.

75.

Homai schami ghariban tschu girje aghasem.

S. 400 u. 401.

1) D. h. Beim Gebete, das die in der Fremde Lebenden Abends verrichten, wo sich ihrer eine noch grössere Sehnsucht nach der Heimath als zu anderen Stunden bemächtigt.

2) D. h. Ich weine so stark, dass der Strom meiner Thränen, alle Wege überschwemmend, künftig die Sitte des Reisens unmöglich macht.

3) Die in meinem Auge wohnende Thräne ist nämlich der Hausfreund, der mich verrathen hat.

76.

Her tschend pir u chaste dil u natuwan schüdem.

S. 402 -- 405.

1) Der Heerweg heisst im Persischen der Königsweg.

77.

In tschi schurest ki der dewri kamer mibinem.

S. 406 u. 407.

1) D. h. Welche Verwirrung der Welt ist's, die ich am Himmel lese? — Dies Ghasel dichtete Hafis bei Gelegenheit des Einbruches Timur's in Persien.

DER BUCHSTABE NUN.

1.

Efseri sulthani gül peïda schud es tharafi tschemen.

S. 408—411.

1) Dies Ghasel dichtete Hafis, als Schirâs wieder in den Besitz Schah Mânssûr's zurückkehrte, den die Turkomanen daraus vertrieben hatten. Unter dem Fürsten der Rosen ist Schah Mânssûr, und unter den Zipressen und Jasminen sind die Grossen des Reiches verstanden.

2) D. h. Bedeute dem Siegel Dschem's, welches ein und dasselbe ist mit dem bereits erwähnten Siegel Salomon's, wie freudig die Wirkung sei, die es am Ende hervorgebracht, dass nämlich Schah Mânssûr, der geistige Besitzer jenes Siegels, die Turkomanen durch dasselbe wieder aus Schirâs vertrieben, wie Salomon einst Ahriman, den Herrn der Diwe, d. i. Dämonen, vertrieben, der sich dieses Siegels (auf welchem der Name Gottes eingegraben war) und mittelst desselben der Herrschaft bemächtigt hatte.

3) Eine Anspielung auf die folgende Stelle aus dem Hadissi Scherif, d. i. der mündlichen Überlieferung des Propheten: Es weht die Luft des Erbarmers von Jemen her, d. h. von Arabien, dem Vaterlande Mohammed's, geht die wahre Religion aus. Da Schah Mânssûr ein sehr gelehrter Theologe war, so sieht Hafis in seinem Hause den Ort, von dem jene Luft des Erbarmers ausgeht.

4) Königsbuch, Schahname, heisst hier so viel als Geschichtsbuch. Pëschënk's Sohn ist der in Firdusi's Schahname so gerühmte König Efrasiab aus der Dynastie der Pischdadier und Fürst der jenseits des Oxus gelegenen Länder; er besiegte den Perserkönig Menutscheher und entriss ihm sein Reich. — Hafis eifert hier den König Mânssûr zu ähnlichen Thaten an.

5) D. h. Der Himmel, das Schicksal selbst ist dir unterthänig. — Schlägelschimmel, Chinki tschewkiani, heisst jenes Pferd, dessen man sich bei dem bekannten Spiele mit Schlägel und Ball, einer Art Maillespiel, bedient, und wozu nur Pferde aus Ägypten, Syrien und Bagdad vorzugsweise tauglich befunden werden. Der Himmel (das Schicksal) wird hier einem solchen Schlägelschimmel verglichen, weil er die Menschen, wie der Schlägel den Ball, zu verfolgen und zu schlagen pflegt.

6) Der Glanz des Schwerts wird hier einem Wasser verglichen (an dessen Ufer der König den Baum des Rechtes pflanzen soll).

7) Irëdsch, der Name einer Steppe zwischen Schirâs und Lar.

8) Ein aus der mündlichen Überlieferung des Propheten gezogener, zum Sprüchwort gewordener arabischer Satz.

3.

Bala bülendi ischwegeri nakschbasi men.

S. 414—417.

1) D. h. Das mir Bilder vorspiegelt, mich täuscht.

2) D. h. Meine Thränen verursachen mir glühenden Schmerz.

3) D. h. Meine Phantasie stellt mir jetzt dein schönes Bild vor die nassen Augen und ich vollbringe dadurch ein eitles Thun, wie wenn man ein Bild auf Wasser malte.

6.

Behar u gül tharab engis giescht we towbe schikien.

S. 422 u. 423.

1) D. i. Aus ihrer Kehle.

2) Unter Rose und Jasmin ist hier die Wange des Geliebten verstanden. Die Hyacinthe wird bekanntlich dem Haare oder dieses ihr verglichen.

7.

Tschu gül her dem bebujet dschame ber ten.

S. 424 u. 425.

1) Nicht auf dieselbe Weise, nämlich wie du es mit deinem Haare thust, das dir bis an die Füsse hinabreicht.

11.

Dani ki tschist dewleti didari jar diden.

S. 432 u. 433.

1) D. i. Die Welt. — Im Texte heisst es: Dieses Haus mit zwei Wegen, d. i. zwei Thoren, einem Eingangs- und einem Ausgangsthore.

12.

Si der der a we schebistani ma münewwer kün.

S. 434—437.

1) D. i. Die Augenbrauen und die Augen des Lieblings.

2) D. i. Die schlanken Bäume und die lieblichen Blumen.

3) Ein orientalischer Gebrauch will, dass bei Überreichung irgend einer Sache an einen Hochgestellten, man zuerst einen Kuss auf diese Sache drücke.

Thue so — sagt Hafis — mit den Trunkenen, und du wirst durch diese Zartheit (durch welches Wort aber zugleich auf die Lippe des Geliebten angespielt wird) auch etwas sehr Verständiges gethan haben.

4) D. h. Mache mich durch deinen Blick, der im Stande ist die heuchlerischen Ssofis zu tödten, d. h. sie sterblich in dich verliebt zu machen, zum armen, demüthigen Câlöndër, der weder Kopfbund noch Kutte trägt.

13.

Scherabi lâl kiesch we rui meh dschebinan bin.

S. 438 u. 439.

1) Unter Jenen werden die gleissnerischen Ssofis verstanden.

2) Die Träger kurzer Ärmel sind eben jene gleissnerischen Ssofis, deren Hand zu allerhand bösen Handlungen lang ausgestreckt ist.

3) D. i. Das Herz.

14.

Mükiei dilkiesch bügirijem chall an mehru bebin.

S. 440 u. 441.

1) Das schlaue Spiel, das sich des Geliebten Inderbraunes, dunkles Haar mit dem Ostwinde erlaubt.

15.

Schahi schimschad kaddan, Chosrewi schirin dihenan.

S. 442 u. 443.

1) D. i. Mein Geliebter, der selbst die Schönsten in sich verliebt macht. — Reihendurchbrecher, Ssaf schikjenan, heissen die Schönen, die gleichsam ganzen Reihen ihrer Anbeter Niederlagen bereiten, und das vom Dichter gebrauchte Wort kalb heisst nicht nur Herz, sondern auch das Mitteltreffen, das Centrum einer Heeresreihe.

2) D. i. Die rothen Tulpen.

16.

Gülberkra si sünbüli müschkin nikab kün.

S. 444 u. 445.

1) D. i. Bedecke das Rosenblatt deiner Wange mit den Moschushyacinthen deiner Locken und mache die Welt (aus Sehnsucht dich zu schauen) zur Wüstenei.

2) D. i. Das Weltgebäude, das so vergänglich ist wie ein Weinfläschchen.

3) Damit du nämlich auch mich tödtest.

18.

Fatihai tschu amedi ber seri chaste bechuan.

S. 448 u. 449.

1) Fâtihâ, die erste Sure des Koran's, die man für Kranke oder Verstorbene betet. — Dies Ghasel dichtete Hafis auf seinem Krankenlager, wo ihn der in dem 25. Ghasel aus dem Buchstaben Dal erwähnte Scheich Mâhmûd Âtthâr besuchte.

2) D. h. Ich befinde mich eben so im Feuer der Leiden, wie dein Maal auf deinen feurigen, rothen Wangen.

3) D. i. Jener Freund, der mir sonst die Weinflasche zum Trunke gereicht hatte, warum trägt er jetzt alle Augenblicke meine Urinflasche zum Arzte hin? Ist meine Krankheit so gefährlich, dass er so ängstlich besorgt thut? — So sehr als prosaisch dies klingen mag, so ist doch nicht zu läugnen, dass unter der zweiten Flasche die Urinflasche gemeint sei; den mit dem Geiste und den Sitten des Orients Vertrauten wird eine ähnliche Stelle, selbst bei einem Dichter wie Hafis, weniger befremden.

4) D. i. Meine Gedichte.

19.

Menem ki schohrei schehrem beaschk werziden.

S. 450 u. 451.

1) D. h. Ich suchte nur deshalb mich im Weine untergehen zu machen, weil ich mich alles Eigendünkels entschlagen will.

21.

Misusem es firaket rui es dschefa begierdan.

S. 454 u. 455.

1) D. h. Schwinge du dich auf dein Pferd, damit der Mond, dieser Reiter des Himmelsgaules, von dir in seinem Glanze besiegt zu Boden stürze, oder, wie es noch heissen kann: damit er (seinen Ritt) brende. (vom Schauplatz abtrete).

2) Dem duftenden Haare nämlich.

3) Die Hauschrift des Flaumes nämlich.

4) D. i. Die Buchstaben, aus denen böse Zauberformeln bestehen.

22.

Girischmei kiün we basari Sahiri bischiklen.

S. 456 u. 457.

1) D. h. Setze durch den Zauber eines einzigen deiner Blicke alle anderen Zauberkünste ausser Gang, entwerthe sie.

2) Sâmîr, der bereits erwähnte berühmte Zauberer zur Zeit des Pharao in Ägypten.

3) D. i. Den Preis.

4) D. i. Ihre Strafe, nämlich den ihnen dafür gebührenden Lohn, dass sie sich vermessen dir an Reizen gleichen zu wollen.

5) D. i. Besiege Jupiter, den Planeten (Müschtêrî), der einen Bogen haltend abgebildet wird, welcher der Macht deiner reizenden Doppelbraue weichen muss.

23.

Mürghi dilem thairist kudsi i arsch aschian.

S. 458 u. 459.

1) D. i. Aus dieser Erde.

2) Sidra, der Paradiesesbaum.

3) D. h. O du verwirrter Hafis, der du immer die Alleinslehre gepredigt hast (nach welcher der Anbetende mit dem Angebeteten durch die höheren Mysterien der Liebe Gottes in Eins verschmilzt), lass den Gedanken an Menschen und Geister fahren, die dieser Verschmelzung mit Gott zuwider läuft. — Hafisens Commentator, Sudi, meint, dieses Ghasel sei apokryph, obwohl es sich in den meisten handschriftlichen Ausgaben unseres Dichters vorfinde.

24.

Ja rebb an ahui müschkin bechoten bas ressan.

S. 460 u. 461.

1) Hafis dichtete dies Ghasel bei Gelegenheit der Abreise seines Freundes, den er einen Moschushirschen, eine wandelnde Zipresse, eine entflohene Seele, einen Vollmond, einen Rubin aus Jemen, einen Stern und zuletzt, den Herrschaft und Glück bringenden Vogel (Huma) ansprechend, einen Ânkâ (oder Sîmûrgh) nennt; sich selbst einer Krähe und einem Raben vergleichend.

2) Unter Jemen ist hier Schîrâs gemeint.

3) D. h. Jenen Geliebten, der meinen Augen stets vorschwebt.

25.

Der Bedachschan lâl eger es senk miajed birun.

S. 462 u. 463.

1) Bêdâchschân in Chorassan ist der sogenannten Ballasrubine wegen berühmt, die in den dortigen Gebirgen und Felsen gefunden werden; sie heissen Bêdâchschî, was von italienischen Reisenden in Balascio oder Balasso verstümmelt wurde, woher das französische rubis balais; der ergiebigste Fundort derselben ist der Ort Tenk, unweit Bêdâchschân. Tenk heisst aber auch nicht nur die enge Schlucht, in welcher der Fluss Rokna (abgekürzt von dem bereits wiederholt vorgekommenen Röknâbâd) entspringt, sondern auch ein enger Sack, ein Ballen, in welchem der Zucker verführt zu werden pflegt. Daher lässt es der Dichter unentschieden ob er sagen wollte das süsse Wasser des Rokna entspringe der Schlucht Tenk oder einem Zuckersacke oder Ballen.

2) Benk, auf arabisch Häschîsch, das bekannte berauschende Kraut, das in der Geschichte der Assassinen eine so grosse Rolle spielt.

DER BUCHSTABE WAW.

1.

Ei kabai padischahi rast ber balai tu.

S. 464 — 467.

1) Dem Ringe, als Symbol der Herrschaft nämlich. — Dies Ghasel sang Hafis bei Gelegenheit der zweiten Thronbesteigung des von den Turkomanen vertriebenen Königs Mânsûr.

2) Deinem Schreibrohr nämlich.

3) Nämlich den Trank der Unsterblichkeit.

2.

Ei chunbehai nafei tschin chaki rahi tü.

S. 468 u. 469.

1) Weil er deinen Strassenstaub wohlduftender findet als den mit Blutverlust aus seiner Blase abgesonderten Moschus.

2) D. i. Dein glänzendes Angesicht.

3.

Ei aftab ajinedari dschemali tü.

S. 470—473.

1) D. h. Ich weinte, doch umsonst; denn ich fühlte, der Winkel des Hofraumes meines Auges sei es nicht werth, das Heer der Bilder in sich aufzunehmen, die ich mir von dir vor die Blicke bringe.

2) D. h. Damit ich mir zu meinem eigenen Schicksale Glück wünsche, wie man sich gegenseitig am Bairamsfeste beglückwünscht, fehlt leider noch der Umstand, dass das Fest deiner Liebe noch nicht angebrochen ist.

3) D. h. Und damit der Himmel selbst mein Sclave werde (das Tragen des Ringes im Ohre ist das Zeichen der Leibeigenschaft), fehlt leider noch der beglückende Umstand des freundlichen Winkens deiner Brauen. Letzteres ist eine Anspielung auf das Erblicken des Neumonds (dem hier die Brauen verglichen werden) nach dem Fastenmonde Ramasan und den dadurch bedingten Beginn des Bairamfestes. Der Himmel mit dem Sclavenringe im Ohr ist der mit dem Bairams-Neumonde prangende Himmel.

4) D. h. Gott schuf nie ein schöneres Geschöpf als dich. — Gott wird hier dem *Thugrakjesch*, d. i. dem *Staatssecretär für den Namenszug* des Monarchen, und die Augenbrauen werden diesem verschlungenen Namenszuge, *Thugra*, verglichen, der obenan vor jeden kaiserlichen Befehl gesetzt wird; wobei noch zu bemerken, dass das Wort *matbbu*, *hold*, auch *aufgedrückt*, und das Wort *missal*, *gleich*, *ähnlich*, auch *kaiserlicher Befehl* bedeute.

4.

Bedschani piri charabat we hakki nimeti o.

S. 474 u. 475.

1) Ob er nämlich nicht Willens sei eine Trinkschale zu werden.

5.

Tabi benefsche midihed thurrei müschkasi tü.

S. 478 — 479.

1) Was aber auch heissen kann: Ist es dein Bettler, der die Ecke der Krone der Herrschaft zerbricht.

2) D. h. Ich habe dein Bild immer vor Augen. — Das Schähnischin ist ein Vorsprung, eine Art Erker an orientalischen Häusern angebracht, worin vorzugsweise die Frauen zu sitzen pflegen, um von drei Seiten auf die Vorübergehenden schauen zu können.

6.

Chaththi lsari jar ki bigirift mah es o.

S. 480 u. 481.

1) D. h. Im Weine ist Wahrheit. — Der Spiegel wird mit dem Ach in Verbindung gebracht, weil ein Ach, ein Hauch, den Spiegel trübt.

2) Den Rauch nämlich, der aus dem verborgenen Feuer des gleissnerischen Thuns der Zellenmänner aufsteigt, d. i. ihre schwarzen Verläumdungen in Bezug auf mich.

3) Die Worte Uschschak, die Verliebten, und Rast, Aufstellung, Bereitung, sind zugleich Namen musikalischer Tonweisen.

7.

Gülbüni isch midemed sahil gülisar gin.

S. 482 u. 483.

1) D. i. Der Geliebte.

2) Unter dem Feinde ist die Kerze, unter der Zunge der Docht und unter dem Dolche die Lichtscheere zu verstehen.

8.

Mera tscheschmist chun efschan si desti an kieman ebru.

S. 484 u. 485.

1) Siehe die vierte Anmerkung zum dritten Ghasel aus dem Buchstaben Waw.

2) Dass ich nämlich nicht mehr am eigentlichen Altare, sondern am Altare deiner Brauen bete.

9.

Ki peiki rastan chaberi jari ma bügin.

S. 486 — 489.

1) D. i. Meinem Herzen.

2) Da Hawa nicht nur Luft, sondern auch Liebe, Leidenschaft bedeutet, so kann dieser Satz auch heissen: Wie es meinem Herzen durch die Liebe erging, was es nämlich litt, als es aus dem Lockennetze des Geliebten herabfiel.

3) Ob der Geliebte mich nämlich auch, gleich seinem Haare, verwirrt machen wollte?

10.

Mesrai sebai felek didem we dasai mehi new.

S. 490 u. 491.

1) Mesias (Mĕsîh) oder Jesus (Isa), den Muhammedanern ein Prophet, hat den Beinamen Mudscherred, d. i. der Freie, weil er sich von jeder irdischen Anhänglichkeit frei gehalten.

2) D. h. Dein Maal hat auf dem Schachbrette der Schönheit seinen Pion so weit vorgeschoben, dass er, als Sieger im Spiele, Mond und Sonne als Pfand, d. i. als Gewinn erhielt; d. h. der Glanz deines Maales besiegte, überstrahlte Mond und Sonne.

11.

Glüfte birun schüdi betemaschai mahi new.

S. 492 u. 493.

1) D. i. Des Mondes.

2) D. h. Wie vergänglich und wechselnd Alles hienieden sei. — Sîâmök, Sohn des altpersischen Königs Kejumers aus der Dynastie der Pischdadier, der vor seinem Vater starb und daher seine Hoffnung auf die Krone nicht erfüllt sah. — Schew, ein ritterlicher Fürst aus vorhesagter Dynastie, nach Einigen ein Bruder des Helden Rüstĕm. — Der Dichter bringt den Neumond mit der persischen Tiare in Verbindung, weil diese eine ihm ähnliche Form hatte.

DER BUCHSTABE ḢE.

2.

Ez chuni dil nuwischtem nesdiki jar name.

S. 496 u. 497.

1) Ein bekanntes arabisches Sprüchwort. Dies Ghasel ist halb persisch, halb arabisch, so dass abwechselnd die erste Hälfte eines jeden Distichons persisch, die zweite arabisch ist.

2) Schwöre ich es.

5.

Chûnük nesimi muanber schemamil dilchoah.

S. 504 u. 505.

1) Der weisse Morgen heisst die Morgenröthe, die dem Aufgang der Sonne unmittelbar vorausgeht, im Gegensatze jener schwächeren Dämmerung, auf welche die eigentliche Morgenröthe folgt. — Der Sinn dieser Stelle ist also: Die Luft durchdringt im Momente der Morgenröthe (des weissen Morgens) das Schwarz der Nacht im Gefühle einer Liebe, die sie von deinen Anbetern lernte, die gleich ihr im Liebesschmerz sich die Kleider zerreissen.

2) D. h. Wecke deinen Unmuth gegen mich nicht so schnell, weil ich erst am Anfange meiner Beschwerden gegen dich bin. Mit dem Bismillah, d. i. im Namen Gottes, wird nämlich jede Unternehmung des frommen Mohammedaners begonnen.

6.

Deri serai mughan ruste bud u ab sede.

S. 506 — 509.

1) D. h. So hoch steht die moralische Würde des Wirthes, dass sein Haupt bis an die Wolken reicht, die ihn, statt der Krone, deren er nicht bedarf, überschatten.

2) D. h. Übertrifft den Zucker an Süsse, die Jasmine an Anmuth und die Laute an Wohlklang der Töne.

3) D. h. Das Glück selbst, reizend ohnedies wie eine Braut, reibt sich noch das Moschushaar ein, und bedient sich dazu der kostbaren Brauen-

schminke, um nur mit allen Erfordernissen der Schönheit geschmückt bei diesem Feste des alten Wirthes zu erscheinen.

4) Der Engel der Erbarmung ist der Schenke, der auf die Huris- und Perisgleichen Theilnehmer des Festes Liebe giesst, die dem Rosenwasser an Wohlduft gleicht. — Bekanntlich ist das Besprengen mit Rosenwasser eine morgenländische Ehrenbezeigung.

5) Der mystische Commentator Hafisens, Schemii, meint unter Schah Nüsretéddin sei der Prophet zu verstehen; es ist aber der schon erwähnte Schah Jähjá, mit dem Beinamen Nüsretéddin, d. i. Hilfe des Glaubens.

7.

Dusch reftem bederi meikede choab alude.

S. 510 u. 511.

1) D. h. Schlaftrunken.

2) Des Weinhauses nämlich. Eine Anspielung auf die in christlichen Klöstern Wein trinkenden Mönche.

3) D. h. Mit (rothem) Weine.

4) D. h. Entsage der gemeinen Menschennatur in dir, um dich zur göttlichen empor zu schwingen. — Das staubbefleckte Wasser ist der Thon, d. i. der Staub und das Wasser, aus denen der Mensch gebildet wurde. Hier ist darunter derjenige Mensch verstanden, der seine Triebe nicht läuterte.

8.

Damen kieschan hemirest der scherbi ser kieschide.

S. 512—515.

1) Der Ausdruck des Textes sagt wörtlich: Sein Auge ist (in die Länge) gezogen. Gezogene Augen heissen mehr als zur Hälfte geschlossene, wie sie die Tataren haben, bei denen die oberen und unteren Wimpern sich beinahe berühren, so dass man vom Auge nur einen länglichen weissen Streifen, mit der Pupille in der Mitte, sieht. Blicke aus solchen schelmisch-schmachtenden, halbgeschlossenen Augen, bemerkt der Commentator Sudi, haben auch häufig die persischen Schönen.

2) D. i. Sein schlanker Wuchs.

9.

Saharkiahan ki machmuri schebane.

S. 516—519.

1) D. h. Es wird dir eben so wenig wie einem Gürtel frommen die Mitte (die Lende) des Geliebten zu umfangen, d. i. du wirst eben so wenig Genuss

wie ein Gürtel dabei haben, wenn du selbstsüchtig, nur immer dich selbst als die Mitte, d. i. den Mittelpunkt aller Dinge ansiehst.

2) D. h. Wasser und Thon, woraus der physische Mensch besteht, sind nur Mittel, diese verschiedenen Eigenschaften des Geliebten, als Vertrauter, Schenke und Sänger, zu erkennen und zu unterscheiden.

3) D. i. Der Becher.

4) Wem brächte es nämlich Nutzen sich um die Liebe eines Geliebten zu bewerben, der von jeher nur in sich selbst verliebt ist?

10.

Tschiraghi rui türa giesohte schem' perwane.

S. 520 u. 521.

1) Die Perser pflegen Rautenkraut oder dessen Samenkörner in's Feuer zu werfen, und mit dem Rauche derselben Personen (gewöhnlich Kinder) zu durchräuchern, die sie vor dem bösen Blicke bewahren wollen. — Das Maal des Freundes auf seinem glühenden Gesichte ist das beste Samenkorn des Rautenkrautes zur Abwendung des Cattiv' occhio, sagt der Dichter.

2) D. i. Meinen Geliebten.

11.

Ischem müdamest san läll dilchoah.

S. 522 — 525.

1) Da müdam. dauernd, auch der Wein heisst, der während der ganzen Dauer des Tages getrunken wird (im Gegensatze des Morgen- und Abendweines), so kann dieser Vers auch heissen: Mein Genuss ist Wein aus jenem lieblichen Rubine (der Lippe).

2) D. h. Scheinheilige Mönche in geflickter Kutte sind nicht mehr werth als Christen oder Juden (in den Augen der Mohammedaner). — Der Christengürtel, Sonnar, ist jener bereits erwähnte Gürtel, den die Christen und Juden vor Zeiten im Oriente trugen, um sich von den Islamiten zu unterscheiden.

13.

Idest we mewsimi gül saki bijar bade.

S. 528 u. 529.

1) Des Sohnes des öfters erwähnten Schah Mansûr's.

14.

Hassibi men tschu charabat klerde est alah.

S. 530 u. 531.

1) Die Gewänder der Ssofis haben kurze Ärmel, um dadurch anzudeuten, dass, so wie der Ärmel, auch ihre Hand sich nicht nach irdischen Gütern ausstrecken solle.

2) D. h. Mich missmuthig gemacht, verstimmt.

3) Wörtlich: Du erreichst deinen Wunsch nur durch ein: Etwas Gott zu Liebe (Sheijen billah), was die gewöhnliche Formel ist, womit Bettler die Vorübergehenden ansprechen.

16.

Wissall o si omri dschawidan bib.

S. 534 — 537.

1) Ein junges Glück heisst so viel als ein glänzendes, ein lange währendes.

www.ingramcontent.com/pod-product-compliance
Lightning Source LLC
Chambersburg PA
CBHW031932290426
44108CB00011B/533
* 9 7 8 3 7 4 1 1 6 7 1 0 2 *